LA

POLITIQUE NATURELLE,

OU

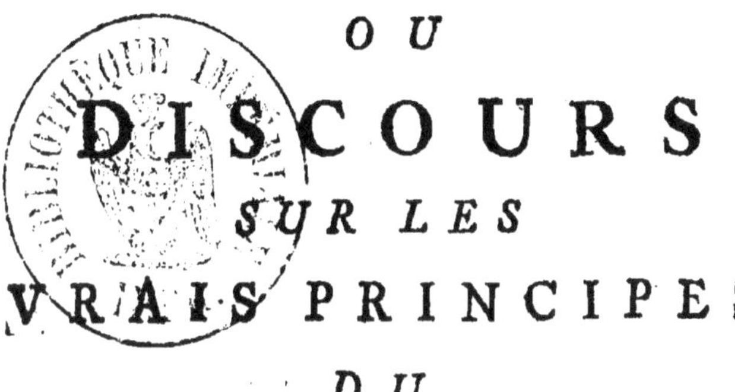

DISCOURS

SUR LES

VRAIS PRINCIPES

DU

GOUVERNEMENT.

PAR UN ANCIEN MAGISTRAT.

Vis consilî expers mole ruit suâ.
HORAT. ODE IV. *Lib. III. vers* 65

TOME SECOND.

LONDRES.

MDCCLXXIII.

POLITIQUE NATURELLE.

TOME SECOND.

Sommaire du Cinquieme Discours.

DISCOURS V.

DES ABUS DE LA SOUVERAINETÉ. DU POUVOIR ABSOLU. DU DESPOTISME ET DE LA TYRANNIE.

§. I. *Définition du Despotisme.*

Tous les hommes desirent le bonheur, mais il en est très-peu à qui le sort permette d'en jouir. Nulle Société ne peut être heureuse sans liberté, néanmoins, par une fatalité déplorable, presque toutes les Nations gémissent dans les fers. Les contrées les plus vastes sont soumises aux volontés arbitraires d'un petit nombre de mortels à qui l'on diroit que le destin a livré, sans réserve, le reste des humains. Sur quelque partie de la terre que nous portions nos regards, dans les climats glacés du septentrion, sous les zônes les plus tempérées, dans ces pays qu'un soleil brûlant échauffe de ses rayons, par-tout nous voyons des Peuples soumis à des monstres sans pitié qui les gouvernent avec un sceptre de fer. Des millions d'hommes ne semblent nés, que pour travailler au bien-être d'un ſeul homme qui ſe croit un Dieu, & qui dès-lors ſe perſuade qu'il ne doit rien à des êtres qu'il ſuppoſe d'un ordre inférieur, ni à la Société de qui il tient ſon pouvoir. Il s'imagine que tout lui eſt permis, que les loix les plus ſacrées de la Nature ſont faites pour céder à ſes caprices, en un mot, qu'à lui ſeul appartient le droit de nuire à tous, ſans que perſonne ait celui de s'en plaindre.

Le *Deſpotiſme* eſt un pouvoir uſurpé qui ſe fonde ſur la prétention abſurde, que la volonté quelconque du Souverain doit faire la loi dans la Société. La *Tyrannie* n'eſt que cette volonté, quand elle eſt injuſte. Un Tyran eſt un Souverain qui, en forçant la Société de plier ſous ſes volontés les plus injuſtes, ne fait que réaliſer les prétentions du Deſpote. Il faudroit qu'un homme fût bien ſtupide, ſi pour être un Souverain, au lieu d'être un Tyran, il ne lui en coûtoit que la peine de faire des loix, & qu'il ne les fît pas.

Presque tous ceux qui gouvernent les hommes veulent exercer ſur eux l'Autorité la plus illimitée; cependant ils ſont effrayés des noms de *Deſpote* & de *Tyran*; ils ne peuvent ſe diſſimuler combien ces titres ſont odieux. Sous les Souverains les plus pervers, il eſt des Sujets favoriſés qui, partageant avec leurs maîtres les fruits de l'oppreſſion, ſouffrent impatiemment qu'on leur donne les vrais noms qu'ils méritent. L'adminiſtration la plus corrompue trouve toujours & des adhérents & des apologiſtes. D'un autre côté, tout homme méchant croit avoir à ſe plaindre du Gouvernement qui contient ſes paſſions, ou qui ne ſe prête point à ſes vues déréglées; il ſe plaint alors de vivre ſous le Deſpotiſme. Bien plus, il eſt des hommes qui prodiguent le nom de Tyrans aux Souverains les plus vertueux, dès qu'ils n'adoptent point leurs idées, ou refuſent de ſe prêter à leurs paſſions, à leur fanatiſme, à leurs fureurs intolérantes, ou même encore, lorſqu'ils les empêchent de nuire. L'homme corrompu trouve légitime tout pouvoir qui favoriſe ſes égarements, & traite de tyrannie celui qui les réprime. Pour ôter toute équivoque, tâchons de fixer le vrai ſens que l'on doit attacher à la Tyrannie.

§. II. *De la Tyrannie.*

Le Tyran eſt un Souverain qui abuſe des forces de la Société pour la ſoumettre à ſes propres paſſions qu'il ſubſtitue aux loix. En général, la Tyrannie eſt l'injuſtice appuyée de la force. Elle n'eſt propre à aucune forme de Gouvernement. Sous la Démocratie, le Peuple devient le plus ſouvent un tyran déraiſonnable qui ne connoît d'autres regles que les caprices qu'on a ſçu lui inſpirer. Dans ce Peuple ſi vanté, qui bannit Ariſtide, Miltiade & Cimon, qui fit empoiſonner Socrate, qui livra Phocion au ſupplice, je ne vois qu'un Tyran ingrat, injuſte, inhumain : dans ces Spartiates qui traitoient leurs Hélotes avec une barbarie étudiée, je ne vois que des monſtres odieux : enfin dans ce Sénat Romain, oppreſſeur de ſes Concitoyens ou du reſte de la terre, je ne vois encore que des Tyrans vainqueurs d'une foule d'autres Tyrans. L'Ariſtocratie n'eſt très-ſouvent que la tyrannie de plusieurs Citoyens, ligués pour soumettre les autres à leurs vues intéressées. Les *Inquisiteurs d'Etat* de Venise sont des Tyrans autorisés par le Sénat à détruire, même sur des soupçons, tous ceux qui peuvent inquiéter leur Gouvernement ombrageux. Sous le Gouvernement mixte, la Tyrannie peut s'introduire, dès qu'un des Ordres de l'Etat, entre lesquels le pouvoir suprême est partagé, s'en sert pour opprimer les autres. Enfin la Monarchie dégénere en tyrannie, dès que le Monarque emploie le pouvoir que la Nation lui confie pour soumettre les loix à ses injustes caprices. On vit sous la tyrannie, dès que la justice cessant de commander est forcée de plier sous les passions de l'homme.

§. III. *Signes de la Tyrannie.*

QUELS sont donc les caracteres auxquels la Société reconnoîtra la tyrannie? D'après quoi jugera-t-elle si ses Chefs abusent de leur pouvoir? C'est une tyrannie de substituer ses passions aux loix de la Nature & aux intérêts de la Société : c'est une tyrannie d'asservir une Nation avec les forces qu'elle n'a confiées que pour sa propre sûreté : c'est une tyrannie de vouloir sans la loi se rendre l'arbitre de la vie, de la personne, de la liberté, des biens de ses Sujets : c'est une tyrannie de prodiguer sans nécessité réelle le sang & les trésors des Peuples : c'est une tyrannie de troubler les consciences des hommes & de les forcer à se conformer à ses propres opinions, à son culte, à ses préjugés : c'est une tyrannie de faire taire les loix pour les uns, & de s'en servir pour égorger les autres : c'est une tyrannie de priver le mérite & la vertu des récompenses qui leur sont dues, pour les accorder à l'inutilité & au crime : enfin c'est une tyrannie de vouloir commander à une Nation contre son gré.

Tels sont les traits généraux sur lesquels la raison & l'équité veulent que la Société regle ses jugemens. Voyons maintenant d'où peut naître cette passion si générale qui porte tous les Souverains à désirer l'exercice d'un pouvoir dont le nom les effraie, & dont les effets, quoique toujours funestes pour eux-mêmes, leur paroissent si dignes d'envie.

§. IV. *Du desir de dominer.*

Le desir de dominer & d'être préféré aux autres, est une passion naturelle à tous les hommes : elle est fondée sur l'amour de soi si essentiel à notre espece, qui fait que nous voudrions sans cesse obliger nos semblables de travailler à notre bien-être, de contenter nos desirs, de nous procurer des plaisirs. La plupart des hommes veulent exercer un empire absolu dans la sphere qui les environne. Un pere de famille ne fait-il pas souvent éprouver à sa femme, à ses enfans, à ses domestiques, à ceux qui dépendent de lui, les effets de ses caprices les plus injustes? Tout homme que la raison n'éclaire & ne retient pas, est ennemi de la liberté des autres ; il craint que l'indépendance dont il les voit jouir, ne le prive lui-même des services & des secours qu'il voudroit en tirer : il se flatte que la force les obligera bien mieux à concourir à ſes vues. L'homme le plus amoureux de ſa propre liberté, eſt ſouvent le tyran de celle des êtres qui lui ſont ſubordonnés. La moitié du genre humain eſt réduite à gémir ſous l'oppreſſion de l'autre.

Ne'anmoins ce deſir que chaque homme a de dominer, l'oblige de lutter contre l'amour de la liberté ou de l'indépendance qui anime ſes ſemblables, & qui leur eſt également naturel. Il ſubſiſte donc un conflict perpétuel entre les différens membres de la Société. Perſonne ne conſent à ſe ſoumettre à un autre, s'il n'y trouve de l'avantage, c'eſt-à-dire, s'il n'eſpere recueillir les fruits de ſa ſoumiſſion. Ainſi l'eſpoir du bonheur fait que l'on ſacrifie ſous condition l'amour de l'indépendance : perſonne ne renonce gratuitement aux droits de ſa nature ; perſonne ne conſent à ſe voir aſſervir ſans profit. Tout homme voudroit conſerver ſa liberté ; tout homme oppoſe une volonté permanente, à celle qui veut le ſubjuguer ; la force ou la ruſe décident le combat entre la paſſion de dominer & celle d'être libre, qui ſont également naturelles aux hommes.

Le même combat qui ſe livre entre des individus de l'eſpece humaine, ſubſiſte entre les Nations & ceux qui les gouvernent. Chaque membre veut être libre, c'eſt le vœu général de la Société ; mais les intérêts, les paſſions, les idées de ſes membres, rarement d'accord entre eux, les empêchent de ſe réunir pour agir de concert & pour oppoſer une digue aſſez puiſſante aux volontés d'un Souverain qui marche conſtamment à ſon but, ou qui les diviſe pour les faire ſervir à ſes projets. Le combat eſt donc toujours très-inégal entre les Peuples & ceux qui les gouvernent. En effet les Souverains, dépoſitaires des forces de l'Etat & diſtributeurs de ſes bienfaits, trouvent ſans peine les moyens de faire entrer dans leurs complots des hommes ſéduits ou intimidés, dont les ſecours mercénaires les aident à ſubjuguer le reſte de leurs Concitoyens; l'intérêt particulier met ceux-ci aux priſes, leur fait perdre de vue l'intérêt général, & rend inutiles les efforts qu'ils pourroient faire pour arrêter les entrepriſes de leurs Chefs. Par une ſuite de cette diviſion, il n'eſt que très peu de contrées dans le monde où l'homme le plus vertueux jouiſſe tranquillement de ſa perſonne, de ſon bien, & puiſſe dire avec aſſûrance que l'une & l'autre ſont à lui & ne deviendront jamais la proie d'un uſurpateur.

§. V. *Origine du Deſpotiſme.*

L'IDOLATRIE fit tomber le ſtatuaire aux pieds de l'image que ſes mains avoient formée. La ſuperſtition fit tomber les Nations aux pieds des Chefs qu'elles avoient créés.

QUELS QU'AIENT été les efforts des Souverains & de leurs aſſociés pour priver le reſte de la Nation de la liberté, & pour prendre ſur elle une autorité ſans bornes; peut-être ne ſeroient-ils jamais parvenus à la faire totalement plier, ſi l'opinion & l'ignorance ne fuſſent venues à leur ſecours. La ſuperſtition, fondée ſur la crainte que les Peuples ont des puiſſances invisibles qui gouvernent la nature, se joignit à la force, elle engourdit l'entendement des hommes, elle les accoutuma au joug que leur raison rejettoit ; l'opinion consolida l'ouvrage de la violence. Ainsi la superstition produisit ce miracle ; des terreurs surnaturelles redoublerent la timidité naturelle que faisoit naître la force ; les Nations accoutumées à trembler sous des Chefs barbares, tremblerent encore plus sous des Dieux qui approuvoient la barbarie.

§. VI. *Causes de l'Esclavage.*

Les hommes ne sont esclaves que parce qu'ils sont timides, ignorants, déraisonnables. S'il est des pays où regne la liberté, ce sont ceux où la raison a le plus de pouvoir. Cessons donc d'attribuer toujours au climat, l'esclavage sous lequel gémissent la plupart des Peuples. Les sables brûlans de la Lybie, les plaines fertiles de l'Asie, les forêts glacées du Nord obéissent également à des Despotes révérés. Les superstitions des Peuples, quoique très variées entre elles, s'accordent toutes à les endormir dans l'ignorance & les fers. Comment imaginer que le climat puisse être la cause unique de leur servitude ? Dira-t-on que le soleil qui échauffoit les Grecs & les Romains, autrefois si jaloux de leur liberté, ne lance plus les mêmes rayons sur leurs descendans dégénérés ? Leurs mains ne cultivent-elles point aujourd'hui les champs jadis arrosés du sang de leurs ancêtres magnanimes ? Ces esclaves avilis ne foulent-ils pas sous leurs pieds les monuments de leurs peres glorieux ? Ce n'est donc point le climat qui soumet au Despotisme, il s'introduit par la force & la ruse, il s'établit, & se maintient par la violence, par l'imposture & sur-tout par la superstition : elle seule est en possession de priver les hommes de lumiere & de leur interdire l'usage de la raison : elle seule leur fait méconnoître leur nature, leur dignité, leurs privileges inaliénables ; après les avoir trompés au nom des Dieux, elle les fait trembler aux pieds des Rois.

§. VII. *Effets de la Superstition.*

IL ne fallut rien moins qu'un délire consacré par le ciel, pour faire croire à des êtres amoureux de la liberté, cherchant sans cesse le bonheur, que les dépositaires de l'Autorité Publique avoient reçu des Dieux, le droit de les asservir & de les rendre malheureux. Il fallut des Religions qui peignissent la Divinité sous les traits d'un Tyran, pour faire croire à des hommes que des Tyrans injustes la représentoient sur la terre. Il fallut l'aveuglement le plus complet, pour confondre l'abus avec le pouvoir, la loi avec le caprice, la violence avec le droit, l'injustice avec l'équité. Ce fut, sans doute, dans ces moments d'ivresse, que les Rois prétendirent avoir pris avec leurs Peuples des engagements subreptices, si avantageux pour eux seuls, & si nuisibles pour les infortunés avec lesquels ils disoient avoir contracté ; ces Rois se sont persuadés que ni la nature, ni la raison, ni le tems, ni la volonté des Peuples, ni la nécessité même des choses ne pouvoient anéantir un pacte insidieux. Ainsi ils s'arrogerent le droit d'être impunément injustes, sans cesser d'être les maîtres ; les Nations intimidées oserent rarement contredire les puissances célestes, armées avec cellès de la terre pour les tenir sous le joug. La voix de l'imposture avoit crié aux hommes : „ soumettez vous „ sans murmure à des êtres privilégiés que les „ Dieux irrités ont établis sur vos têtes ; étouf- „ fez les cris d'une nature rebelle qui vous or- „ donne de vous conserver, qui vous permet de „ vous défendre, qui veut que vous cherchiez „ votre bonheur. Abjurez une raison criminel- „ le ; qu'elle n'examine point des droits que le „ ciel autorise. Votre sang, votre existence, „ votre vie appartiennent à un mortel que les „ puissances d'en-haut ont choisi pour vous „ commander ; il aura le droit de vous rendre „ malheureux ; il sera l'exécuteur des vengeances „ divines ; il sera le ministre des fureurs du „ Très-Haut : pour vous, il ne vous restera „ pas même le droit de vous plaindre. Si votre „ audace vous faisoit douter de ces oracles, & „ le fer & le feu vous poursuivroient en ce mon- „ de, & des tourmens éternels puniroient dans „ un autre votre désobéissance sacrilege."

Accablé de ses craintes & rempli de préjugés, l'homme porta ses chaînes avec patience : il fit taire sa raison, il résista au desir d'améliorer son sort ; il craignit de redoubler ses maux, au lieu de les soulager ; il prit ses calamités, suites naturelles des passions & des folies de ses injustes maîtres, pour des châtiments du ciel auxquels il falloit humblement se soumettre. Lorsqu'un heureux hazard lui donna des Souverains plus humains & plus raisonnables, il en rendit graces aux Dieux : lorsque le sort lui donna des Tyrans, il les prit pour des fléaux du ciel justement courroucé de ses fautes. Il devint donc de plus en plus aveugle & superstitieux. La tyrannie & la superstition se servent presque toujours de supports & d'aliments réciproques. C'est ainsi que la plupart des Peuples de la terre sont tombés dans cette langueur, dans cette stupidité, dans cette inertie qui les rend presqu'insensibles aux maux qu'ils ne cessent d'éprouver.

§. VIII. *Orgueil du Despote.*

TOUT homme qui se sent du pouvoir, est tenté de se croire un être privilégié. Un bonheur continuel le rend insensible aux miseres des autres hommes, & lui endurcit le cœur : l'impunité l'enhardit au crime ; le succès de ses entreprises l'enorgueillit, à la fin il se persuade qu'il est d'une autre espece, que le reste des mortels qu'il voit anéantis à ses pieds ; il finit par les mépriser. Parvenu à regarder ses semblables comme des êtres indifférents & abjects, quels motifs auroit-il pour s'occuper de leur bonheur ? Comment pourroit-il songer qu'il leur doit quelque chose ? Ces sentiments hautains sont encore entretenus par l'inexpérience de la misere. Tout mortel qui n'a jamais goûté la coupe de l'infortune, ne peut être sensible aux peines des infortunés ; l'homme heureux est communément un être sans pitié. Que deviendra donc un Prince en qui ces dispositions sont alimentées par l'éducation & fortifiées par l'habitude ? Entouré, dès l'enfance, de vils flatteurs qu'il voit prosternés à ses pieds, leurs leçons seroient-elles bien propres à contenir ses passions ? Depuis l'âge le plus tendre, il eſt environné d'empoiſonneurs qui lui répetent ſans ceſſe qu'il eſt tout, que ſon Peuple n'eſt rien ; il n'entend que des eſclaves qui l'entretiennent de ſa propre grandeur & du néant des autres ; il ne voit que des Courtiſans vicieux qui le corrompent dans l'eſpoir de tirer parti de ſes inclinations dépravées : il n'écoute que des Prêtres qui le tiennent dans l'ignorance de ſes devoirs, & l'abbreuvent de préjugés : il ne connoît d'autres vertus que celles que lui inſpirent des fanatiques qui n'en ont eux-mêmes aucune idée. Ses yeux ne rencontrent que des hommes engraiſſés du ſang des Peuples, qui lui dérobent le ſpectacle des infortunes qu'ils cauſent. Quelles diſpoſitions aſſez heureuſes réſiſteroient aux impreſſions de tant de gens, ligués pour dépraver un Souverain ! Il ſeroit un prodige, s'il ne devenoit un monſtre d'orgueil & d'inſenſibilité. Sans les flatteurs, exiſteroit-il tant de Tyrans ſur la terre?

ELEVE's dans la licence & retenus dans l'ignorance de tous devoirs, les Deſpotes devinrent les ennemis nés & les fléaux de leurs Sujets. Renfermés dans leurs palais, afin d'être plus reſpectables, ils ſe rendirent inviſibles comme les Dieux. Endormis dans la molleſſe, ils ne ſongerent nullement à s'occuper des ſoins pénibles de l'adminiſtration ; ils ſe livrerent à l'oiſiveté, à l'indolence, à la débauche. Les Nations furent épuiſées pour fournir aux plaiſirs fantaſques de leurs Tyrans ennuyés, à l'avidité de leurs Miniſtres, & au luxe inſultant de leurs Cours. De tous les attributs de la Divinité que ces indignes Souverains prétendirent repréſenter, la bienfaisance, l'humanité, la justice furent les seuls qu'ils oublierent de montrer. Accoutumés dès l'enfance à dédaigner les hommes, à se croire des êtres surnaturels, ils ne laisserent plus tomber leurs regards sur une foule méprisée. Il n'y eut plus qu'un seul homme dans chaque Société, elle ne travailla que pour lui, il ne fit rien pour elle; lorsqu'il s'en souvint, ce ne fût que pour aggraver ses maux, pour appesantir ses chaînes, pour imaginer des moyens ingénieux d'augmenter ses miseres.

Devenu féroce à force d'orgueil & de flatteries, le Despote ne ménagea pas plus la vie de ses Sujets, que leurs propriétés : usurpateur d'un pouvoir que rien ne put contenir, il ne regarda les hommes que comme des marche-pieds faits pour le conduire où son ambition le guidoit. Sous les prétextes les plus légers, on lui vit entreprendre sans remords des guerres aussi inutiles que cruelles. Les Sujets d'un maître absolu ne connoissent rien de sacré, que ses volontés les plus folles. Ils se font un honneur de périr par ses ordres; ils mettent toute leur gloire à se dévouer pour lui; contenter ses desirs est l'objet unique de toutes les actions : dans une Nation dégradée, les Citoyens ne se distinguent que par l'empressement qu'ils montrent de plaire ou d'obéir à leur maître. L'unique ressource qui reste à la vanité d'un Peuple avili, est de s'approprier la vaine gloire de son Tyran. Celui-ci, couronné de lauriers également couverts du sang de ses Ennemis & de ses Sujets, commande encore plus insolemment à ses Etats dépeuplés, épuisés, malheureux même de leurs victoires.

§. IX. *Foibleſſe du Deſpote.*

La bonté d'un Deſpote eſt ſouvent plus funeſte à ſes Peuples que ſa méchanceté. Dans les mains d'un Prince, indolent, & privé de fermeté, quand par lui-même il ſeroit équitable, doux & ſenſible, le pouvoir abſolu ne rend point ſes Sujets plus heureux. La Nation, à l'inſçu de ſon chef, gémit ſous l'oppreſſion de tous les Tyrans ſubalternes chargés des détails de l'adminiſtration. La foibleſſe & l'incurie que l'éducation fait communément contracter aux Princes, les livrent à la conduite de quelques Favoris qui rendent leurs vertus inutiles, & qui ſeuls ſavent mettre leurs foibleſſes à profit. Egalement attentifs à s'aſſurer de la faveur, à ſoumettre leurs Maîtres, & à tenir les Peuples ſous le joug, ces Miniſtres ne ſont occupés que d'eux-mêmes; la Nation eſt la victime de complots & d'intrigues qui n'ont que leur propre crédit pour objet. Sous un tel Deſpotiſme, la vérité, les cris de l'infortune, la vertu ſont écartés du Trône; les tréſors de la Société ne ſervent qu'à raſſaſier l'avidité des Courtiſans, & à recompenſer les flatteurs, les paraſites; les maîtreſſes de ceux qui diſtribuent les graces. Les forces de l'Etat ſont ſucceſſivement épuiſées par des hommes frivoles & ſans vues, que la faveur éleve & détruit à chaque inſtant. Qui eſt-ce qui s'occuperoit péniblement du ſoin d'acquérir des talents, lorſque l'intrigue & l'ignorance décident ſeules du mérite, & diſpoſent des places? Les guerres ne ſont entrepriſes que pour ſatisfaire le caprice & la vanité de quelques Grands; nul ſyſtême dans l'adminiſtration; nulle ſuite dans les projets;

projets; nul plan dans la conduite; la Nation devient à tout moment le jouet des cabales des Miniſtres & de l'indolence du Souverain. A quoi ſervent les vertus du maître, quand l'injuſtice ou le délire de ſes repréſentans ne connoiſſent aucun frein?

§. X. *Maximes abſurdes du Deſpotiſme.*

C'EST une maxime adoptée par le Deſpotiſme que, non ſeulement ſes ordres ne doivent jamais trouver de réſiſtance, mais encore *que l'autorité ne doit jamais reculer*. Y a-t-il donc de la foibleſſe ou de la honte à céder à la raiſon? N'eſt-il pas plus noble & plus glorieux de reconnoître ſes erreurs; que de perſiſter ſottement dans des folies avérées? Eſt-il un Prince que l'aveu ingénu des fautes cauſées par la ſurpriſe ne rendît cent fois plus reſpectable à ſon Peuple que ſon opiniâtreté à ſoutenir une injuſtice? Mais les Deſpotes par la crainte d'être mépriſés, ſe rendent déteſtables; à l'exemple des Miniſtres infaillibles de la Religion, ils ne veulent jamais avouer qu'ils ont pu ſe tromper; ils craindroient que leurs decrets ne perdiſſent le ton ſublime des oracles.

S'ILS conſentoient à les changer; comme ces oracles ne ſont communément que l'ouvrage de la paſſion, de l'intrigue, de la faveur, quelques conſéquences qu'ils aient, quelqu'onéreux & révoltants qu'ils ſoient pour les Peuples, quelque contradictoires qu'ils paroiſſent, ils deviennent irrévocables & ſont toujours exécutés. L'autorité d'un Deſpote n'eſt point faite pour plier ou reculer devant l'équité; tout homme qui parle en son nom doit être soutenu; tous ceux qui le représentent sont censés illuminés comme lui; les Sujets deviennent criminels & séditieux, dès qu'ils osent murmurer. Par cette affreuse politique, les Peuples gémissent sans cesse sous la Tyrannie de tous ceux qui sont revêtus du pouvoir: ceux-ci sont toujours sûrs d'être appuyés dans leurs oppressions. Les foibles & les opprimés ont toujours tort sous un Gouvernement inique. Une Nation entiere est traitée en rebelle pour soutenir le crime ou la folie d'un Tyran subalterne.

§. XI. *Folies du Despotisme.*

TELS sont les effets que produit le Despotisme; telles sont les suites d'un pouvoir qui n'est point tempéré par des Loix. Que sera-ce si le Souverain est un Tyran féroce qui, dépourvu d'humanité, écrase sciemment ses Peuples sous le poid de ses passions, s'il consent à être détesté pourvu qu'il inspire de la crainte, en un mot, s'il s'est fait un front qui ne rougit d'aucun forfait? Que sera-ce si le pouvoir suprême se trouve dans les mains de ces Tyrans systématiques qui prennent pour maximes de rendre leurs Sujets malheureux, afin de les rendre plus souples & plus soumis! Que sera-ce si ce pouvoir est échu en partage à un conquérant ambitieux, qui ne regarde le sang de ses esclaves que comme une vile monnoie, pour lui acquérir des triomphes & de nouveaux Etats! Ces effets sont bien plus funestes encore, lorsque l'inertie & une longue servitude ont énervé les Etats. Car ne nous y trompons pas, il ne peut y avoir de forces réelles, de puissance, d'uniformité dans la marche du Despotisme; l'impétuosité, le caprice, l'ignorance guident communément ses conseils. Tout se fait avec violence, sous un Gouvernement violent. Les loix, les mœurs, les usages changent en un instant. Rien de fixe & de permanent sous une volonté toujours mobile & toujours obéie. Sans cesse elle est occupée à élever pour détruire, à réparer ensuite ce que son imprudence avoit détruit. Des Princes qui se succedent ne sont jamais animés d'un même esprit; la mort d'un Souverain absolu change en-un instant la forme de sa Nation; par des secousses subites & réiterées dont la fantaisie seule est le mobile, elle est forcée de prendre le ton que le maître lui donne. Sous un Monarque guerrier tout se porte vers la guerre; est-il esclave de la superstition? tout devient dévot ou feint de l'être. A-t-il des goûts fastueux? le Peuple est forcé de les payer de sa sueur. Est-il par hasard éclairé ou secondé par des Ministres habiles? un successeur ignorant, des Ministres jaloux ou incapables se piqueront de rendre inutiles ses travaux, & prendront en tout le contrepied de leurs prédécesseurs. Est-il impérieux? tout tremble. Est-il foible? tout tombe dans l'anarchie. En un mot, une contrée soumise au Despotisme ne prendra jamais l'assiette que des loix stables peuvent seules donner à un Gouvernement.

§. XII. *Sa force est précaire.*

Quelque reculées que soient les limites d'un Etat Despotique, quelque nombreuses que soient ses cohortes, quels que soient ses trésors & la fertilité de son sol, l'expérience de tous les tems prouve que tous ces avantages ſont rendus inutiles par le délire de l'adminiſtration; ſes ſuccès momentanés ne ſont que des météores paſſagers, & le Deſpote finit par échouer dans toutes ſes entrepriſes. Des armées compoſées d'eſclaves ſont commandées par des favoris incapables. Une milice inconſidérée ne connoît d'autre mobile qu'un honneur chimérique qui n'eſt réellement fondé que ſur la vanité : les richeſſes de l'Etat ſont diſſipées par des Miniſtres prodigues, & ne ſont employées qu'à ſatisfaire le luxe, la moleſſe & la frivolité de quelques Sultanes ou de quelques Courtiſans. Les récompenſes ſont arrachées au mérite & ſervent à payer les hommages honteux que la baſſeſſe rend aux vices du Maître & de ſes Viſirs. Les talents, la ſcience, la vertu négligés, écartés ou punis ſont des objets incommodes ou inconnus au Deſpote & à ſes appuis. Comment l'incapacité jalouſe favoriſeroit-elle le mérite qui lui fait toujours ombrage ? Comment l'impoſture inquiete chercheroit-elle la vérité qui dévoileroit ſes complots ? Comment des ames abjectes & des cœurs endurcis dans le crime rendroient-ils juſtice à la grandeur d'ame & à la vertu qui les forceroient de rougir ? Les vrais talents ne trouvent accès qu'auprès des Souverains qui, ayant eux-mêmes des talents, ſavent les démêler, les encourager & les forcer par leurs bienfaits à s'approcher du Trône.

§. XIII. *Le Patriotiſme eſt incompatible avec le Deſpotiſme.*

Il ne peut y avoir de Patrie ſous les volontés d'un Deſpote. Un tel maître eſt fait pour étouffer l'énergie, la grandeur d'ame, la passion pour la vraie gloire, l'amour du bien public. Les cœurs des Peuples asservis ne sont point susceptibles de ce beau feu qui embrase le Citoyen généreux. Quel intérêt peut animer les Sujets du Despotisme? Combattront-ils pour leurs possessions? Rien n'est à eux, tout appartient au maître. Défendront-ils leur bonheur? En est-il sous la Tyrannie? La gloire sera-t-elle leur mobile? Il n'en est point pour des esclaves. S'armeront-ils pour leur sûreté? Il n'en est point sous des Tyrans. L'esclave, qui n'a jamais qu'une existence précaire, enseigne dès l'enfance la bassesse à sa postérité méprisée; il est saisi de crainte à la vûe de tout homme qui jouit du crédit & du pouvoir. Il sait que les Loix elles-mêmes sont forcées de se taire devant l'autorité; il sait que la justice est sans pouvoir pour proteger le foible; il sait que le bon droit a tort dans un pays où la volonté du maître décide à tout moment du juste ou de l'injuste & peut anéantir les loix. Ainsi, dès sa naissance, accoutumé à s'avilir, l'esclave du Despotisme ne sentira jamais les mouvemens de cette noble fierté qui, répandue chez les Citoyens, rend une nation grande, puissante & redoutable à ses ennemis.

§. XIV. *Ses effets sur l'agriculture & le commerce.*

VAINEMENT se flatteroit-on de voir l'agriculture fleurir dans des contrées soumises à des maîtres absolus. Les campagnes rendues désertes par la rigueur des impôts sont encore plus dépeuplées, lorsque des guerres réiterées arrachent l'élite des cultivateurs à la charrue. La misere force le laboureur à fuir ſon champ, il cherche dans les villes, un aſile contre l'oppreſſion & la pauvreté! il y trouve une ſubſiſtance plus facile & des reſſources contre une oiſiveté que la Tyrannie rend néceſſaire. Le Sujet du Deſpote chercheroit-il à ſe multiplier? Hélas! il prévoit que ſes enfans ſeroient comme lui deſtinés à des malheurs ſans fin. Borné à une chétive ſubſiſtance que le travail le plus rude ne lui procure qu'à peine, en augmentant ſa famille, il augmenteroit des beſoins qu'il ne pourroit ſatisfaire. Son induſtrie lui deviendroit funeſte parce qu'elle feroit bientôt retomber ſur ſa tête des vexations nouvelles. „ Les Pays, dit l'Auteur de *l'eſprit des loix*, ne „ ſont point cultivés en raiſon de leur fertilité, „ mais en raiſon de leur liberté : l'on ne fait rien „ mieux que ce que l'on fait librement. "

Le commerce, enfant de la liberté, pourroit-il proſpérer ſous la tyrannie? Tout y devient monopole ou exaction. Le négoce eſt mépriſé ſous des Souverains partiaux qui ne diſtinguent que ceux de leurs eſclaves dont le bras ſert à enchaîner tous les autres. Dans un pays où le hazard, l'intrigue & la faveur décident de tout, où le crédit & le pouvoir ſont les ſeuls objets révérés, quel mobile encourageroit un commerce dédaigné par les Grands, opprimé, limité, circonſcrit par le Gouvernement, expoſé aux extorſions de ſes publicains? Si par une faveur du ſort, le Commerçant s'eſt enrichi, il s'empreſſe de ſortir d'un Etat peu conſidéré; ſéduit par le préjugé, il renonce bientôt à la profeſſion de ſes peres, pour paſſer à une condition dans laquelle il eſpere jouir d'une oiſiveté orgueilleuſe qui le rende inutile à l'Etat : ſi le Deſpotiſme déploie toute sa rigueur, si l'oppression est excessive, l'homme enrichi enfouira son or, il ne jouira de rien, il se gardera bien de montrer de l'aisance & des richesses qui tenteroient l'avidité des suppôts d'un pouvoir à qui tout est permis.

§. XV. *De la Noblesse sous le Despotisme.*

Qu'est-ce que la Noblesse dans un Etat Despotique? Peut-il y avoir quelque avantage, quelque prérogative, quelque rang dans une Nation où le Sultan est tout, & où les Sujets ne sont que ce qu'il lui plaît? Il n'existe de grandeur, que pour ceux que le Despote éleve : il n'est de prérogatives, que pour les ames basses qu'il favorise; il n'est de protection, que pour ceux qui consentent à ramper & à s'avilir. Choisis eux-mêmes par la cabale ou l'intrigue, les hommes revêtus du pouvoir ont rarement les talents de l'administration. Occupés uniquement d'intrigues, du soin de se maintenir dans la faveur, ils s'embarrassent très-peu de mériter les suffrages d'une Nation qui ne peut rien & dont ils peuvent étouffer les soupirs. L'émulation de bien faire n'existe point pour eux; il ne s'agit que de plaire à un maître indolent, indifférent, toujours facile à tromper, ou bien à ceux qui ont du crédit sur lui. Ce n'est communément ni l'incapacité, ni les plaintes publiques, ni les crimes qui font déplacer les Ministres d'un Despote, ou qui font tomber ses favoris en disgrace; c'est le caprice du maître, ce sont les cabales de ceux dont ce maître est le jouet, qui font & défont les Visirs & les Satrapes; un Sultan dépourvu de raison & de sens, ne sçait pas s'il doit être content ou mécontent des hommes qu'il employe; ses sentimens d'affection ou de haine ne sont pas même à lui. Comment des Maîtres de cette trempe seroient-ils fidélement servis? Leurs Ministres chancelants vivent à la journée; lorsque la faveur les abandonne, ils rentrent dans l'oubli; leur ambition est alors foiblement dédommagée par la jouissance des richesses d'une Nation épuisée, dont ils se sont attiré le mépris & la haîne; leur pouvoir est remis en des mains tout aussi peu capables. La Société est successivement la proie de Ministres ignorans & pervers qui, en se l'arrachant tour-à-tour, lui font des plaies profondes. Un Despote n'est pas fait pour avoir des Ministres zélés & vertueux. La vertu, les talents, le mérite n'approchent point de son trône; la bassesse, l'intrigue, le vice conduisent seuls à sa faveur: incapable lui-même, il ne choisit que des hommes avilis; la grandeur d'ame, la fierté noble compagne du mérite, seroient des titres d'exclusion & des crimes dans des esclaves destinés également à ramper.

§. XVI. *Il anéantit toute Justice.*

Quelle Justice peut-on attendre d'un pouvoir fondé lui-même sur l'injustice, la violence & la déraison? Les loix sont sans cesse, ou éludées par adresse, ou violées ouvertement: elles sont obscures, pour que la fantaisie puisse toujours les interpréter: elles sont contradictoires & multipliées, parce que chaque circonstance momentanée, chaque caprice du maître ou de ses puissants Ministres, chaque intérêt en fait naître de nouvelles. Ces loix inventées par la passion d'un ſeul ou d'un petit nombre ſont communément deſtructives pour la Nation : contraires à la nature, elles multiplient les infracteurs ; dictées par l'intérêt, elles puniſſent avec atrocité & ſans proportion. Les formes que l'habitude & l'uſage rendent reſpectables aux Peuples ſont les ſeules barrieres qui leur reſtent : mais ſouvent elles diſparoiſſent à la volonté du Souverain pour qui rien n'eſt ſacré. Les droits, les prérogatives, les privileges des Corps, des Grands, des Particuliers ne peuvent être ſtables ; tout ce qui ſeroit immobile deviendroit un embarras ; le Deſpotiſme toujours changeant veut des êtres mobiles qui ſe prêtent à tous ſes mouvements : ſemblable à ces enfans volontaires que la contrainte irrite, il veut tout briſer à ſon gré ; les juges qu'il choiſit pour perdre ceux qui lui déplaiſent, vendus à la faveur ou tremblants à la voix du crédit, ne prononcent que les arrêts qui leur ont été dictés. La Majeſté des loix & la vénération due à leurs organes ne ſont point faites pour des pays où la force ſeule eſt reſpectée. La nobleſſe, le rang, les titres n'y ſont que de vains noms dont le Maître flatte la vanité puérile de quelques-uns de ſes eſclaves, ſans leur procurer ni ſûreté ni prérogatives réelles. Le pouvoir abſolu fait rentrer à chaque inſtant dans la pouſſiere les têtes les plus orgueilleuſes. Tant que leur faveur ſubſiſte, les Grands éblouiſſent une Nation ſervile par leur éclat paſſager ; dès qu'elle les abandonne, on fuit, on foule aux pieds, on tourne en ridicule les objets que l'on avoit révérés. Il n'eſt point de Corps qui ne ſoit avili ſous un Maître dont la volonté ſuprême décide du ſort, du rang, des droits de tous ſes Sujets. Les Grands, ſous le

Despotisme, n'ont que le funeste avantage d'être plus près de la foudre, & d'éprouver plus rudement ses coups. Le Citoyen le plus obscur d'une Nation libre, jouit de plus de sûreté, de privileges, de grandeur véritable, que tous ces hommes décorés & titrés qu'un Monarque absolu peut à volonté plonger dans le néant.

§. XVII. *Les grands Etats sont exposés au Despotisme.*

PLUS un Empire est vaste, plus ses Sujets, sont nombreux, plus il est opulent, & plus il est exposé à tomber dans les fers du Despotisme. Dans un Etat étendu, la réunion des volontés qui voudroient s'opposer à l'oppression, devient presqu'impossible. Bien plus, quand même le Souverain seroit disposé à contenter ses Peuples, les cris des Provinces éloignées peuvent rarement se faire entendre jusqu'au Trône ; leurs besoins ne sont presque jamais connus du Maître. D'ailleurs les forces de l'Autorité Publique doivent augmenter en raison de la multiplicité des passions qu'elles ont à contenir. Il est très difficile qu'un pays étendu puisse être bien gouverné. Si les Souverains n'avoient sous leurs loix que le nombre de Sujets dont il leur est impossible de s'occuper, il n'y auroit point tant de Despotes & de Tyrans sur la terre. L'on néglige communément les choses que l'on trouve au-dessus de ses forces : l'expérience nous montre que le génie des Rois n'est pas, pour l'ordinaire, plus étendu que celui des autres hommes : la terreur & la force suppléent à la capacité du Maître.

§. XVIII. *Le Gouvernement Militaire y conduit.*

Un Gouvernement Militaire doit tôt ou tard dégénerer en Despotisme. Toute Nation que sa position ou les volontés de son Chef obligeront de tenir de grandes armées sur pied, finira bientôt par être totalement asservie. Tout Etat qui fait des conquêtes, n'est pas loin de sa chûte. Une soldatesque étourdie s'attache au sort de son maître ; elle ne connoît point d'ordre que les siens. Le Despotisme est une conspiration contre les Peuples, tramée par le Souverain avec une partie de ses Sujets pour enchaîner tous les autres. Soumis à une discipline rigoureuse, le Soldat est lui-même façonné à l'esclavage & par conséquent l'ennemi de la liberté des autres. Il ne connoît d'ailleurs que l'autorité visible qui lui commande, & méprise la loi, cette volonté cachée qui commande aux autres citoyens. Des hommes que l'habitude familiarise avec le carnage & la violence, s'accoutument à regarder la force comme un droit. Ainsi la milice, soumise au Despote, oblige la Société à porter ses fers sans murmure. Mais le Despotisme toujours inconséquent, degoûte souvent ceux-mêmes que son intérêt devroit l'engager à ménager ; ne connoissant jamais de regles que son caprice, il fait quelquefois éprouver son ingratitude à ceux-mêmes qui affermissent sa puissance : des injustices, des passedroits, des préférences injustes, des récompenses dont la faveur décide seule, abattent le courage du guerrier. Le pouvoir absolu se croiroit limité, s'il se faisoit un devoir d'être juste, même à l'égard de ses complices. Inconsidéré dans sa marche, le Despote ne voit pas que bien loin d'être indépendant lui-même ou véritablement absolu, il dépend réellement de ses Janissaires, d'une Soldatesque fougueuse & prompte à s'enflammer. Il ne voit pas souvent que les brigands devroient au moins être équitables entre eux.

Ainsi, sous un Despote, l'esclave stipendié qui sert à enchaîner ses concitoyens, n'est pas sûr lui-même d'obtenir les récompenses qu'il a cru mériter en trahissant son pays; il est lui-même la victime du pouvoir capricieux & injuste qu'il soutient; son maître sans égard pour ses services, le punit de l'avoir servi. Il peut bien y avoir une fureur aveugle dans les soldats d'un maître absolu, on peut trouver dans leurs chefs une fougue insensée, un honneur de convention; mais la vraie valeur est un sentiment raisonné qui ne peut avoir pour objet que le bien réel de la Patrie. Le Citoyen d'un pays libre, se défend lui-même, en combattant sous ses Chefs; le soldat d'un Despote n'est qu'un vil mercenaire qui ne combat que pour la vanité de son maître, & pour se procurer à lui-même des objets futiles, & vains, & des récompenses précaires.

§. XIX. *Les Prêtres amis du Despotisme.*

Les Despotes de tous les âges ont employé avec succès le crédit du Sacerdoce pour asservir les Peuples & les retenir dans leurs chaînes. Les Ministres des Dieux furent chargés d'entretenir l'ignorance des Peuples & de redoubler les ténebres de leurs esprits. L'intérêt du Despotisme fut toujours de ménager des Sujets que l'opinion rendoit vénérables aux autres. Plus un Gouvernement est injuste, plus le sacerdoce lui devient utile pour ſeconder ſes efforts, & pour contenir les Peuples que le malheur pourroit réduire au déſeſpoir. Plus les Tyrans font de malheureux, plus les Prêtres doivent fixer vers le ciel les yeux des Peuples, pour les empêcher de ſonger à leurs maux. Egalement ennemis de la raiſon & de la liberté des hommes, les Tyrans & les Prêtres ſont faits pour s'unir afin d'éterniſer les calamités de la terre.

Les maux du genre humain euſſent été au moins ſoulagés ſi le Sacerdoce ſe fût ſervi de l'aſcendant que l'opinion lui donnoit ſur les Maîtres de la terre, pour contenir leurs paſſions & pour ſoutenir les droits de la liberté opprimée; mais ſon empire, fondé lui-même ſur la terreur, ſur l'impoſture, ſur l'aveuglement, exigea, comme le Deſpotiſme, que les hommes fuſſent eſclaves & abjuraſſent la raiſon pour jamais. Le Prêtre entra donc dans la ligue du Souverain. Indépendant lui-même, opulent, conſidéré, il fournit à l'Autorité des moyens ſurnaturels d'aſſervir la Société. Cette ſombre politique cauſa les ravages les plus terribles dans un grand nombre d'Etats : les intérêts des Princes identifiés avec ceux du Prêtre, les engagerent preſque toujours à ſoutenir ſes querelles. Leur confédération eut pour objet d'exterminer la raiſon, la liberté, la ſcience; ceux qui ne prennent point la raiſon pour guide ſont toujours les ennemis jurés de la raiſon des autres.

§. XX. *Deſpotiſme des opinions.*

Telle eſt l'origine de ces proſcriptions & de ces perſécutions ſanglantes que les Deſpotes firent ſouvent éprouver aux objets de la vengeance des Prêtres. Les Tyrans voulurent toujours exercer leur Tyrannie, même ſur la penſée; ceux qui ne penſerent pas comme eux, leur parurent des rebelles indignes de vivre. Par cette Politique inſenſée, & par une lâche complaiſance pour les Miniſtres des Dieux, les Princes ébranlerent ſouvent leurs Etats, ils ſe firent à eux-mêmes des plaies incurables. Mais un tyran dévot & ſon Prêtre impoſteur ne comptent point avoir de ſujets, s'ils n'ont des eſclaves ſtupides, ou de vrais automates : ils aiment mieux régner ſur des animaux abrutis, que ſur des êtres raiſonnables. Toute liberté de penſer fait horreur au Deſpotiſme qui l'étouffe avec fureur : des hommes deſtinés au malheur ne ſont faits ni pour connoître ni pour chercher la vérité.

§. XXI. *Influence du Deſpotiſme ſur les ſciences.*

Sous un Deſpote, les ſciences, les arts, l'induſtrie, les talents, enfants de la liberté, uniquement tournés vers des objets frivoles s'énervent & ſe dégradent; ils ne prêtent leurs ſecours qu'aux monuments mépriſables de l'orgueil du Maître, de la vanité de ſes Favoris, & au luxe inſolent de quelques hommes engraiſſés de la ſubſtance des Peuples. Lorſque l'oppreſſion a dépouillé les Etats, les arts & l'induſtrie ſont obligés de fuir. La ſageſſe & la raiſon, faites pour guider les Souverains & les Peuples, ſont des objets déplaiſants pour tous ceux dont le pouvoir n'eſt fondé que ſur le menſonge & le preſtige : accablées ſous le poids de la Tyrannie & de la Superſtition, oſeroient-elles faire entendre leurs voix plaintives dans l'Empire des Tyrans? La vérité fut toujours proſcrite par des hommes qui n'en connoiſſent pas le prix, qui la déteſtent, qui craignent qu'elle ne réveille les eſprits & qu'elle ne rappelle les hommes à la nobleſſe de leur être. Les lumieres ſont inutiles ou dangereuſes à des malheureux dont on n'a nulle envie de ſoulager les peines. La Poëſie dégradée ne proſtitue ſes accents qu'à la flatterie, à la frivolité; elle ignore cet entouſiaſme propre à embraſer les Peuples pour la Patrie, pour la gloire, pour la vertu; ſon langage ſeroit inintelligible pour des ames énervées & rétrécies par la crainte & par une longue puſillanimité. Le Génie retenu dans des entraves perpétuelles, ne peut prendre un libre eſſor; ſes aîles ſont attachées à la terre. Bien plus, une Nation aſſervie eſt tyranniſée juſques dans ſes plaiſirs; il ne lui eſt permis de s'amuſer que d'après les regles que lui preſcrivent les caprices de l'Autorité; ce qui déplaît au Sultan, aux Sultanes, aux Viſirs n'eſt point fait pour plaire à des Sujets, dont les goûts mêmes doivent être ſubordonnés. Tout languit & ſe dégrade ſous un pouvoir abſolu; tout prend du nerf & de la vigueur par-tout où regne la liberté.

§. XXII. *Sur les mœurs.*

QUELLE peut être enfin la morale dans des pays ſoumis à des tyrans injuſtes, inhumains, avides, & ſans mœurs, entourés d'une foule de Courtiſans, de Sycophantes, de Délateurs qui partagent leurs paſſions, & dont l'intérêt veut que leurs Maîtres croupiſſent dans les vices & dans le crime? Inſpirera-t-on dans un tel pays à la jeuneſſe l'amour de la Patrie? Hélas! les mots de Patriotiſme & de Révolte ſeroient des ſynonimes. Qui eſt-ce qui auroit l'audace de diſtinguer la Nation ou la Patrie du Prince? Sa cour eſt le centre commun auquel tout doit aboutir; ce n'eſt que par des mœurs corrompues que l'on peut plaire à des hommes corrompus; de bonnes mœurs feroient la ſatire des perſonnages les plus puiſſants. Un Deſpote & ſes ſuppôts s'embarraſſent fort peu des mœurs de leurs eſclaves; ils ne leur demandent que de la complaiſance, de la baſſeſſe, une ſoumiſſion ſans bornes à leurs volontés déréglées. Que dis-je! ils préferent en eux des mœurs très-corrompues qui tiennent ceux qui les ont dans la plus grande dépendance. Des ſujets vicieux, frivoles, diſſipés qui ne penſent à rien, conviennent bien mieux à un Deſpote, que des Citoyens réglés & qui ſongent à leurs devoirs. Tout homme honnête eſt une plante étrangere dans un pays deſpotique, il eſt fait pour y végéter dans la retraite, il y paroîtroit ridicule & mépriſable; des mœurs auſteres, des vertus utiles, l'amour du bien public le rendroient haïſſable ou ſuſpect. L'activité, l'énergie, la grandeur d'ame ſeroient des crimes en lui. Plaire aux Deſpotes & à ceux qui diſpoſent de tout; leur ſacrifier ſon honneur, ſes ſentiments, ſes talents; tâcher par des intrigues & des baſſeſſes de s'élever aſſez haut pour pouvoir ſoi-même ſuivre ſes paſſions ſans crainte; s'efforcer de s'enrichir, afin d'acheter des protecteurs & des complices, telle eſt la ſeule morale qui convienne à des eſclaves dont l'eſſence eſt d'être vils & méchants.

§. XXIII.

§. XXIII. *Indolence des Despotes.*

Un Souverain abſolu devient néceſſairement indolent. Il faut aux Princes, ainſi qu'aux autres hommes, des motifs pour agir, un intérêt pour faire le bien, un aiguillon qui les pouſſe à la gloire. En eſt-il pour un Deſpote accoutumé à dédaigner ſon Peuple, à mépriſer ſa colere, à ſe mettre au-deſſus de l'opinion publique, ou qui peut la forcer à ſe taire? Une Puiſſance affermie eſt ſujette à s'engourdir; ſa ſtupeur ſe communique à tous ceux que le Maître a chargés de gouverner l'Etat pour lui. Dès que l'attention du Monarque ceſſe de les réveiller, ils ſe livrent à la pareſſe, à la diſſipation, aux plaiſirs, & prennent pour le bien public une indifférence ſouvent auſſi dangereuſe que l'oppreſſion même. Les valets ſe négligent, les maux s'accumulent, tout tombe dans le déſordre, dès que l'œil du Maitre perd ſes Etats de vue. Lorſqu'un Souverain ne ſait point gré des ſervices qu'on rend à ſon pays, perſonne ne s'embarraſſe du ſoin de le ſervir: ſes ſerviteurs uniquement occupés du préſent, ne ſongent nullement à l'avenir. Des Miniſtres négligents, frivoles & diſſipés ſont ſouvent auſſi nuiſibles à l'Etat, que les hommes les plus méchants. Des maux invétérés par la négligence, donnent la mort auſſi ſûrement que le fer. Des Princes dépourvus de lumieres choiſiſſent pour coopérateurs les hommes que la faveur ou l'intrigue leur font préférer: les mauvais Princes ne trouvent du mérite qu'à des hommes bas & ſans vertus; ils n'appellent à leurs conſeils que ceux qu'ils croient capables de leur faciliter les moyens d'écraſer leurs Sujets pour contenter leur propre avidité. Rien de plus déplacé qu'un Visir honnête homme ou bien intentionné auprès d'un Souverain corrompu.

§. XXIV. *Influence du Despotisme sur le caractere des Peuples.*

Le Despotisme a des effets très-marqués sur le caractere de ses Sujets ; est-il excessif ? il les plonge dans une langueur, dans une inaction, dans une apathie, en un mot, dans un état qui ressemble à la mort. Pour se convaincre de cette vérité, que l'on considere ces Asiatiques malheureux, perpétuellement plongés dans une oisiveté mélancolique, qui les empêche de jouir d'aucuns des avantages que la Nature répand si libéralement sur leur climat. Ils recourent à *l'opium* pour s'étourdir sur les ennuis d'une existence incommode. Le Despotisme est-il plus doux ? il fait des Sujets vains, étourdis, dissipés, qui, peu sûrs de ce qu'ils possedent, ne songent point au lendemain, ou qui, comme des enfants, sont contents de satisfaire leurs fantaisies du moment, sans jamais étendre leurs vues sur l'avenir qu'ils ne pourroient envisager sans chagrin : ils s'enivrent de plaisirs, d'amusements futiles & tâchent de se distraire des idées importunes. Les Sujets d'un Despote sont ou dans la léthargie, ou dans un délire habituel, qui les rendent également incapables de penser à leurs vrais intérêts.

§. XXV. *Il travail à sa propre ruine.*

Ainsi le Despote est un insensé qui chaque jour arrache quelques pierres de l'édifice qui le couvre. Sa façon de régner n'eſt qu'un brigandage affreux, guidé par la folie qui finit par tout ſacrifier à ſes chimeres. Comment la démence prendroit-elle la raiſon pour conſeil ? C'eſt pourtant vers ce Deſpotiſme fatal, que tendent ſans ceſſe les vœux de tous ceux qui gouvernent les hommes ! Les Princes de la terre ſe croient très-malheureux, très-foibles, très-mépriſables, dès qu'ils voient que tout ne leur eſt pas permis. Lorſqu'à force de forfaits & de ruſes, ils ſont enfin parvenus à dompter leurs Sujets ; ils trouvent que par leurs indignes triomphes, ils n'ont acquis qu'une puiſſance précaire & chancelante ; ils ſe ſont mis ſous la tutelle de la force qui les maintient ; ils vivent dans la crainte & les ſoupçons ; ils n'ont que des eſclaves ſans talents, ſans courage, ſans attachement, ſans vertus ; ils éprouvent eux-mêmes les effets de l'épuiſement des Sujets qu'ils ont long-tems opprimés. Le Deſpote finit toujours par régner ſur des ruines, ſur des déſerts & ſur des hommes foibles, ſtupides, indigents, ſans induſtrie ; il reſſemble à un lion affamé dont la voracité a fait une vaſte ſolitude de toute la contrée dont ſa caverne eſt entourée ; près de cet antre redoutable, on ne voit que des oſſements ſecs & des ſquelettes décharnés.

Reste-t-il quelque vigueur aux Sujets ? Alors ce ſont des bêtes féroces toujours prêtes à rompre leurs liens & à s'élancer ſur leur gardien déteſté. La Tyrannie a-t-elle depuis long-tems fixé ſon trône dans un pays ? La dépopulation, les guerres, la ſtérilité, la famine, la contagion & les maladies ſont les ouvrages de ſes mains : par elle la fertilité de la terre eſt rendue inutile ; ſa négligence ou ſon avarice banniſſent la ſalubrité des Etats, ſes extorſions multipliées mettent en fuite le commerce & l'induſtrie ; ils ne peuvent habiter des pays voués à la miſere.

Que ſont donc devenues ces plaines fertiles de l'Aſie, jadis ſi floriſſantes, & placées ſous le ciel le plus favorable ? Ce que l'hiſtoire nous apprend de l'abondance merveilleuſe de l'ancienne Egypte ne ſeroit-il donc qu'une fable ? La Nature la plus généreuſe travaille aujourd'hui vainement pour elle, & n'a pu réſiſter à la tyrannie du Muſulman farouche. C'eſt en vain que le Nil fertiliſe ſes bords pour des habitans découragés par le pouvoir arbitraire : ſes eaux, en ſéjournant ſur des terres abandonnées, ne ſervent plus qu'à faire naître des peſtes & le trépas préférable à la vie pour des êtres que la tyrannie rend continuellement miſérables. Quel aſpect nous préſentent les environs de Rome, cette ancienne capitale du monde ? Soumiſe aujourd'hui à des Prêtres avides & peu faits pour ſonger à la poſtérité, ils y foulent inſolemment les cendres des *Emile* & des *Scipion*, & ne ſongent point que les campagnes dont ils ſont entourés infectent l'air & répandent la mort.

Ainsi le Deſpotiſme vient à bout de vaincre la Nature & de la rendre cruelle. Des guerres inutiles, des révolutions ſanglantes, des oppreſſions continuées ſont parvenues à faire éclore des fléaux inconnus autrefois ſous des Gouvernemens plus ſages. Des Peuples, qui jadis vivoient dans l'abondance, ſont aujourd'hui plongés dans la miſere & dans d'épaiſſes ténebres ; privés des douceurs de la vie & même du néceſſaire, ils traînent des jours malheureux dans une indifférence ſtupide ; les arts, les ſciences, l'induſtrie, les mœurs honnêtes ont fui depuis long-tems, à l'aſpect effrayant des Maîtres barbares qui les mépriſent, & à qui la ſuperſtition fait un mérite de l'ignorance.

§. XXVI. *Du Deſpotiſme Occidental.*

C'EST ſur-tout en Aſie, que le Deſpotiſme a depuis un grand nombre de ſiecles érigé ſon trône de fer au milieu des flots de ſang. Là, ſecondé par la ſuperſtition, il exerce ſes fureurs à front découvert. En Europe, plus ſyſtêmatique, plus circonſpect & plus retenu dans ſa marche, il ſe montre communément ſous des traits moins prononcés. On n'y voit point des Rois ſe baigner dans le ſang de leurs freres ; ils n'envoient point le Cordon fatal aux Favoris qui leur déplaiſent ; ils ne ſe ſouillent pas ſi ſouvent de meurtres & d'aſſaſſinats ; mais on y trouve preſque par-tout des Monarques qui, ſous les prétextes les plus futiles, immolent ſans remors des millions de Sujets à leurs cruelles fantaiſies : on y rencontre des Souverains qui proſcrivent, tourmentent, & perſécutent pour des opinions ; on y voit des tyrans qui s'efforcent d'étendre la tyrannie juſques ſur la penſée ; on y trouve des Rois avilis qui, pour complaire à des Prêtres dont ils ne rougiſſent point de devenir les bourreaux, livrent aux ſupplices les plus affreux, des Citoyens condamnés par des tribunaux, juges dans leur propre cauſe. On n'y voit point des Souverains, comme quelques Conquérans Aſiatiques, pouſſer le mépris de l'humanité juſqu'à faire égorger des hommes pour leur ſervir de paſſage ; mais on y trouve des palais & des monuments fondés sur les malheurs publics, & cimentés par le sang, la sueur & la substance de peuples assez aveugles pour applaudir la vanité de leurs superbes Monarques: on y voit des Souverains qui font taire les loix, qui sans cesse violent la personne & les biens de leurs Sujets, qui sous des tyrans subalternes, font gémir des Nations dont ils refusent d'entendre les cris, on y voit des Politiques insensés qui, par la rigueur de leurs impôts, accablent & découragent la population, la culture, l'industrie. Malgré tant d'excès, ces Princes se croiroient outragés, si on les traitoit de Tyrans, & leurs Sujets seroient eux-mêmes indignés d'être appellés des Esclaves. Les noms bien plus que les choses ont droit d'allarmer l'esprit des hommes.

§. XXVII. *Du Despotisme mitigé.*

Le Pouvoir absolu ne produit point toujours des effets si cruels. Souvent il modere ses excès; quelquefois le Souverain le plus illimité permet aux Sujets de respirer; cela n'arrive que quand le sort les soumet à un Prince vertueux & sensible, qui lie ses propres mains & se soumet à des devoirs; mais il cesse d'être un Despote, dès qu'il suit les loix de la Nature & de l'Equité. Le Sujet est libre, dès qu'il jouit de ses droits. Cependant, quelle que soit la félicité des Peuples, elle n'est jamais que précaire & passagere, à moins que des loix invariables ne lient les mains de leurs Maîtres. Sans cela un successeur imprudent ou injuste, ou son Ministre incapable détruisent, en un instant, tous les avantages qu'avoit produit l'administration la plus sage. Il faut contraindre les Rois à ne point abuser de leurs forces ; la crainte les réveille & les rend vigilants, la sécurité les endort. *Il seroit*, dit Gordon, *aussi avantageux pour les Peuples d'être gouvernés par un barometre, que par des Souverains absolus.*

Il est des pays où la douceur des mœurs empêche le Pouvoir Suprême de déployer toute sa vigueur ; ses effets sont alors plus lents ; l'idée de la décence, la crainte du cri public contiennent les Princes & leurs Ministres, & les empêchent de donner un libre cours à leurs passions ; les Peuples endormis par des promesses pompeuses, ou amusés par des formes, oublient la puissance illimitée de leurs maîtres, ils les croient soumis à des loix, parce qu'ils n'osent pas toujours les violer sans pudeur. Retenus par les liens des mœurs & de l'opinion, ceux-ci ne se permettent point d'user de tout leur pouvoir. De-là cette distinction entre la Monarchie & le Despotisme, qui dans le fait se confondent ou sont la même chose, toutes les fois que la Nation n'est point suffisamment garantie contre les entreprises d'un pouvoir trop actif & trop grand. La Monarchie dégénere en Despotisme, & celui-ci en Tyrannie, toutes les fois que le Prince est le maître des soldats, dispose à son gré des revenus de l'Etat, a seul le droit de mettre des impôts, n'est pas comptable à son Peuple de l'emploi des deniers publics.

Sous des gouvernements ainsi constitués, envain les Sujets se flattent de n'être pas des esclaves, parce qu'ils ne voient point leurs fers ; leurs Despotes débonnaires commencent par les endormir ; & peu-à-peu, par une pente douce, les conduisent à la ruine. Dans ce calme perfide, on n'éprouve point, il est vrai, les secousses & les orages du Despotisme effréné, mais les ames des Sujets peu-à-peu s'habituent à leurs maux, ils ne s'en apperçoivent que fort tard ; & lorsqu'ils les ressentent, s'ils en prennent de la colere, elle ressemble aux impatiences passageres de ces enfans que l'on appaise aussitôt qu'on leur présente quelques jouets. Quelques victoires infructueuses, un honneur chimérique qu'ils s'imaginent partager avec leurs Maîtres, des spectacles suffisent pour les consoler de leurs malheurs les plus sensibles. Ce Despotisme radouci n'en est pas moins fatal aux Nations. Les maladies de langueur, ainsi que les maladies aiguës, conduisent à la mort.

§. XXVIII. *Des vrais signes du Despotisme.*

Si parmi les Souverains, personne ne consent à prendre le nom de Tyran, à l'exception des Asiatiques avilis de longue main, il est peu de Sujets qui consentent à passer pour des esclaves. D'ailleurs il n'est point de Despotisme qui fasse également éprouver ses coups à tous ses Sujets. L'habitude rend le joug moins sensible ; peu-à-peu les hommes se familiarisent avec l'injustice, ils s'apprivoisent avec l'oppression ; les crimes qu'ils ont continuellement sous les yeux, cessent à la fin de les choquer & leur paroissent des choses très-naturelles. Cette disposition, jointe au défaut de réflexions, fait souvent que des ames fort honnêtes ne sentent pas toute l'horreur des actions les plus injustes dont ils voient que le Monarque & les Grands ſe rendent à tout moment coupables. Sous un tel Gouvernement, la force ſe change imperceptiblement en droit, l'uſage empêche que l'iniquité n'effarouche, & l'inégalité des rangs perſuade à la fin que tout eſt permis aux Grands, tandis que la plainte même eſt interdite aux Petits. Peu de gens en Europe ſont effrayés des vexations auxquelles la chaſſe donne lieu à chaque inſtant. On trouve légitime que le laboureur ſoit privé d'une portion de la récolte, pour contribuer aux plaiſirs de quelques oiſifs puiſſants. Les corvées deviennent des droits légitimes ; cependant le cultivateur eſt détourné de ſa moiſſon, pour frayer des chemins plus faciles à quelques voyageurs délicats.

Le Deſpotiſme n'en eſt pas moins dangereux, lorſqu'il peut ſe maſquer ſous l'apparence du bien public. Il fait alors des dupes ; il a ſes apologiſtes. „ Qu'importe, dira l'habitant déſœuvré d'u-
„ ne ville opulente, que je vive ſous un pouvoir
„ abſolu? Que manque-t-il à nos plaiſirs ? Quel-
„ le converſation plus libre, plus enjouée que la
„ nôtre ? Vient-on dans nos maiſons nous ravir
„ nos poſſeſſions ? Quels chemins plus beaux que
„ les nôtres? Quelle Police plus vigilante? Quel-
„ le tranquillité plus douce ? Qu'on nous laiſſe
„ nos fers, ils ne nous rendent pas ſi malheureux,
„ que ceux qui ſe vantent de leur prétendue li-
„ berté. Le bonheur eſt dans l'opinion ; dès
„ qu'on ſe croit heureux, l'on n'a plus rien à
„ prétendre. " Je répondrai à cet eſclave content & peu ſenſible aux maux de ſa Patrie, qu'une Société n'eſt bien gouvernée que lorſque le plus grand nombre de ſes membres eſt heureux. Que faut-il pour les rendre heureux? Il faut que, ſans

un travail excessif, leurs besoins naturels soient satisfaits. Est-ce là le sort du plus grand nombre de vos Concitoyens? Leurs campagnes sont-elles cultivées autant qu'elles peuvent l'être? Vos laboureurs robustes & sains jouissent-ils d'un bonheur qui réponde à leur utilité? Vos Provinces montrent-elles une population abondante? Leurs habitans cherchent-ils à se multiplier? Les impôts arbitraires ne les forcent-ils pas souvent de renoncer à l'héritage de leurs peres? Des travaux inutiles ne les détournent-ils point de leurs travaux nécessaires? Un commerce facile leur procure-t-il toujours un débit prompt & sûr de leurs denrées? Ont-ils des habitations & des vêtemens qui les mettent à couvert de la rigueur des saisons? Des loix impartiales commandent-elles également aux Grands comme aux Petits? Le crédit, la faveur ne sacrifient-ils jamais de victimes innocentes? Le pauvre obtient-il une prompte justice contre le riche ou l'homme en crédit? Le Citoyen, dans le sanctuaire de sa famille & dans le sein de l'amitié, se trouve-t-il à couvert des inquisitions & des délations? La vengeance, le caprice ou l'intérêt d'un Visir, de sa maîtresse, de son valet ne peuvent-elles pas à tout moment précipiter l'homme de bien dans un cachot? Le Grand lui-même est-il complettement à l'abri des coups d'un maître fantasque & des calomnies de sa cour? L'homme riche a-t-il la juste confiance de transmettre à ses enfans les biens que son industrie lui a procurés? Le négoce est-il exempt des entraves de l'avidité? Enfin une heureuse tolérance permet-elle à tout Citoyen de penser comme il lui plaît, pourvû qu'il agisse conformément aux loix? Rien de tout cela, me direz-vous! Eh bien, répliquerai-je, vous êtes des esclaves.

Le Despote n'est injuste, le Tyran n'est criminel, que par ce qu'ils rendent le plus grand nombre de leurs sujets malheureux. Avec quelque rigueur qu'ils exercent leur empire, il est toujours des hommes favorisés qui échappent à leurs fureurs ou qui profitent de leurs crimes ; ce sont eux qui se croient en droit d'en faire l'apologie. Qu'ils vantent donc leur bonheur ; jamais leurs discours ne séduiront des Citoyens vertueux, sensibles aux infortunes de leurs semblables & aux maux de leur postérité qu'ils prévoient dans l'avenir. Jamais ces prétendus avantages n'éblouiront ces ames généreuses en qui l'oppression & l'injustice allument une juste colere. Tenté sans cesse de se bannir d'une Patrie opprimée, l'homme de bien n'y est retenu que par les liens du sang & de l'amitié ; les vertus obscures & domestiques sont les seules qui puissent consoler le Citoyen honnête dans les malheurs de son pays.

Les hommes sont des esclaves par-tout où la volonté de l'homme est supérieure à la Loi. Les hommes sont esclaves par-tout où l'on a besoin de pouvoir, de crédit, de richesses pour obtenir la justice. Les hommes sont esclaves par-tout où le puissant, exempt de se conformer à la Loi, peut étouffer les cris de l'innocent qu'il opprime. Les hommes sont esclaves par-tout où la Loi peut être interprétée, alors elle devient toujours partiale pour celui qui a du pouvoir, & destructive pour le malheureux.

§. XXIX. *Il ne peut être appellé Gouvernement.*

Sous quelque aspect que le Despotisme se montre ; il ne mérite point d'être qualifié de *Gou-*

vernement. Il n'eſt que la licence des Souverains exercée ſur des Peuples malheureux. Avec les vues les plus droites, comment ſe flatter qu'un ſeul homme, ou que pluſieurs hommes, remplis de foibleſſes puiſſent diriger avec préciſion les reſſorts compliqués du Gouvernement d'une Nation ? Que ſera-ce, ſi le ſort des Peuples eſt remis entre les mains d'un maître vicieux, d'un mortel diviniſé par la flatterie, dénaturé par l'éducation, énervé par la molleſſe ? Comment eſpérer qu'un Prince entouré d'une foule d'hommes vils, intéreſſés, ignorans, ſe laiſſe guider par les conſeils de l'équité, de l'humanité & de la raiſon ? Il faudroit être un Dieu, un être infini dans ſes perfections pour ne jamais abuſer d'un pouvoir ſans limites. Il n'y a que la préſomption la plus extravagante qui puiſſe faire prétendre à l'autorité abſolue. Les Nations n'ont pu confier ſans reſtrictions à un ſeul homme ni à pluſieurs hommes, un pouvoir dont leur nature même les rendoit eſſentiellement incapables, dont leurs paſſions ne pouvoient qu'abuſer, & d'où le malheur de la Société devoit néceſſairement réſulter. Plus ce que les hommes entreprennent eſt au-deſſus de leurs forces, & plus ils s'en acquittent mal. On ne peut qu'abuſer d'un pouvoir dont l'uſage raiſonnable eſt impoſſible.

§. XXX. *Il invite à ſa propre deſtruction.*

LE Deſpotiſme ne peut donc être regardé que comme un combat inégal entre un brigand ou des brigands armés & une Société ſans défenſe. Ses droits ſont la force du Souverain & la foibleſſe des Sujets ; ſes titres ſont, d'un côté l'impoſture, la ruse, l'artifice ; & de l'autre l'opinion, l'aveuglement, la sotise. Ainsi ce joug odieux, dont la plupart des habitans de la terre sentent plus ou moins la pesanteur, n'est qu'un abus révoltant contre lequel la nature & la raison s'élevent avec force, lors même que les Nations engourdies semblent s'y soumettre sans murmure. Le Despotisme est également funeste au Souverain & aux Sujets. Dès qu'un homme est le maître de la Loi, il faut qu'il devienne méchant. Dès que ses passions l'ont dépravé, son Empire, forcé de suivre les impulsions qu'il lui donne, se déprave comme lui. Alors le Tyran gouverne ses Peuples comme des bêtes féroces dont il craint la fureur ; sans cesse il travaille à les aigrir, à les agacer, à les rendre furieux ; il les punit ensuite de leur méchanceté. Plus il les craint, plus il redouble de mauvais traitements ; ce n'est que par des forfaits multipliés, qu'il croit se mettre en sûreté. Un Tyran n'est jamais entouré que d'ennemis ; les Nations dont les Chefs ne consultent jamais les desirs, n'ont rien de commun avec eux ; elles ne leur doivent que de l'indifférence : en sont-elles opprimées ? Elles ne leur doivent que de la haine ; la force est alors la seule ressource qui reste contre la tyrannie ; en se révoltant contre la Loi, les Tyrans donnent à leurs Sujets le signal de la révolte contre eux-mêmes. En opprimant le Peuple Romain, le Sénat fut un Tyran qui provoqua justement sa fureur. En violant les loix & la liberté des Anglois, Charles I. & son fils s'attirerent les catastrophes qui les priverent l'un de la vie, l'autre du Trône.

En vain, Despotes inhumains ! cherchez-vous à effrayer vos Peuples par vos chaînes, par vos cachots, par vos ſupplices : en vain la terreur de votre nom réduit-elle les Nations au ſilence : en vain les forcez-vous à mordre en frémiſſant la pouſſiere de vos pieds : en vain confiez-vous aux ſuppôts de votre pouvoir les forces les plus redoutables : jamais vous n'aurez d'amis ſinceres ; jamais vous n'aurez de Sujets ; vous n'acheterez par vos bienfaits que des flatteurs, des complices, des traîtres, des conſeillers infâmes, qui ſous prétexte d'établir votre autorité, vous aideront à détruire les loix, la liberté, la vertu qui vous réſiſtent : ils vous déroberont l'odieuſe vérité ; ils vous cacheront l'abîme qu'ils creuſent ſous vos pas ; mais ils ne donneront jamais la ſérénité à vos ames, le ſommeil à vos paupieres, la tranquillité à votre Empire ; jamais ils ne vous garantiront des efforts que la haine multipliée fera contre vos injuſtes volontés. Le dernier Sujet d'un Etat libre jouit d'une ſûreté plus grande que le Tyran environné de toutes ſes cohortes.

Toute puiſſance, pour être ſolide, doit ſe contenir dans de juſtes bornes. Plus les Souverains veulent avoir de force, & plus ils deviennent foibles ; plus ils exercent leur pouvoir & plus leurs Peuples s'engourdiſſent. La vraie puiſſance du Maître dépend de la proſpérité de ſes Sujets. Le Tyran eſt un être iſolé ; il vit comme dans une terre étrangere ; il n'y a de Patrie que pour le Roi Citoyen. L'inſtabilité du Gouvernement abſolu, les révolutions auxquelles il eſt ſans ceſſe expoſé, devroient en dégouter tout être raiſonnable : il eſt doux de régner ; mais il eſt bien plus doux de régner en ſûreté, de régner à l'ombre des Loix, de régner ſur des Peuples heureux, affectionnés, ſoumis. Le Deſpote disparoît, pour ainsi dire, à l'insçu de ses Sujets, personne ne s'intéresse à son sort; souvent sa mort n'est annoncée que par le rebelle qui lui succede. Dans un pays despotique, les esclaves ne combattent que pour savoir le nom du Tyran qui doit les asservir. Les Monarques absolus ressemblent à ces enfans imprudents qui s'irritent contre ceux qui les empêchent de se blesser eux-mêmes. Le Despote peut être comparé à un joueur, ou bien au débauché qui après avoir sacrifié & fortune & santé à des plaisirs d'un moment, conservent pendant toute la vie le regret de s'être contentés. Le Tyran aveuglé ne voit jamais les suites de ses violences : souvent la Tyrannie s'exerce à l'insçu du Souverain; ses Ministres jouissent seuls de l'abus de son pouvoir. Il est rare que le Prince le plus absolu ait une volonté; il n'est que le prête-nom des passions de ses serviteurs, & souvent son Empire est ébranlé & l'univers en feu, pour des motifs qui le feroient rougir, s'il venoit à les démêler.

§. XXXI. *Contradictions du Despotisme.*

Ce seroit une erreur de croire que les Souverains absolus, ou ceux qui président à leurs conseils eussent toujours un projet suivi, une volonté permanente de nuire & de perdre l'Etat. Le Despotisme est communément plus étourdi que cruel, plus stupide que méchant. Quelquefois même il est tenté pour son propre intérêt de s'occuper du bien public : il est réduit souvent à chercher des remedes aux maux qu'il s'est faits, il s'apperçoit, mais presque toujours trop tard, que le Prince ne peut être riche si les Sujets sont misérables ; que ses armées ne peuvent être nombreuses, si ses Provinces sont dépeuplées ; que son commerce ne peut fleurir, s'il n'est protégé & secouru ; que ses Peuples ne pourront le seconder, si leur courage & leurs forces sont abbatus. Mais le Despote accoutumé à ne jamais trouver de résistance, voudroit, pour ainsi dire, renverser à son gré les loix de la Nature & triompher de la nécessité. Il veut que ses Provinces soient cultivées, mais il ne consent point à soulager le cultivateur. Il veut que son Empire soit peuplé, mais la dureté de son Gouvernement force ses Sujets aux émigrations. Il veut du commerce, mais son avidité ne cesse de le gêner ; il veut du crédit, mais il viole à tout moment ses engagements les plus solemnels ; il veut des guerriers habiles & magnanimes, mais la cabale & l'intrigue font nommer ses généraux & leur tiennent lieu de talents & de mérite. Il veut des ames sensibles à l'honneur, tandis qu'il ne souffre au-tour de lui que des ames serviles. Il veut des Sujets attachés, tandis que tout ce qu'il fait ne tend qu'à lui susciter des ennemis. Il voudroit quelquefois connoître la vérité, mais toujours il punit ceux qui l'annoncent ; il veut des talens ; mais il ne récompense que l'ignorance ou la médiocrité ; il veut de l'industrie ; mais il proscrit la liberté. En un mot, le Despote voudroit jouir de tous les avantages dont les vices de son administration doivent nécessairement le priver. Les efforts que le pouvoir absolu fait pour améliorer son sort, sont presque toujours infructueux ; les secousses & les changemens subits que son imprudence produit, ne servent souvent qu'à accélérer la ruine de l'Empire qu'il avoit énervé.

§. XXXII.

§. XXXII. *Les Peuples n'y peuvent jamais consentir sincérement.*

CESSONS donc de supposer que des êtres raisonnables aient jamais pu consentir à un pouvoir arbitraire; ne croyons point que de plein gré ils aient compté se mettre dans les fers; ne supposons point que le plus grand nombre des habitants de notre globe aient voulu ne vivre, ne travailler, n'arroser la terre de leur sueur, que pour rendre heureux quelques-uns de leurs semblables, qui en échange de leurs peines ne leur procurassent aucuns des avantages qu'ils ont droit de prétendre.

CROIRONS-NOUS de bonne foi que les Peuples aient jamais pu dire à ceux qu'ils avoient choisis pour Souverains : „ gouvernez-nous comme il „ vous conviendra; disposez, suivant vos fantaisies, de nous, de nos femmes, de nos enfants, „ de nos biens, de notre liberté; nous consentons à ne travailler que pour vous & pour ceux „ que votre faveur distinguera des autres; quels „ que soient les excès auxquels la dépravation „ de votre cœur ou le délire de votre esprit vous „ porteront, nous y souscrivons d'avance & „ nous renonçons pour jamais au droit de nous „ plaindre & de réprimer vos fureurs". Ils ont dû dire : „ nous avons confiance en vous comme „ nos ancêtres l'ont eu dans les vôtres : vous régnez parce que nous le voulons; nous vous avons „ rendu dépositaires d'un pouvoir dont nous aurions pu abuser; vous vous en servirez pour notre „ bien; mais nous ne consentirons jamais au mal „ que vous voudriez nous faire. Si vous devenez des „ oppresseurs, nous deviendrons vos ennemis ".

Si l'on assure que c'est du ciel que la puissance des Rois est émanée, aura-t-on le front de prétendre qu'une Divinité bonne & juste, telle qu'on devroit la supposer, ait dit à tous les habitants de la terre. „ Peuples! je ne vous ai créés, que pour „ être les jouets d'un homme privilégié; je ne „ vous ai rassemblés en société, que pour que „ vous fussiez des esclaves plus malheureux que „ les sauvages répandus dans les déserts. Votre „ vie, votre champ, votre travail, votre liber„ té appartiendront exclusivement à l'un d'entre „ vous, & jamais vous n'aurez le droit de résis„ ter à sa méchanceté ". Avec quelle insolence n'outrage-t-on pas son Dieu, quand on en fait l'auteur, le défenseur & l'appui des Tyrans qui désolent la terre!

Quels que soient les principes sublimes sur lesquels le pouvoir absolu se fonde: quels que soient ces prétendus droits divins que le mensonge a fait descendre du Ciel; quels que soient ces Dieux injustes que l'on suppose les fauteurs des Tyrans, jamais ni la force, ni l'imposture, ni le temps ne pourront étouffer totalement le cri de la Nature. Elle réclame à tout moment dans le sein de l'esclave malheureux; c'est elle qui dit aux enfants de la terre que le Monarque le plus puissant n'est qu'un foible mortel comme eux; c'est elle qui montre à tout homme raisonnable, que l'autorité du Prince ne vient que du consentement de son Peuple; que le pouvoir confié pour le bonheur d'une Société ne peut être sans crime employé à sa destruction; qu'en se soumettant à des Rois, elle n'est point devenue captive. Que chaque homme, en renonçant à une indépendance nuisible, n'a pu renoncer à la liberté nécessaire à sa félicité; que les Nations n'ont pu devenir les jouets des ouvrages de leurs mains.

§. XXXIII. *Les dangers pour ceux qui l'exercent.*

Si la raison parle avec cette énergie aux Peuples, elle ne parle pas avec moins de force à leurs Maîtres. „ O vous, dit-elle, qui commandez à „ des hommes, songez à les rendre heureux; s'ils „ consentent à vous élever sur leurs têtes, c'est „ pour eux-mêmes, & non pour repaître votre „ orgueil. Soyez les organes de l'équité, si vous „ voulez être obéis; que l'utilité de tous dicte „ ces Loix qui font, & la sûreté des Peuples, & „ votre propre sûreté. N'écoutez pas ces indi„ gnes flatteurs qui vous persuadent que vous êtes „ des Dieux. Vous êtes des hommes comme le „ dernier des Citoyens; vous êtes sujets aux in„ firmités humaines; si vous avez besoin de se„ cours comme les autres, vous êtes obligés „ comme eux de mériter l'affection de vos sem„ blables. Si vous êtes les images des Dieux, re„ présentez-nous des Divinités bienfaisantes, & „ non des Démons acharnés à la désolation du „ genre humain. Détrompez-vous de l'espoir in„ sensé d'être grands, puissants, heureux, lors„ que vos Sujets gémiront dans l'infortune. Dé„ sabusez-vous de la présomption absurde qui „ vous fait imaginer que tous les Peuples de la „ terre n'ont été destinés par une Providence „ partiale que pour être les artisans de votre luxe, „ les instruments de votre grandeur, les victimes „ de votre ambition, les jouets de vos passions. „ Administrateurs des biens des Nations; pro„ tecteurs de leur sûreté; défenseurs de leurs

„ droits ; ſongez que vous êtes à elles & qu'elles
„ ne ſont point à vous. Si vos ames aſſoupies
„ au ſein de la grandeur, égarées par la flatterie,
„ énervées par la molleſſe, ſont encore ſenſibles
„ aux cris de la vertu ; ſi, étrangeres à la miſere,
„ elles peuvent s'ouvrir à la pitié, renoncez à
„ cette force barbare qui appeſantit les fers d'une
„ multitude opprimée ; préferez l'honneur ſolide
„ de commander à des hommes, à la vanité futile
„ de pouvoir écraſer des ſerfs abrutis. Jouiſſez
„ du plaiſir de régner ſur des Provinces fertiles ;
„ ſur des Peuples contents, ſur des Villes fortu-
„ nées ; laiſſez à des Tyrans endurcis le barbare
„ avantage de régner ſur des ſolitudes, des ſque-
„ lettes & ſur des ruines ".

Si le langage de l'humanité ne peut rien ſur des cœurs inacceſſibles au ſentiment, que l'hiſtoire les étonne par l'effrayant tableau des dangers auxquels le Deſpotiſme, la Tyrannie expoſent les Souverains ; elle leur montrera le ſpectacle redoutable de ces révoltes que l'oppreſſion a rendu tant de fois néceſſaires ; de ces conjurations ſouvent tramées par la vertu réduite au déſeſpoir ; de ces glaives ſuſpendus ſur la tête des ennemis de l'humanité : en un mot, elle leur fera voir des Trônes renverſés, des Deſpotes réduits à la miſere, des Tyrans égorgés, & confondant leur ſang avec celui des victimes de leur fureur. Ils apprendront en frémiſſant que la force ſe détruit par la force, & que la vie d'un Tyran eſt dans les mains de tout eſclave aſſez ambitieux pour mépriſer la mort. Ils verront que les animaux ſtupides à qui le Deſpotiſme commande, excédés de leurs maux, briſent à la fin leurs chaînes & déchirent l'auteur de leur captivité : ils verront que des Etats affoiblis par une administration insensée finissent par n'avoir aucune force réelle, & deviennent tôt ou tard la proie de la conquête.

TEL est le terme fatal de ce Despotisme destructeur, & pour les Nations & pour leurs Maîtres, auquel une Politique fausse fait néanmoins tendre sans cesse les Souverains du monde. Parvenu une fois au comble de ses vœux, est-ce pour lui que le Despote dévaste ses Etats? Recueille-t-il au moins le fruit des violences que ses injustices font éprouver à son Peuple? Retiré dans le fond d'un serrail impénétrable, livré aux ennuis d'une oisiveté fastidieuse; dégoûté des plaisirs & des voluptés qui ont énervé ses organes, importun à lui-même, son incapacité permet rarement à ses débiles mains de prendre les rênes du Gouvernement. Le Sultan divinisé n'est que l'esclave de ses Visirs, le jouet de ses Courtisans, l'instrument de ses Favoris. C'est par leurs yeux qu'il est forcé de voir; c'est pour eux qu'il épuise son Empire; c'est pour les amuser que les Peuples sont menés à la boucherie!

§. XXXIV. *Le Despote craint la vertu.*

LE nom même du bien public est banni des contrées où regne le pouvoir arbitraire. Une Nation n'est plus rien, dès que le Prince est tout. Comment se formeroit-il de grands hommes sous des Maîtres qui donnent tout à la faveur, & n'ont aucune idée du mérite? Comment inspirer l'amour de la Patrie à des Courtisans qui ne cherchent qu'à la dévorer, & dont les intérêts ne se trouvent que dans sa destruction? Quels motifs les Grands auroient-ils pour se rendre eſtimables aux yeux d'une Nation qu'ils dédaignent, ou pour plaire à des eſclaves qu'ils peuvent écraſer? Quel intérêt peut engager des Miniſtres à faire le bien, tandis qu'ils ſont aſſurés qu'après eux, le bien qu'ils pourroient faire ne pourra ſubſiſter? D'ailleurs la Tyrannie ombrageuſe ne permet à aucun Sujet de plaire à ſes Concitoyens; ſe rendre populaire ſeroit un très grand crime; parler pour la Patrie ſeroit un attentat puniſſable. Le Deſpote veut être enviſagé tout ſeul; il eſt jaloux de tout, rien de plus odieux pour lui, que l'homme qui veut mériter de ſon Peuple; le grand homme en tout genre droit craindre d'être puni de ſes ſuccès; ils effraient le Maître; ils excitent ſa jalouſie ou celle de ſes indignes favoris; ſans vertus eux-mêmes, ou ils redoutent la vertu, ou ils la méconnoiſſent. La baſſeſſe, la flatterie, la délation, la complaiſance la plus lâche, voilà les qualités faites pour plaire à la Puiſſance vicieuſe, inquiete & jalouſe; ce n'eſt qu'en lui fourniſſant les moyens d'augmenter les miſeres publiques qu'on lui prouve ſon dévouement, ſa fidélité, ſes talents.

Pour plaire à des Tyrans, il faut être Tyran. Sous des Princes injuſtes, l'amour de la Patrie eſt une choſe impoſſible, la compaſſion pour ſes Concitoyens eſt un ſentiment inutile; la paſſion pour le bien public eſt une diſpoſition nuiſible; l'attachement pour ſes devoirs eſt une duperie; il n'y a que des menteurs qui puiſſent dire qu'ils aiment un tel Pays: il n'y a que des frippons & des méchants, qui ſe trouvent intéreſſés à maintenir ſa conſtitution.

Ainsi qu'on ne cherche point de vertus dans les Pays où le Deſpotiſme a fixé ſon empire. Un

Souverain dépourvu d'équité & de sensibilité, que son ennui livre au vice, entouré d'hommes pervers familiarisés avec les crimes, donnent aux Peuples des exemples que l'admiration de la grandeur fait bientôt imiter. Le Citoyen croit être grand, estimable, important, en adoptant les vices & les folies de ses supérieurs. Le Sujet du Despotisme ne peut avoir aucune idée de noblesse & de grandeur ; il n'a que de la vanité. Une cour fastueuse & vaine répand l'amour du faste. Pour affermir son pouvoir, tout Tyran se trouve intéressé à corrompre les mœurs de ses Sujets ; il est bien plus sûr de régner sur des hommes livrés au vice, à la mollesse, aux désordres, que sur des hommes qui n'ont que des desirs modérés. La vertu élevé l'ame ; le vice la déprime & l'avilit. La vertu réunit les Sujets, le vice les sépare. L'homme de mérite a de la grandeur, il est jaloux de l'estime publique ; l'homme sans mérite est craintif, bas, & se trouve forcé de se mépriser lui-même.

Des Courtisans intéressés ne peuvent avoir que les dispositions abjectes des esclaves & des parasites qui ne s'attachent que par un vil intérêt. Leurs ames se retrécissent ; elles ignorent la vraie grandeur ; elles deviennent pusillanimes ; elles ne s'occupent que de frivolités. Une lâche indifférence s'empare de tous les Etats ; rien n'est capable de réchauffer des cœurs glacés par l'apathie ; les revers de la Nation ne les touchent plus ; les révolutions ne sont ni redoutées ni prévues ; si quelque changement subit fait disparoître le Despote, le Despotisme subsiste toujours : il peut changer de formes ; mais il est nécessaire à des hommes corrompus, qu'une longue habitude a privés de ſentimens honnêtes & généreux.

§. XXXV. *Le Deſpotiſme n'exige aucuns talents.*

On demandera peut-être pourquoi la plupart des Nations gémiſſent ſous le Deſpotiſme? Pourquoi tant de Monarques s'efforcent toujours d'exercer un pouvoir abſolu? Je réponds que le Deſpotiſme eſt de toutes les manieres de gouverner la plus facile. Sans génie, ſans talents, ſans vertu il eſt aiſé de régner par la terreur. On ſoumet bien mieux des aveugles, que des hommes clairvoyants. *Il ne faut*, dit la Bruyere, *ni art ni ſcience pour exercer la Tyrannie.* On vient plus facilement à bout d'une foule de Sujets diviſés par le vice, iſolés par la défiance, écraſés par la crainte, que d'une Nation vertueuſe & raiſonnable.

Malgre' l'affreux tableau qui vient d'être fait du Deſpotiſme, il peut quelquefois procurer un bien-être paſſager à un Peuple. Donnez des *Trajan*, des *Antonin*, des *Marc-Aurele* au monde, & alors il ne ſera pas néceſſaire de limiter leur pouvoir; plus leur autorité ſera grande, plus leurs Sujets ſeront fortunés; plus ils auront de force, & plus ils ſeront en état de combattre les abus & les maux invétérés dont les Nations ſont ſouvent affligées; plus ils auront de puiſſance, & plus les changements qu'ils feront, procureront de biens à leurs Sujets. Mais l'hiſtoire nous montre à chaque page que les bons Deſpotes ſont rares & que les Tyrans ſont très-communs; que les Princes les plus ſages ſont très-ſouvent remplacés par des monſtres, enfin que la puiſſance illimitée corrompt l'esprit & le cœur, & vient à bout de pervertir les hommes les mieux disposés. *Neron* fut un prodige au commencement de son regne.

On ne manquera pas de nous dire que l'on a vu très-souvent des Nations soumises au Despotisme faire de très-grandes choses, ou jouer un rôle distingué sur le théâtre du monde. Mais nous répondrons en répétant que la puissance momentanée, que les victoires sanglantes, que les conquêtes injustes ne prouvent rien en faveur du bonheur réel des peuples, qui doit être l'objet unique de tout Gouvernement; ces choses prouvent au contraire que des Peuples stupides ont été les victimes de leurs maîtres ambitieux. Les Musulmans ont conquis jadis & l'Asie, & l'Afrique, & une partie de l'Europe sans cesser un instant d'être très-malheureux.

Sous quelque point de vue qu'on envisage le Despotisme, tout nous prouve qu'il est le plus grand des fléaux du genre humain, & la source la plus féconde des calamités durables dont les Peuples sont accablés. Tout nous montre qu'il n'est utile à personne, & qu'au lieu de procurer des avantages à celui qui l'exerce, il lui ôte l'affection de ses Sujets, la puissance réelle, la grandeur véritable, toute sûreté personnelle, & finit par l'envelopper tôt ou tard dans la ruine de sa Nation. Enfin, s'il est au monde une vérité démontrée en Politique, c'est que, SANS LA LIBERTE' NI LES SOUVERAINS NI LES SUJETS NE PEUVENT JOUIR D'UN BONHEUR PERMANENT.

Sommaire du sixieme Discours.

DE LA

LIBERTÉ.

§. I. *De l'amour de la Liberté.*

L'Amour de la Liberté eſt la plus forte des paſſions de l'homme ; il eſt fondé ſur le deſir de ſe conſerver, & d'employer ſans obſtacles ſes facultés pour rendre ſon exiſtence heureuſe. La Nature a gravé ce ſentiment dans tous les cœurs : elle a voulu que chaque individu de l'eſpece humaine fût attaché à ſon être ; la violence, l'habitude, l'ignorance, l'opinion peuvent quelquefois relâcher ou affoiblir ce lien, mais rien ne parviendra jamais à le détruire ; ce feu, quelquefois étouffé, renaîtra toujours de ſes cendres.

Quoique toutes les paſſions ſoient naturelles à l'homme, quoique tous les mouvements de ſon cœur aient pour objet ſa conſervation & ſon bien-être, ils demandent pourtant à être guidés par la raiſon ; ſans elle l'amour de ſoi, l'intérêt perſonnel, le deſir du bonheur ſont ſouvent des impulſions aveugles dont les effets deviennent nuiſibles & à nous-mêmes & aux autres. L'amour de ſoi, quand il eſt éclairé, conduit à la vertu : lorſqu'il ne prend pour guide qu'une imagination égarée ; lorſque l'ame trop émue eſt privée de la faculté de juger de l'objet de ſa paſſion & des effets qu'elle peut avoir, l'amour de ſoi devient un vice ; la liberté eſt nuiſible, dès qu'elle n'eſt point ſubordonnée aux loix de la juſtice, de la raiſon, de la Société. L'uſage qu'on en fait eſt injuſte, dès qu'on franchit les bornes que ces loix lui preſcrivent ; il eſt illicite, lorſqu'il ne ſe renferme pas dans les limites fixées par le Pacte Social. En effet la Société, ayant pour objet le bien-être & la conſervation de tous ſes membres, acquiert des droits légitimes ſur chacun de ceux qui profitent des avantages qu'elle procure : en vertu de ces avantages, elle peut juſtement circonſcrire la liberté de ſes membres ou en régler l'exercice : ſi chacun d'entre eux en faiſoit un uſage illimité & contraire à ſa nature d'Etre Social, il rendroit ſes aſſociés malheureux & ne tarderoit pas à le devenir lui-même. La nature d'un être ſociable lui impoſe donc l'obligation ou la néceſſité de ne chercher ſon bonheur, que par des moyens qui ne ſoient point nuiſibles à ſes ſemblables ; elle permet à chacun de ſe rendre heureux, mais elle ne veut point que ce ſoit en privant les autres du bonheur.

Lorsqu'on dit que la Nature fait naître tous les hommes libres, on ne veut point faire entendre que les hommes naiſſent dans une indépendance entiere. Dès qu'il exiſte pour eux des rapports, ils ſont ſoumis à des regles ; dans tous les inſtans de leur exiſtence, ils ſont ſujets aux Loix que la Nature & la Raiſon leur impoſent ; enfin ils ſont ſubordonnés à celles de la ſociété qui, lorſque ſes loix ſont juſtes, n'eſt que l'interprête fidele de la Nature & de la Raiſon.

Le Gouvernement, organe de la Société ou chargé par elle de fixer les bornes de la liberté de ſes membres, s'explique par les Loix. Lorſque ces Loix ſont juſtes, elles font jouir les Citoyens de toute la liberté que la Nature & la Raiſon leur permettent d'exercer, relativement aux beſoins & aux circonſtances de la Société. Sous un Gouvernement injuſte, ſes Loix dictées par le caprice, la violence & l'intérêt particulier, privent preſque toujours le Citoyen de ſes droits les plus raiſonnables, & l'intérêt du légiſlateur devient la ſeule meſure de la liberté.

§. II. *Sa définition.*

Ainsi la liberté eſt la faculté de faire pour ſon bonheur tout ce que permet la nature de l'homme en Société. Cette définition ſera propre à diſtinguer la vraie liberté de cette indépendance totale & chimérique qui ne fut jamais le partage de l'homme ; elle nous fera connoître combien elle differe de cette licence déraiſonnable, dont l'uſage ſeroit contraire à nous-mêmes & aux autres. Lorſque la liberté nous fait commettre des actions oppoſées aux Loix de la Nature & de la Raiſon, & par conſéquent contraires au but de la Société, elle n'eſt plus qu'un délire que nos aſſociés ne peuvent tolérer, qu'ils doivent, pour l'intérêt de tous, réprimer & punir. Mais d'un autre côté, quand la loi nous empêche de faire ce que la nature, la raiſon, le bien de la Société exigent de nous ou nous permettent, elle eſt injuſte & tyrannique ; elle excede ſon pouvoir, vû que toute loi civile ne peut qu'appliquer les loix de la Nature ou les interprêter de la maniere la plus conforme au bien de chaque Société.

Le bien de la Société totale doit donc être la mesure de la liberté de ses membres. Les hommes, en s'associant, lui soumettent leurs actions; ils s'imposent le devoir de ne point faire usage d'une indépendance illimitée, parce qu'elle détruiroit l'objet qui les rassemble. D'un autre côté, en sacrifiant cette indépendance nuisible, chacun d'eux n'a point consenti à se dépouiller du droit de faire ce qui, sans nuire aux autres, pouvoit contribuer à sa propre félicité & à sa propre sûreté. Ainsi jamais ni la Société ni ses membres n'ont pu renoncer à la liberté.

§. III. *Doit être distinguée de la licence.*

L'Illustre auteur de l'*Esprit des Loix* dit *qu'être libre n'est pas faire ce que l'on veut, mais faire ce qu'on doit vouloir*. D'après ce principe incontestable, il est aisé de sentir que nul homme sur la terre ne peut prétendre à une indépendance totale. Quelqu'origine que l'on donne au genre humain, l'homme, même tout seul, seroit toujours obligé de se conformer aux devoirs que sa nature lui prescrit; il ne pourroit les violer sans nuire à son propre bien-être. Mais il ne fut jamais parfaitement isolé; il dépendit de ses parens, de sa famille, en un mot, de la Société où la naissance l'avoit placé. Quelles que fussent les institutions & les conventions humaines, jamais elles ne purent accorder à aucun membre de la Société une indépendance absolue, ou le droit de faire ce qu'il vouloit. Pour qu'un homme fût indépendant, il faudroit qu'il ſortit de ſa nature, il faudroit qu'il renonçât à ſon eſpece. Des loix néceſſaires dirigent tous les êtres de la Nature & conſtituent pour nous l'ordre de l'univers; des loix naturelles également néceſſaires dirigent les hommes & maintiennent l'ordre dans la Société. Le Souverain à qui ſa Nation a confié le pouvoir le plus étendu, eſt forcé de reconnoître les loix de cette Nature qui lui commande en ſouveraine ainſi qu'au plus foible de ſes Sujets. Par la conſtitution éternelle & néceſſaire des choſes, ces loix ne ſont jamais tranſgreſſées ſans péril : l'homme tout ſeul qui les viole, en eſt puni tôt ou tard par la diminution ou la perte de ſon bien-être : l'homme ſocial qui les outrage eſt châtié par la haine de ſes aſſociés dont l'idée produit en lui la crainte & le remors : la Société toute entiere eſt punie de ſes infractions aux loix de la Nature par les déſordres, les vices & les crimes qui la troublent. Les Nations ſont punies de la violation de ces mêmes loix par les malheurs durables qu'elles ſe font reciproquement éprouver. Les Tyrans & les Deſpotes qui méconnoiſſent ou mépriſent ces loix ſi reſpectables pour ſe livrer à la licence de leurs paſſions effrénées, en ſont ſévérement châtiés, par les craintes, les ſoupçons, les allarmes & la ruine de leur propre pouvoir. Tyrans licentieux! qui dans votre folie prétendez aſſervir la Nature à vos injuſtes caprices, elle eſt plus forte que vous & vos armées; elle vous punit tôt ou tard de vos attentats & de vos rebellions.

Gardons-nous donc de confondre une indépendance chimérique totalement incompatible avec l'ordre des choſes, ou une licence deſtructive, avec la vraie liberté, qui doit être le partage de tout être ſociable & raiſonnable, qui eſt un droit inaliénable de ſa nature, & dont il n'y a que l'injuſtice & la violence qui puiſſent le dépouiller.

§. IV. *Cauſes de la perte de la Liberté.*

MALGRE' l'amour que tous les hommes ont pour la Liberté, malgré l'authenticité des titres qui conſtatent leurs droits, la terre eſt couverte de Peuples infortunés que des Maîtres hautains privent du bien le plus cher à tous les cœurs. Ce problême paroîtroit ſans doute inſoluble, ſi l'hiſtoire ne nous faiſoit connoître que la violence dans tous les âges établit autrefois la plupart des Gouvernements; la force & la ruſe les ont depuis maintenus; l'habitude, la pareſſe, la terreur & l'ignorance ont amorti les reſſorts du cœur humain; elles ſont, pour ainſi dire, parvenues à dénaturer l'homme & à l'avilir à ſes propres yeux : une volonté toujours une, agiſſante, décidée dans les Souverains, rendit ſans ceſſe inutiles, les efforts que pouvoit faire la Société communément diviſée, engourdie & privée des forces néceſſaires, ſoit pour maintenir ſes droits, ſoit pour les recouvrer. L'intérêt des dépoſitaires du pouvoir, preſque toujours ſéparé de celui de la Nation; en fit communément les ennemis les plus cruels de ſa Liberté. Accoutumé à ne regarder ſes Sujets que comme un troupeau d'eſclaves dont il peut diſpoſer à ſon gré, le Deſpote ſe figure que leurs actions, & même leurs penſées doivent être continuellement ſubordonnées à ſes volontés ſuprêmes.

DES

Des Maîtres absolus, peu faits à la résistance, encouragés par la flatterie, rendus sourds à la raison, au-dessus de toutes les regles, se persuadent que la Nature, plus favorable pour eux que pour les autres, veut que, par un privilege spécial, ils jouissent seuls de la licence, tandis que leurs Sujets languiront dans les fers; rien ne manque à l'asservissement des Sujets & à l'orgueil de leurs Maîtres, lorsque la superstition vient donner la sanction divine au Despotisme & lorsqu'elle interdit aux hommes le desir même d'améliorer leur sort en ce monde.

§. V. *Dangers de la Licence.*

Tels sont les obstacles puissants qui s'opposent à la Liberté des Peuples. Trop adroits pour attaquer de front, un bien dont l'amour est gravé en caracteres ineffaçables dans le fond de leurs cœurs, les fauteurs de la tyrannie affectent sans cesse de confondre la Liberté naturelle & raisonnable avec l'indépendance, l'anarchie, la licence, en un mot, avec l'abus de la Liberté. Les membres d'une Société ne peuvent être libres qu'autant que des loix raisonnables le permettent. N'obéir qu'à des loix justes, c'est jouir de toute la Liberté qu'un Citoyen puisse désirer. Si le Pouvoir Souverain doit se renfermer dans de justes bornes, l'intérêt de la Société en met aussi à la liberté; sans cela chaque homme, dès qu'il en auroit la force, exerceroit sur les autres la tyrannie la plus cruelle. Le Peuple dans la Démocratie n'a souvent aucune idée de Liberté, & son empire est souvent plus dur que celui du tyran le plus barbare. Si l'abus du Pouvoir introduit le Despotisme, un enthousiasme aveugle conduit à l'anarchie, désordre qui met chaque homme à la merci de son semblable, qui rend la Société plus malheureuse que le Despotisme, & qui bientôt l'amene. Celui-ci fait, sans doute, un grand nombre de malheureux ; l'autre étend l'infortune à tous les membres de la Société. Si ceux qui gouvernent les hommes ne peuvent qu'abuser du Pouvoir, le Peuple, quand la raison ou son intérêt véritable cessent de l'éclairer, ne peut qu'abuser de sa liberté. C'est comme on l'a vu ci-devant dans le sein des Tyrans, que les Nations affoiblies par la licence & l'anarchie vont se consoler de leurs désordres. La liberté, sans la raison, est une arme funeste. Un Peuple vertueux connoît seul les droits de la vraie liberté. L'histoire de la plupart des Républiques nous offre sans cesse le tableau révoltant des Nations que l'anarchie baigna dans leur propre sang.

§. VI. *Ses remedes.*

Il n'y a que des loix sages & fondées sur la raison qui puissent mettre la Société également à couvert, & des entreprises du Despotisme, & des malheurs de la Licence. Ainsi ne nous y trompons pas, la véritable liberté n'est le partage exclusif d'aucun Gouvernement. Dans la Démocratie, le Peuple, Souverain en apparence, n'est que trop souvent l'esclave des Démagogues pervers qui le flattent & qui allument ses passions, & devient un Tyran. L'intérêt & la passion changent quelquefois les Républicains les plus jaloux de leur propre liberté, en des oppresseurs très-injustes de la liberté des autres.

L'ENFANT sans expérience ou sans raison ne peut qu'abuser à son propre préjudice de la liberté qu'on lui laisse : l'éducation, en cultivant ses facultés, lui apprend à distinguer les passions qu'il doit suivre de celles qu'il doit réprimer. La saine Politique devroit être l'éducation des Peuples ; elle devroit les instruire, leur former l'esprit & le cœur, les rendre humains & justes, les rendre sociables. Mais une fausse politique, ou néglige l'instruction des Citoyens ou s'y oppose formellement ; trop souvent ceux qui gouvernent les Nations ne leur donnent que des exemples d'injustices, de violences, de perfidies propres à confondre dans les têtes toutes les idées de la morale : celle des Princes n'est très-souvent qu'un long tissu de crimes. Des Souverains licentieux enseignent la licence à leurs Sujets. Des Prêtres trompeurs ou fanatiques, loin d'instruire les Peuples, les rendent insociables & turbulents. Egarés par de tels conducteurs, les hommes ont rarement des idées saines de liberté, & se conduisent en bêtes féroces pour l'acquérir ou la défendre.

SOUVENT, par un étrange abus des mots, la liberté sert de masque même à la Tyrannie la plus évidente. Le Noble Polonois, le Prince Germanique n'appellent-ils pas *Liberté*, le droit de faire gémir leurs Serfs & leurs Sujets sous l'oppression la plus cruelle, sans que ceux-ci puissent trouver aucun appui dans l'autorité du Monarque ? Sous le gouvernement féodal, des Seigneurs armés & turbulents donnoient le nom de liberté aux violences qu'ils exerçoient impunément sous les yeux d'un phantôme de Souverain, trop foible pour les réprimer. Dans quelques Républiques Ariſtocratiques, la liberté ne conſiſte que dans les droits que s'arrogent les Magiſtrats & les Nobles ſur un Peuple qu'ils gouvernent en vrais Deſpotes. Quelques Républiques modernes nous prouvent que ſous des Magiſtrats, le Peuple eſt ſouvent auſſi gêné que ſous le Tyran le plus avoué. Enfin ceux qui gouvernent les Etats, appellent ſouvent liberté la faculté d'opprimer leurs Sujets. En général, chaque homme s'imagine qu'être libre, c'eſt faire indiſtinctement ce que l'on veut. Mais pour être en droit de faire ce qu'on veut, il ne faut vouloir que ce qui eſt utile à nous-mêmes ſans nuire aux autres. D'où l'on voit qu'il faut être homme de bien, ſociable, pénétré d'un ſentiment profond & raiſonné de juſtice & d'humanité, pour contenir des paſſions qui, trop ſouvent, nous ſollicitent à faire un abus criminel & dangereux de notre liberté.

§. VII. *La Liberté doit être fondée ſur la raiſon & ſur la vertu.*

Si très-peu d'hommes ſont bons, c'eſt que très-peu d'hommes ont des principes ſûrs de morale. Si les Peuples ſont méchants, c'eſt que ceux qui les conduiſent les rendent tels, & dépourvus eux-mêmes d'équité, de prévoyance & de raiſon, ils les invitent à la Licence au défaut de la vraie liberté qu'ils les empêchent de connoître & de goûter. La prétendue Liberté dont jouiſſent quelques Nations, n'eſt ſi turbulente, que parce qu'elle n'a pas encore été fondée ſur les bonnes mœurs, ſur les lumieres, ſur la vertu, qui ſeules apprennent aux hommes à contenir leurs paſſions dans des bornes. La morale eſt la vraie baſe de tout bon Gouvernement.

On eſt libre par-tout où la loi gouverne ; on eſt eſclave par-tout où quelqu'un eſt le maître de la Loi ; on vit ſous la Tyrannie, par-tout où le Souverain peut être injuſte impunément. Sous le Gouvernement le plus abſolu, le Citoyen ſera libre, dès que ſon Monarque aura de l'équité ; par-tout il ſera miſérable, dès qu'il ſera forcé d'obéir au caprice. Sous *Titus*, Rome eſt plus libre que ſous ſon ancien ſénat : ſous *Domitien* elle retombe dans les fers.

La liberté n'eſt permanente, que lorſqu'elle eſt aſſûrée par une force capable de faire obſerver la juſtice à tous les membres de la Société, & de faire obſerver les loix deſtinées à fixer les bornes de l'autorité de ceux qui gouvernent & de la liberté des Sujets. Alors des loix liées à la conſtitution de l'Etat ne peuvent être violées ſans péril ; vouloir remuer ces bornes, ce ſeroit s'expoſer à des dangers effrayants, même pour l'ambition la plus intrépide.

§. VIII. *Idées juſtes de la Liberté.*

Dans les heureuſes ſociétés qui ſeroient ſoumiſes à des Souverains équitables par eux-mêmes, ou forcés de l'être par la conſtitution de l'Etat, loin d'envier à leurs Peuples les avantages que la Nature leur accorde, il ne leur reſteroit que l'occupation ſi flatteuſe de leur procurer les biens qu'elle a pu leur refuſer. En donnant la liberté à des hommes réunis & vraiment éclairés ſur leurs intérêts mutuels, la Nature & la Société auroient fait tout pour eux. Une légiſlation claire, impartiale, exempte des ſaillies du caprice & de l'intérêt particulier, commanderoit également à tous les ordres de l'Etat; la juſtice tiendroit la balance entre eux; elle fermeroit les yeux ſur les diſtinctions de la naiſſance, de la fortune, de la faveur; elle mettroit la foibleſſe à couvert des attentats de la puiſſance. Les poſſeſſions du Citoyen rendues ſacrées ne tenteroient point impunément l'avidité des plus forts; elles ſeroient aſſûrées à leurs légitimes poſſeſſeurs, certains de les tranſmettre à leur poſtérité. La perſonne de tout Sujet, ſous la ſauve-garde de la Loi, n'appartiendroit qu'à l'Etat & à lui-même; elle ſeroit inviolable & ſacrée pour l'Autorité Suprême. Le pauvre protégé par la volonté de tous, trouveroit de l'appui contre le crédit, le pouvoir & la paſſion. Dans le châtiment même de ſes excès, des Loix, des formes conſtantes & des tribunaux irréprochables retracéroient au criminel cette liberté dont il s'eſt rendu indigne par l'abus qu'il en auroit fait.

§. IX. *Avantages qu'elle procure au Souverain.*

Si les Souverains étoient plus juſtes; ſi la raiſon avoit droit de leur parler; s'ils étoient vraiment occupés du bonheur de leurs Etats, loin de déclarer la guerre à la liberté de leurs Sujets, ils mettroient leur bonheur à les faire jouir d'un bien ſi cher; ils s'applaudiroient de l'heureuſe impoſſibité où les loix les mettroient de nuire à des hommes qu'ils doivent protéger; ils ſe feroient une gloire d'être les exécuteurs des oracles de la raiſon, de ces loix ſages faites pour le plus grand bien de tous : ils ſeroient alors obéis ſans murmures ; une autorité ſans bornes eſt inutile, lorſqu'elle n'a point de caprices à ſatisfaire ; les loix qui la limitent ſont, pour les Souverains, le gage de la ſoumiſſion de leurs Sujets. Les hommes n'obéiſſent jamais plus fidélement, que lorſqu'ils obéiſſent à une autorité raiſonnable & bienfaiſante.

Ne croyons donc pas que la liberté diminue la puiſſance réelle des Souverains & le reſpect des Peuples. Un Monarque n'eſt grand, que lorſqu'il commande à des hommes dont le cœur eſt élevé ; il n'eſt puiſſant, que lorſque ſes ordres ſont exécutés par des Citoyens empreſſés à concourir au bien de la Patrie. Sous un tel Maître, les Nobles ou les Grands, diſtingués par eux-mêmes n'ont pas beſoin de tirer leur luſtre de la faveur ; ils ne ſont point les jouets des caprices d'un Deſpote inconſtant. Si comme ſous le Deſpotiſme, ils n'ont pas le privilege odieux de tyranniſer les foibles, d'écraſer le malheureux, ils ne ſont pas eux-mêmes expoſés à devenir les victimes des ſoupçons, de l'intrigue, de la cabale & de l'envie ; leur état n'eſt emprunté ni de la naiſſance ni de la fortune ; ils le doivent à leur juſtice, à leurs bienfaits, à leurs ſervices, qui ſeuls meneront à la conſidération, dans un pays où regnent la Raiſon & la Liberté. Les titres, la faveur, le faſte n'en impoſent qu'à des eſclaves vains & frivoles, qui n'ont pas des idées vraies de la grandeur. Le Deſpotiſme confond réellement tous les rangs qu'il ſemble diſtinguer. Il ne fait que diviſer tous les ordres de l'Etat pour les réduire ſucceſſivement en ſervitude. Les Grands ne ſont ſous lui, que des inſectes éphémeres dont l'éclat n'a point de durée.

E 4

§. X. *Est avantageuse à tous les Citoyens.*

On voit donc que tous les membres d'un Etat sont également intéressés à voir régner la liberté ; si elle protege le foible, elle assûre aussi la grandeur des Nobles, elle affermit le trône du Monarque, elle réunit dans ses mains les volontés & les forces de ses Sujets ; enfin elle donne à l'Etat, la puissance & le ressort dont il a besoin pour repousser les entreprises de ses ennemis.

Ne croyons pourtant pas que la liberté puisse établir une égalité chimérique que la Nature a refusé aux hommes ; chacun dans une Nation libre, jouit des avantages que son talent, son travail, son industrie, le hazard même lui procure ; mais il ne lui est point permis de s'en prévaloir contre ceux qui n'ont point les mêmes facultés. Des loix impartiales & inflexibles commandent également à tous ; c'est en cela qu'elles établissent une égalité très-réelle, la seule à laquelle les hommes aient le droit de prétendre. La Liberté ne connoît que la lettre de la loi ; dès que l'on s'arroge le droit d'interpréter la Loi ; on la fait bientôt plier aux volontés des grands ; on s'en sert pour opprimer les petits ; elle devient arbitraire ; elle anéantit la liberté & la sûreté commune à tous. La Loi n'est jamais faite pour se prêter aux intérêts des corps, des individus, ni de ceux qui gouvernent. Un Etat n'est point vraiment libre par-tout où il faut des richesses, du crédit, de la protection pour obtenir justice ; c'est le droit & non l'homme qui doit la faire rendre. Il n'existe point de liberté, par-tout où quelques citoyens jouissent de privileges ou de prérogatives injuſtes ; tout privilege eſt injuſte, quand il eſt onéreux au plus grand nombre des membres de la Société : le véritable privilege de l'homme libre, c'eſt de voir ſes droits garantis par tous ſes Concitoyens.

§. XI. *De la Sûreté*.

De tous les avantages qui doivent rendre la liberté chere aux Citoyens, il n'en eſt point de plus grand que la ſûreté qu'elle procure à leurs perſonnes, à leurs juſtes droits, à leur propriété. En vivant en ſociété, en ſe ſoumettant à un Gouvernement, les hommes ont eu néceſſairement pour objet, non ſeulement la conſervation de leur perſonne, mais encore celle des biens que leur travail, leur induſtrie, leurs talents ou ceux de leurs peres leur auroient procuré : des choſes néceſſaires à leurs beſoins, ſervent à rendre leur exiſtence agréable. La propriété fut toujours une pomme de diſcorde entre les hommes : elle produiſit de tout tems dans chaque Société, un combat continuel entre le Souverain & ſes Sujets. Les dépoſitaires de l'Autorité deſtinée à maintenir les hommes dans la poſſeſſion de leurs droits, ne chercherent communément à étendre leur pouvoir, à écraſer la liberté des Peuples, que dans la vue de ſe rendre maîtres de leurs biens & du fruit de leurs travaux : excités par des Miniſtres injuſtes & flatteurs, importunés par des Courtiſans affamés, ſollicités par des Favoris inſatiables, & encore plus par leurs propres paſſions, les Souverains ne ſont devenus le plus ſouvent que des raviſſeurs que nulle force ne put réprimer. Par là les ſecours que le Citoyen eſt obligé de fournir pour le ſoutien de l'Etat furent communément détournés de cet objet eſſentiel, & ſervirent à récompenſer les vices & à repaître le faſte & la vanité des Cours. Le Monarque ſouvent réduit à la pauvreté au milieu des tréſors dont il diſpoſe, ſe vit obligé de recourir à mille extorſions pour arracher à ſes Sujets une portion de leurs propriétés qu'ils ne donnent jamais qu'à regret, ſurtout, lorſqu'ils voient l'indigne uſage auquel on les deſtine.

§. XII. *De l'Impôt volontaire.*

UNE des plus grandes prérogatives d'un Peuple libre conſiſte dans le droit de s'impoſer à lui-même ce qu'il juge néceſſaire aux beſoins de l'Etat; des regles impartiales obligent alors chaque Citoyen de contribuer, ſuivant de juſtes proportions, au maintien de l'enſemble : les Impôts arbitraires annoncent un Gouvernement inique qui s'arroge le droit de ménager ſes créatures & d'écraſer le Citoyen. Sous une telle adminiſtration il arrive communément que l'homme opulent & puiſſant eſt épargné, tandis que tous les impôts accablent le foible & le miſérable, à qui perſonne ne daigne s'intéreſſer.

DANS une Nation qui jouit de la vraie liberté, la répartition de l'impôt ne peut être arbitraire; les emplois en doivent être connus; les dépoſitaires du pouvoir, comptables eux-mêmes à la Société, ſont les adminiſtrateurs & non les propriétaires des deniers publics : dès qu'il arrive en celà des abus, c'eſt que les loix n'y ont pas ſuffiſamment pourvu : elles ont dû élever des barrieres que l'intérêt & l'avidité, aidés de la ruſe, ne puiſſent pas franchir. Au moyen de la portion des biens de ſes membres ſur laquelle la Société s'eſt réſervé des droits, elle s'engage à aſſûrer à chacun d'entre eux la poſſeſſion de tout le reſte ; ce n'eſt qu'à cette condition que le Sujet peut conſentir à lui remettre une portion du fruit de ſes travaux. Mais, dira-t-on, quelle eſt la juſte meſure de ce que la Nation doit contribuer à ſa propre conſervation ? Ce ſont ſes beſoins réels ; ce ſont ſes circonſtances, & non les fantaiſies de ces chefs, ou l'avidité d'une Cour qui doivent en décider.

§. XIII. *La liberté fait naître l'induſtrie.*

Ce n'eſt point par ſon étendue, par ſes armées nombreuſes, par l'éclat de ſes victoires, par le luxe de ſes villes, par le faſte de ſa cour, par les ſuperbes monuments de ſes Rois que l'on peut juger de la proſpérité d'un Peuple ; c'eſt par ſon induſtrie & ſurtout par la culture. Mais ce n'eſt que dans une Nation libre que ſe trouvent la ſécurité, l'aiſance, le courage, l'activité qui les font naître. Tranquille dans ſes poſſeſſions, le Citoyen ſe livre avec ardeur au travail pour féconder le champ que l'injuſtice ne lui peut ravir. Une famille nombreuſe augmente-t-elle ſes beſoins? il forcera la terre à lui fournir de plus amples récoltes, & loin d'être affligé, il ſera content de ſe voir multiplier dans une poſtérité qu'un travail modéré & partagé entre un plus grand nombre de bras rendra auſſi heureuſe que lui. Il conſent avec plaiſir à payer des impôts qu'il ſçait néceſſaires au ſoutien de la Patrie qui le protege; il n'a pas la douleur de voir employer le fruit de ſon labeur à repaître le luxe ou l'avarice de ceux qui le gouvernent. Il aime ſon pays, parce qu'il y vit heureux; il chérit ſes Maîtres, par ce qu'il les voit occupés de lui; ſon attachement pour eux fondé ſur celui qu'il a pour lui-même, n'eſt point un enthouſiaſme ſans motifs, une admiration ſtérile de la grandeur que l'habitude & l'opinion font contracter quelquefois aux Sujets d'un Deſpote; ſentimens qui ſont toujours accompagnés de celui de leur propre néant. Fondé ſur l'amour légitime de lui-même, l'attachement de l'homme libre pour ſon pays eſt plus ſolide & plus raiſonné; il connoît une Patrie, parce qu'il en eſt une là où les Citoyens éprouvent le bien-être. Des ennemis injuſtes viendront-ils l'attaquer? Se voit-elle menacée par des conquérans ambitieux? Veut-on lui ravir les avantages dont elle jouit? Auſſi-tôt l'enthouſiaſme embraſe le cœur du Citoyen; il ſeconde les efforts de la Patrie; il ſçait que ſes ennemis ſont les ſiens; il n'ignore pas qu'en défendant l'Etat, il ſe défend lui-même; ſon intérêt s'oppoſe à tout changement parce qu'il ne pourroit que lui être déſavantageux.

L'HABITANT des villes ſe livre à l'induſtrie; le deſir qu'il a de s'enrichir lui-même tourne au profit de la Société; les paſſions des Citoyens convenablement dirigées, lui ſont toujours avantageuſes; ce n'eſt jamais que l'objet qui les rend utiles ou nuiſibles. Ainſi cette paſſion qui ſe ſatisfait par le commerce, procure au Citoyen une opulence dont l'Etat reſſent les effets. Les entrepriſes que le deſir de l'aiſance lui ſuggere, dégagées des entraves de la Tyrannie ou du joug des taxes accablantes & des avanies despotiques, ouvrent une libre carriere à ses vœux ; s'il sacrifie une portion des profits qu'il retire, la raison lui montrera qu'il la sacrifie à lui-même & qu'il doit payer la Société pour ses soins & ses secours, sans lesquels il n'auroit pu ni acquérir ni jouir.

§. XIV. *De la Liberté Religieuse.*

POUR être libre, il ne suffit pas que la personne & les possessions du Citoyen soient à couvert de l'oppression ; il faut encore que son esprit débarrassé des chaînes de la Tyrannie, puisse suivre en liberté les idées qu'il juge vraies, utiles, nécessaires à son bien-être. Les hommes sont religieux, mais ils ne le sont point de la même maniere. Tous les Peuples adorent, soit un Dieu, soit des Dieux qu'ils se peignent sous des traits différens, & qu'ils honorent à leur maniere. Lorsque l'habitude, l'éducation, l'opinion ont accoutumé l'homme à envisager constamment sous un certain point de vue, la puissance invisible de laquelle il croit dépendre & qu'il respecte comme l'arbitre de son sort, ces idées s'identifient avec lui & lui deviennent nécessaires : vainement tenteroit-on de les lui faire changer ; son esprit indomptable se roidit contre la violence ; il s'attache à ses opinions en raison même de la contradiction qu'elles éprouvent ; il y tient d'autant plus, qu'il les suppose agréables à l'être qu'il regarde comme le plus important de la nature. Les opinions des hommes ne sont & ne peuvent être uniformes sur l'essence divine que tous adorent avec une égale ignorance : il ne peut y avoir d'accord dans la façon de penser sur son compte, ni dans la maniere de le servir ou de mériter sa bienveillance. Toutes ces choses, fondées sur des doctrines, sur des usages, sur des révélations, qui ne sont jamais les mêmes, varient dans toutes les têtes & chacun se persuade que sa façon de les voir est la meilleure, c'est-à-dire la plus utile à sa félicité.

C'est donc violenter les hommes dans l'objet qui leur est le plus cher; c'est les rendre malheureux, que de vouloir les troubler dans l'exercice des devoirs qu'ils rendent à la Divinité. Leur amour-propre ou leur enthousiasme s'allumeront toujours en faveur d'opinions sur lesquelles ils se feront un mérite d'être obstinés : chacun croira qu'il y auroit le plus grand danger pour lui à y renoncer : la Société se trouvera donc divisée; une partie de ses membres, sous prétexte de zêle, s'occupera du soin de tourmenter les autres qu'un zêle égal enivrera de même. Il naîtra des haines envenimées que l'expérience de tous les âges nous prouve être les plus affreuses qui puissent déchirer & troubler les Nations. Les divisions religieuses ont sur-tout les conséquences les plus terribles, lorsque l'Autorité Souveraine a la folie de vouloir mettre de l'uniformité dans des sentimens qui n'en sont pas susceptibles, ou de prétendre régler sur les siennes, la conduite & les idées des Sujets relativement à une chose plus respectable pour eux, que toutes les loix humaines, que l'Autorité des Rois & que leur propre vie.

§. XV. *Tyrannie de l'Intolérance.*

Si c'est une Tyrannie que de dépouiller un Citoyen de ses biens, c'est une Tyrannie, c'est une cruauté bien plus criante de lui ravir ses opinions sur un Dieu qui lui est souvent plus cher que ses biens & que sa propre conservation. Une saine politique ordonne de tolérer dans un Etat toutes les religions & toutes les sectes adoptées par les Citoyens, de tenir une juste balance entre elles, de ne jamais souffrir qu'aucune opprime les autres ou trouble leur tranquillité. Le Gouvernement perd le droit de juger entre elles, dès qu'il se rend partie.

Par un phénomene bien étrange, c'est pourtant un pays despotique qui nous fournit l'exemple le plus parfait de la tolérance religieuse. L'Empire Chinois gouverné par des sages à qui la morale tient lieu de Religion, permet aux Peuples, toujours enfans, toujours avides du merveilleux, de suivre en liberté la secte qu'ils préferent ; si dans les derniers tems le Gouvernement a donné l'exclusion à la Religion Européene ; l'intolérance de cette secte, l'indépendance où ses Ministres veulent être de la Puissance Temporelle, enfin le tort que le célibat fait à la population, furent les motifs qui déterminerent les Empereurs Chinois à la bannir de leurs Etats.

C'est une violation injuste de la liberté ; c'est un attentat contre la Société, que de vouloir forcer les hommes à quitter un culte qu'ils supposent agréable à leur Dieu, pour en embrasser un autre qu'ils croient abominable à ses yeux. L'Autorité dégénere encore bien plus en une Tyrannie insensée, lorsqu'elle veut prescrire aux hommes ce qu'ils doivent penser : chargée par la Société de diriger les actions exterieures, jamais la Puisſance Souveraine ne peut ſans folie s'arroger le droit abſurde de régler ou de contraindre les mouvemens ſecrets du cerveau de ſes Sujets. Le cœur de l'homme eſt un ſanctuaire inviolable, dans lequel il n'y a que la fureur qui puiſſe tenter de pénétrer ; là ſon propre jugement eſt fait pour porter ſeul le ſceptre. Un homme ne s'éprend que des idées qu'il croit conformes à ſon bien-être ; il adore ſon Dieu, ſous le nom, dans la forme qu'il juge lui convenir ; le Souverain, ſans déraiſon, ne peut jamais prétendre au droit barbare de porter le trouble dans les conſciences. S'il avoit de la raiſon, & de l'équité, il ſe garderoit bien de ſeconder les fureurs des fanatiques & des mercénaires qui regardent comme indigne de vivre ou de jouir des avantages de la Société, quiconque refuſe de ſe ſoumettre à leurs idées abſtraites ou à leurs déciſions préſomptueuſes. Vainement exagéreront-ils les dangers de la liberté de penſer ; les dépoſitaires de l'Autorité doivent ſentir qu'il n'eſt point pour l'Etat de dangers plus réels, que de ſemer le trouble & de réduire au déſeſpoir une partie des Citoyens pour mettre en vogue des opinions indifférentes, des pratiques arbitraires, des myſteres impénétrables. Les ſyſtêmes religieux ne troubleront la Société, que lorſque l'injuſtice & la tyrannie s'efforceront de les étouffer. Un Légiſlateur ne doit s'occuper que des actions des hommes ; dès qu'ils ſeront utiles & vertueux, ils doivent être libres de penſer comme ils voudront. Il eût été plus avantageux à l'homme d'être totalement privé par la Nature de la faculté de penſer, que d'être obligé de la régler ſuivant les caprices des autres. Un gouvernement ſage commande à la ſuperſtition même ;

me; il tolere ses extravagances, lorsqu'elles sont devenues nécessaires aux hommes; ils les réprime; lorsque leurs effets sont nuisibles : son rôle est de faire concourir toutes les sectes au bonheur de la Société. La liberté de penser, de parler & d'écrire est le soutien d'un bon Gouvernement; il ne paroît dangereux qu'à celui qui se croit intéressé à n'avoir ni justice ni raison.

§. XVI. *De la liberté dans les écrits.*

Ce qui vient d'être dit peut déja servir à fixer la conduite qu'un Gouvernement éclairé doit tenir relativement aux discours & aux écrits des Citoyens. De tout tems la Tyrannie, ennemie de toute liberté, poursuivit avec fureur ceux qui, par leurs ouvrages ou leurs discours, éclairoient leurs semblables sur les matieres les plus importantes. „ *De quel droit*, nous dit-elle, *un vil Su-* „ *jet se mêleroit-il du Gouvernement ?* " C'est par le même droit qu'un passager éveillé peut quelquefois donner un avis salutaire au pilote endormi qui tient le gouvernail du navire où il se trouve lui-même. Les Souverains & leurs Ministres seroient-ils les seuls mortels à qui les conseils fussent inutiles ? Que reste-t-il d'intéressant pour les hommes, s'il ne leur est point permis de s'occuper de la religion de laquelle la plupart font dépendre leur félicité éternelle, & du Gouvernement, qui décide de leur bien-être en ce monde. N'est ce pas réduire les hommes à l'enfance, que de priver leur esprit d'occupations sérieuses? Cette vérité peut servir à nous faire connoître la source de la puérilité, de la frivolité, de l'ineptie que l'on remarque dans les ouvrages de quelques Nations, dont les Ecrivains n'ont pas coutume de s'occuper d'objets utiles & grands. Il ne peut y avoir d'écrits solides & vraiment intéressants que dans les pays où il est permis d'être Homme & Citoyen.

§. XVII. *De la licence dans les écrits.*

D'un autre côté, la licence, masquée sous les dehors de la liberté, prétend que l'on ne peut sans injustice réprimer aucuns de ses excès. Mais la raison nous montre un juste milieu entre ces extrémités. Lorsque les discours & les écrits, sans fruit pour le public, portent le trouble dans le cœur, soit des Chefs équitables d'une Société, ou des Citoyens honnêtes, ils sont très-condamnables; mais lorsqu'ils attaqueront des hommes pervers qui prétendent jouir en paix & sans remors de la misère publique, quel est l'esclave assez dépourvu de pudeur pour oser les blâmer? C'est le devoir d'un bon Citoyen de déférer à la Patrie les ennemis publics ou cachés qu'elle renferme dans son sein. Mais, dira-t-on peut-être, le dénonciateur ne peut-il pas être aveuglé par l'esprit de parti, par la passion, par l'intérêt personnel? Oui, sans doute; mais alors il est un calomniateur détestable ou un lâche assassin, digne de la haine de ses Concitoyens.

Mais de ce qu'un incendiaire se sert du feu pour causer un incendie, l'Autorité doit-elle en conclure qu'il faut ôter le feu à tous les Citoyens? Est-elle en droit de rompre tous les chemins, afin d'empêcher qu'il n'y ait des voleurs de grands chemins? Tout Citoyen doit ses talens à sa Patrie; tout homme qui a médité lui doit le fruit de ses réflexions. Peut-on regarder comme nuiſible, un ouvrage dans lequel l'Auteur, guidé par l'amour de ſa Patrie, par l'enthouſiaſme de la vertu, indiquera ſans fiel, les moyens qu'il croit propres à la rendre plus heureuſe ? Traitera-t-on d'attentat puniſſable, l'action d'un Citoyen qui découvre à la Société & à ceux qui la gouvernent des abus dangereux, uniquement fondés ſur des impoſtures, des préjugés, des injuſtices que des Nations entieres paient de tout leur bien-être ? Un ouvrage eſt-il répréhenſible, lorſqu'il tend à ramener aux loix de la Nature & de la Raiſon, les Souverains que leurs imprudences en écartent ſi ſouvent ? Les bons Princes & leurs ſages Miniſtres n'ont rien à craindre des ſatires ou des libelles. Un Titus, un Marc-Aurele auroient-ils été moins aſſûrés ſur le trône, ſi quelque déclamateur inſenſé avoit frondé leur gouvernement ? La vérité n'eſt à craindre que pour les méchants ; la calomnie publique ne peut rien contre les hommes dont le public éprouve les bienfaits. Les ennemis de la Nation méritent d'être couverts de honte & d'infamie. Ceux qui violent toutes les Loix, méritent que chacun les attaque de la façon la plus ſûre & la plus efficace, pour les faire rougir ou pour les réprimer. La licence & l'injuſtice des hommes puiſſants autoriſent les Citoyens à leur rendre juſtice en les citant au tribunal de la Société qu'ils outragent. Quand les Loix ſont forcées de ſe taire, chacun peut devenir l'interprête & le vengeur de la Patrie. Un écrit n'eſt licentieux, que quand il nuit vraiment à la Société, & non quand il ne déplait qu'à ſes ennemis les plus cruels.

Mais, dira-t-on, juſqu'où peut-on permettre la liberté dans les écrits ? Lorſque la haine particuliere, le desir de la vengeance, la volonté d'exciter le trouble dicteront un ouvrage, ne sera-t-il pas nécessaire d'en punir l'auteur? Tout auteur d'un ouvrage injuste ne tarde pas à être châtié. L'indignation publique venge bientôt la vertu & le mérite insultés; le mépris, les remors, l'ignominie sont communément le partage des Ecrivains dont la passion & la fureur ont seuls conduit la plume.

Il peut résulter, sans doute, des inconvénients pour quelques individus, d'une liberté illimitée; mais il en résultera toujours des avantages inestimables pour la Société totale, aux intérêts de laquelle les intérêts de quelques membres doivent être subordonnés. Si la satire attaque ceux qui gouvernent les hommes, si la calomnie les noircit, l'opprobre retombera sur ceux qui auront voulu leur nuire. Quant aux oppresseurs du genre humain, qu'ils étouffent, s'il se peut, les cris de la raison, qu'ils gênent la liberté de la presse; qu'ils effraient les champions de l'humanité; qu'ils persécutent la vérité; tous leurs vains efforts ne feront que confirmer leur honte & leur attirer la haine qu'ils ont justement méritée.

Rien de plus injuste que d'ôter aux Citoyens la liberté d'écrire ou de parler sur des objets importans à leur félicité; de quel droit les priver de la faculté de s'occuper des intérêts qui méritent seuls leur attention? La vérité gagne toujours à être discutée; le mensonge & le crime ont seuls intérêt à se cacher dans les ombres du mystere. La vérité, toujours utile au genre humain, peut quelquefois choquer les Tyrans; mais, plus puissante qu'eux; elle triomphera tôt ou tard de leurs projets ténébreux & les Peuples recueilleront ce qu'elle aura semé. Si des téméraires l'attaquent, elle sortira victorieuse des combats qu'on lui livre; il n'y a que l'injustice & le mensonge qui redoutent les épreuves & qui craignent d'être dévoilés. Ainsi, qu'une Nation jalouse de sa liberté prenne garde de punir & de décourager, sous de frivoles prétextes, ceux qui lui feront connoître ses véritables intérêts; qu'elle prenne garde que des loix imprudentes entre les mains de l'Autorité, ne deviennent les instrumens de la vengeance de ceux à qui la vérité déplait.

Ainsi, vous tous qui méditez! cherchez la vérité; occupez-vous du bien-être de la Patrie, vous lui devez vos lumieres; découvrez-lui les trâmes de ses ennemis; attaquez les préjugés qui lui sont nuisibles; faites-lui connoître les maux qui la minent à son insçu; indiquez-en les remedes, afin qu'aidée des circonstances elle les applique elle-même. La volonté publique a le droit de régler la marche de ses chefs & de ses législateurs; ils sont faits pour suivre la route qu'elle leur trace; ce n'est qu'à l'aide des lumieres, qu'une Nation peut perfectionner son sort. Elle ne tarde pas à tomber dans l'aveuglement, dans la langueur & dans la ruine, lorsque l'oppression la prive des secours que l'instruction peut lui donner; bientôt elle devient la victime de la tyrannie, du fanatisme & de l'imposture. Souvent très-éprise elle-même de préjugés trompeurs, elle repousse avec dédain les secours qu'on lui présente; elle regarde les ennemis de ses Tyrans, comme ses propres ennemis. Mais à la fin, la semence de la vérité germe en elle: elle rougit alors d'avoir méconnu ſes enfans les plus fideles. La Tyrannie, aveugle elle-même, ne veut commander qu'à des aveugles ; l'injuſtice, toujours ombrageuſe, ne ſouffre pas qu'on les éclaire. C'eſt une marque non équivoque d'une adminiſtration dépravée, que d'interdire l'examen & de proſcrire les lumieres. Une politique doit être bien étrange, lorſqu'elle traite les Citoyens les plus éclairés comme des ennemis de l'Etat.

§. XVIII. *Hardieſſe dans les écrits.*

QU'EST-CE qu'écrire avec hardieſſe ? C'eſt faire connoître à ſes Concitoyens, des vérités qu'ils ignorent ; c'eſt leur découvrir des principes qu'on croit utiles, quoique contraires aux préjugés reçus ou aux paſſions de ceux qui décident de leur ſort : c'eſt leur communiquer ſes idées, afin de les mettre à portée d'en juger, de les adopter ſi elles ſont vraies, de les rejetter quand elles ſont fauſſes. L'on ſe récrie communément ſur la témérité de ceux qui attaquent ouvertement des opinions que l'ignorance, le tems, l'autorité ont conſacrées ; mais la plupart des hommes ne ſont que foiblement touchés des vérités neuves qu'on leur montre ; ce n'eſt que la poſtérité qui recueille les fruits tardifs de l'inſtruction que l'on ſeme ; elle apprécie la force des raiſons, & les applique, quand elle en trouve le moyen. Les perſécuteurs de la liberté ne prouvent rien par leur conduite, ſinon que la vérité les allarme.

SOUS un Gouvernement abſolu, l'on traite d'inſolence & de rébellion, les mouvements légitimes de l'inquiétude & de l'impatience qu'un Citoyen oſe montrer à la vue de l'incapacité ou de la tyrannie. Tout gouvernement a pour but la félicité de la Nation gouvernée ; mais, par une étrange fatalité, il n'eſt preſqu'aucun pays où il ſoit permis aux Nations d'examiner comment on les gouverne. Lorſque ceux qui ſont chargés de l'adminiſtration refuſent d'entendre la vérité, ne ſemblent-ils pas avouer qu'ils font mal, & qu'ils n'ont aucun deſſein de faire mieux à l'avenir.

La ſcience du Gouvernement ſeroit-elle donc la ſeule qui n'eût beſoin, ni des expériences combinées, ni des réflexions des hommes ? Les dépoſitaires de l'Autorité auroient-ils la préſomption de croire que les forces de leur génie, que leur pénétration, que leurs reſſources ſont infaillibles & ſuffiront dans les circonſtances les plus épineuſes ? Se flatteroient-ils que la légiſlation ne puiſſe plus être perfectionnée ? La moindre attention ſuffit pour les déſabuſer. L'art de gouverner les hommes eſt encore dans l'enfance ; le Gouvernement eſt une machine qui ſans ceſſe demande à être remontée, réparée, entretenue. Des oies ont, dit-on, jadis ſauvé le Capitole. Le moindre des Citoyens peut quelquefois ouvrir un avis utile duquel peut dépendre le ſalut de l'Etat. Un écrit livré à l'examen du Public, eſt bientôt apprécié, & le jugement de la Société devient communément une regle aſſez ſûre pour ceux qui la gouvernent. Il faut répondre à un livre par un livre, & non par des priſons & des ſupplices qui détruiſent l'homme, ſans détruire ſes raiſons. Les Gouvernemens qui puniſſent les Ecrivains hardis, reſſemblent à ces enfans volontaires qui s'irritent, lorſqu'on les avertit du danger où ils s'expoſent.

Un Gouvernement équitable veut commander à des hommes raisonnables & capables de sentir leur bonheur : il sçait que plus ses Sujets seront éclairés, plus ils seront vertueux. Un Gouvernement arbitraire ne veut commander qu'à des bêtes.

§. XIX. *Tous les Peuples ont droit à la liberté.*

Si tous les Peuples veulent être heureux & ont le droit de songer à leur bonheur, tous les peuples de droit sont libres ; quoique souvent esclaves dans le fait ; il n'y a que le délire qui puisse renoncer à ce droit ; il n'y a que l'ignorance qui puisse le méconnoître ; il n'y a que l'injustice qui puisse le ravir : enfin il n'y a que la stupidité la plus profonde qui puisse rendre insensible à un bienfait que la Nature destine à tous les habitans de la terre. On voit pourtant des Peuples que l'habitude a presqu'identifiés avec leurs chaînes, & qu'une longue inertie a rendus indifférens aux charmes de la liberté. Les préjugés de l'éducation, l'inhabitude de penser, l'indolence, la légéreté, & sur-tout la crainte étouffent souvent dans des Nations entieres jusqu'au desir de changer leur esclavage contre un sort plus heureux. Le nom même de la Liberté est inconnu à ces Peuples orientaux que la religion, l'ignorance & un avilissement héréditaire livrent depuis des milliers d'années aux caprices de leurs Sultans. Comment ces infortunés desireroient-ils un bien dont ils n'ont nulle idée ? Ce desir, s'il naissoit dans leurs ames, seroit une révolte contre le Ciel qui veut que les hommes soient malheureux ici bas.

Chez des Peuples amollis par le luxe & qu'un Despotisme mitigé endort dans l'esclavage, on croit être libre, parce qu'on peut se livrer quelquefois à sa pétulance, aux saillies momentanées de son esprit, ou à de vains propos que méprise un Gouvernement trop puissant pour craindre les mécontens : on croit n'avoir point de fers parce qu'il est permis d'en parler. Vainement chercheroit-on dans ces ames énervées, cette indignation profonde contre l'oppression qui devroit brûler dans le sein de tout homme équitable : vainement y chercheroit-on cet enthousiasme qui échauffe le Citoyen prévoyant & occupé de sa postérité ; vainement s'attendroit-on d'y trouver cette noble ardeur dont s'embrase celui qui a médité les douceurs de la liberté : ces passions sont trop grandes pour des ames foibles & rétrécies. Dira-t-on à ces hommes légers ou insensibles, que des impôts exigés avec rigueur, rendent le plus grand nombre de leurs Concitoyens malheureux, dépeuplent les campagnes, laissent les champs sans culture ? Leur fera-t-on voir que leurs trésors, au lieu de servir aux besoins de l'Etat, au lieu d'être employés à sa sûreté, au lieu d'être la récompense de l'utilité, sont indignement détournés pour repaître les fantaisies d'une Cour dissolue, pour assouvir l'avarice de quelques favoris malfaisans, pour payer la bassesse & le crime ? Leur fera-t-on envisager une postérité malheureuse à qui le Pere de famille n'est jamais sûr de transmettre sa fortune, ou à qui la faveur & le crédit peuvent à tout moment ravir une propriété, toujours précaire, dès qu'elle n'est point assurée par les loix ? Leur représentera-t-on les inconvéniens d'un commerce troublé par l'avidité, gêné par l'autorité, dénué de protection ? Leur montrera-t-on les suites affreuses de ces guerres réitérées, entreprises, non pour la défense de l'Etat, mais pour immoler des victimes innombrables à l'ambition d'un Monarque sanguinaire, à la vanité de ses Ministres, ou bien à l'orgueil & à l'avidité de quelques Grands ? Ces vues sont trop vastes pour des yeux accoutumés à ne considérer que des objets puériles ; ces réflexions sont trop graves pour des enfans incapables de raisonner, ou sans cesse distraits par leurs amusements pueriles : contents de jouir de leurs plaisirs ordinaires, satisfaits de la permission de babiller sur leurs maux, sans songer à en trouver les remedes, que dis-je ! assez fous pour en rire, fiers d'une prétendue égalité que l'expérience dément à chaque instant, ces esclaves se croient dédommagés des maux réels qu'ils éprouvent. La chaleur de l'homme épris de la liberté, paroît ridicule à ces êtres indolens ; fideles échos du Despotisme, ils la confondent avec la licence & la traitent de révolte ; ils s'exagerent les maux qu'elle entraîne à sa suite. „ Voyez, nous disent-ils, les factions qui dé„ chirent, les révolutions qui désolent les pays „ où regne cette liberté si vantée ; achetée au „ prix du sang, ne finit-elle pas tôt ou tard „ par devenir la proie d'un Souverain adroit ou „ ambitieux ?

Esclaves insensibles ou contents ! portez, si vous voulez, vos fers avec joie ; préférez une léthargie funeste à cette activité, faite pour animer le Citoyen ; baisez honteusement ces liens qui vous retiennent dans vos cachots ; ayez la lâcheté de vous y trouver bien parce que vous y vivez tranquilles. Si la ſervitude a des appas pour vos ames vicieuſes ou engourdies, elle excite l'horreur des ames honnêtes & raiſonnables qui en connoiſſent les ſuites déplorables.

§. XX. *Des Factions dans les Pays libres.*

La liberté, il eſt vrai, fut très-ſouvent l'ouvrage des révolutions ; rarement fut-elle celui de la raiſon : il fallut des paſſions pour détruire des paſſions ; ce ne fut que l'excès des maux qui força les hommes d'y chercher du remede. L'ignorance & la pareſſe les attachent à leur ſort ; ils ſupportent leurs peines, tant qu'elles ſont ſupportables. Cependant à la fin, aigri par le malheur, l'eſclave au déſeſpoir, rompt quelquefois ſes fers ; fatigué d'un pouvoir qui l'écraſe, il tente alors toutes ſortes de voies pour s'en débarraſſer. C'eſt donc le Deſpotiſme qui l'oblige à chercher dans les révolutions, des reſſources cruelles & périlleuſes, mais devenues néceſſaires. Les révolutions ſont au monde politique ce que les tempêtes & les orages ſont au monde phyſique ; ils purifient l'air & rétabliſſent la ſérénité. Le Deſpotiſme, ſemblable aux ardeurs d'un ſoleil trop brûlant, amaſſe des exhalaiſons qui s'embraſent à la fin pour produire des tonnerres dont la terre eſt ébranlée.

Si des factions agitent les ſociétés où regne la liberté, c'eſt que la liberté n'y eſt pas encore établie ſur des fondemens aſſez ſolides. Mais, dira-t-on, les habitans d'un pays libre ſont-ils plus heureux que d'autres ? Leurs deſirs ſont-ils plus ſatisfaits ? Sentent-ils leur bonheur ? La poſſeſſion d'un grand bien eſt toujours mêlée d'inquiétude; ceux qui n'ont rien à perdre, n'ont pas lieu d'être allarmés. D'ailleurs il est de l'essence de l'homme de n'être jamais parfaitement content; ses desirs satisfaits le jettent dans l'inaction, que suit toujours la langueur. L'amour de la Liberté, que l'intérêt de tant d'hommes puissants ou rusés attaque sans cesse, est une passion jalouse & toujours éveillée. La tranquillité dont jouissent quelquefois les Sujets d'un Despote ressemble à l'inertie nécessaire des hommes retenus dans une prison; leur gaîté même n'est que celle de ces malheureux qui s'enivrent pour s'étourdir sur leurs maux : leur repos est celui d'un malade que sa langueur accable.

Les factions sont utiles à une Nation pour assûrer sa liberté de plus en plus. Les Corps Politiques, ainsi que ceux des individus, demandent du mouvement & de l'exercice pour conserver leurs forces & pour se maintenir dans l'activité. La santé de notre corps dépend d'un exercice modéré qui, sans l'accabler, développe ses facultés ; dans un Corps Politique, il faut de l'action; il faut que les différens corps dont l'Etat est composé soient dans une lutte, qui ne devient dangereuse que lorsque l'Equilibre se détruit. La paix d'un Etat Despotique ressemble à l'inaction d'un cadavre qui n'est plus remué que par les vers qui le rongent ou par les bêtes qui le dévorent. *La servitude*, dit un grand homme, *commence toujours par le sommeil.* Il faut des Citoyens actifs & vigilants pour conserver une liberté que, dans la Société même, une foule d'ennemis tâchent sans cesse d'anéantir. Elle importune le chef qui veut toujours être absolu ; elle déplait à ses Ministres qui veulent opprimer sous son nom. Elle choque les Grands qui veulent être distingués par d'injustes privileges ; elle paroît redoutable à des Traitans qui veulent piller impunément & les Peuples & les Souverains ; elle fait ombrage aux Prêtres qui ne veulent que des esclaves crédules & soumis ; elle a pour ennemi tout homme avide, vain, frivole, corrompu que l'opulence engourdit.

§. XXI. *Du Bonheur National.*

UNE Nation est heureuse, lorsque le plus grand nombre des Citoyens jouit du nécessaire ; la félicité consiste dans l'équilibre maintenu par les loix, dans la sûreté pour sa personne & pour ses biens, dans les besoins satisfaits sans un travail trop pénible : effets heureux qui ne peuvent être les fruits que de la liberté.

QUE l'on compare un instant l'aspect que présente une Nation libre, avec celui que nous offre un Etat soumis à des maîtres absolus. D'un côté des campagnes fertiles & cultivées étaleront à nos regards le spectacle le plus riant : on y verra le cultivateur que le travail n'a point trop épuisé, entouré d'une famille nombreuse qui respire la santé & qui annonce que ses besoins sont satisfaits. Le négoce & les manufactures encouragés donneront aux villes une activité & procureront aux yeux une variété dont l'ame est agréablement remuée. L'opulence repartie donnera aux demeures les plus simples, un aspect qui prouve l'aisance de ceux qui les habitent.

IL n'en est pas de même de ces pays où le Despotisme exerce ses ravages. Des campagnes foiblement cultivées nous offrent le spectacle hideux d'un laboureur décharné, pour qui une vieillesse précoce semble avoir déja creusé le tombeau. De tendres enfans voués, dès le berceau à la misere, demandent vainement du pain à une mere que le besoin accable elle-même : le laboureur que sa cabane défend à peine contre l'inclémence des saisons, a la douleur de voir à ses côtés l'édifice insultant de la puissance qui l'opprime & de l'opulence qui s'est enrichie de ses dépouilles. Des manufactures uniquement consacrées au luxe, ne seront utiles qu'à quelques hommes privilégiés qui ont l'audace d'étaler leur faste au milieu d'un Peuple mourant de faim.

§. XXII. *Point de Patrie sans Liberté.*

Nul repos, nulle sureté, nulle félicité pour le plus grand nombre, dans un pays d'où le pouvoir arbitraire a banni la liberté. Ce n'est que dans les sociétés où elle regne que l'on trouve de la puissance, c'est là seulement qu'il existe une Patrie. „ *Qu'est-ce donc que la Patrie* ? dira l'esclave dont l'ame avilie n'est point accoutumée „ à réfléchir ; *est-ce cet amour imbécille du sol* „ *qui nous a vu naître* ? " Non ; c'est un amour éclairé de nous-mêmes qui nous apprend à chérir le Gouvernement qui nous protege, les loix qui nous assûrent notre personne & nos biens, la société qui travaille à notre félicité. La liberté seule peut procurer ces avantages ; sans elle il ne peut donc y avoir de Patrie, l'amour de notre pays n'est jamais que l'amour de nous-mêmes.

Quelle tendresse l'esclave peut-il avoir pour une terre maudite arrosée de larmes ameres, soumise à des maîtres inhumains, qui dépouillent ses habitans de tous les biens que la Nature leur avoit destinés ? Quels liens peuvent l'attacher à des Souverains indolens ou pervers qui, occupés uniquement d'eux-mêmes & de leurs passions, oublient ou veulent ignorer qu'ils ne sont les dépositaires du pouvoir que pour rendre leurs Sujets heureux ? Dans un tel Pays l'amour du Maître peut-il être autre chose qu'une impulsion machinale, une habitude peu raisonnée, une démence véritable, ou peut-être une lâche hypocrisie ? C'est mentir sans pudeur, que de dire qu'on aime ses Tyrans.

Dans une Société libre, un Pere fortuné vit en paix au milieu d'une famille à laquelle il inspire, dès l'enfance, l'amour d'un Gouvernement à l'ombre duquel elle vivra fortunée ; il lui apprend que ses champs ne pourront devenir la proie d'un ravisseur injuste. Il accoutumera ses fils à cette fierté mâle & généreuse que donnent la confiance & l'idée de la sûreté. Sous le Despotisme au contraire, le cœur d'un Pere s'irrite ou se flétrit à la vue des objets auxquels il a donné le jour ; il se reproche leur naissance, il craint que l'injustice ne les prive ainsi que lui du fruit de son travail : il tremble que des impôts nouveaux ne punissent son industrie ; il inspire l'abjection, la pusillanimité, la bassesse ou une stupide admiration de la grandeur, à des êtres nés pour l'esclavage & que la fierté ne rendroit que plus malheureux. Vainement attendroit-on de l'énergie dans les ames de ces hommes dégradés à leurs propres yeux : méprisé de ses maîtres, l'esclave indigent finit par se mépriser lui-même.

Ainsi sans liberté il ne peut y avoir de Patrie. Les bornes de l'Etat sont pour les Sujets du Despote, un enclos dans lequel il renferme un troupeau timide pour y choisir à son gré les victimes de sa voracité. Là il n'est de bonheur à défendre que pour le Maître & pour ceux avec qui il partage le sang & la toison. Au lieu de courage, de grandeur d'ame, d'ardeur guerriere, on ne peut inspirer à des esclaves malheureux ou frivoles, qu'une ivresse momentanée, qu'une impétuosité passagere que la réflexion fera bientôt disparoître. La Société, pour être puissante, demande à être défendue par des hommes généreux dont un intérêt commun réunisse les forces & les volontés, & que le bien être attache à la cause publique. Ces liens existeroient-ils pour des hommes qui ne peuvent qu'en tremblant porter les yeux sur l'avenir, pour qui tout Gouvernement doit être indifférent, qui, étrangers au bonheur, n'ont rien à perdre au changement. *Une Nation libre*, dit Montesquieu, *peut avoir un libérateur; une Nation subjuguée ne peut avoir qu'un oppresseur.*

Le Despote ne fait des conquêtes que pour lui; ses pertes ne peuvent intéresser ses Sujets malheureux; l'augmentation de ses forces ne fait que le mettre à portée de mieux tyranniser; ses succès les plus brillans ne font qu'aggraver sur son Peuple, le poids des impôts & de la misere. Le Tyran peut avoir acquis une Province de plus, mais ses anciens Etats n'en seront que plus pauvres & dépeuplés. Ces maux peuvent-ils être compensés par une gloire prétendue, ou plutôt par la fumée d'une vanité nationale dont un Peu-

ple

ple frivole eſt aſſez fou pour ſe repaître ? La guerre eſt toujours un fléau pour les Peuples qui la font ; ſe réjouir ou ſe glorifier des victoires d'un Tyran, c'eſt s'applaudir des pertes réelles de ſon Pays ; c'eſt ſe réjouir des nouvelles chaînes dont il ne tardera pas à ſe voir accablé. Un Citoyen devroit gémir ſur des lauriers ſi ſouvent arroſés des larmes & du ſang de ſes Concitoyens. N'eſt-il pas fait pour ſe réjouir, quand il voit humilier l'orgueil de ſes Maîtres, qui ſont ſouvent les plus cruels ennemis de ſa Nation ?

§. XXIII. *Nulle Puiſſance ſtable ſans Liberté.*

SANS liberté, ſans propriété, ſans ſûreté, une Nation ne peut jouir long-temps d'une Puiſſance véritable. En quoi conſiſte en effet la force d'un Etat relativement à ſes voiſins ? Qu'eſt-ce qui peut le rendre reſpectable ou le mettre à couvert contre les ennemis qui l'entourent ? La puiſſance d'un état dépend du nombre de ſes Sujets ; ce nombre dépend de la facilité qu'ils ont de ſubſiſter, & leur courage dépend de l'eſprit qui les anime. Ces choſes ne ſe rencontrent, que lorſqu'un heureux gouvernement fait régner la liberté. Une population nombreuſe fait, ſans doute, la principale force d'un Etat ; elle fournit des bras pour cultiver la terre, pour ſes manufactures, pour ſa navigation, pour ſon commerce, enfin pour repouſſer les entrepriſes de ſes ennemis du dehors. Que peut-on attendre de l'amas le plus nombreux d'eſclaves ſtupides ou d'un eſſain d'eſclaves légers ? L'homme libre ne craint point de ſe propager ; en multipliant ſa poſtérité, il multiplie ſon bien-être ; l'homme aſſervi craint de fournir de nouvelles victimes à ses Tyrans. La population est la source de la force, elle augmente en raison du bonheur que procure une administration raisonnable. Une nation n'est heureuse que lorsque ceux qui la gouvernent, savent tourner les passions des Citoyens vers le bien général. Le Despotisme dans son délire veut être heureux tout seul; il ne sent pas que ses injustes caprices mettant des obstacles à l'activité générale, doivent sans cesse lui faire manquer son but.

La conduite de la plupart de ceux qui commandent aux Nations n'est-elle pas bien étrange! Ne sentiront-ils jamais que le Souverain d'un Etat pauvre ne peut pas être riche, & que personne ne peut travailler lorsqu'on lui a lié les bras, ou quand il n'a pas l'assurance de jouir en paix du fruit de son labeur? Un Gouvernement qui connoît les droits sacrés de la liberté, a-t-il besoin de secours? il est certain de les trouver dans les mains de ses Sujets: guidé par la justice & la bonne foi il fait naître la confiance qui sert de base au crédit; convaincu que ses Chefs n'ont aucun privilege qui les autorise à manquer à leurs engagements, le Citoyen opulent leur confie sans crainte le superflu de ses richesses; la foi publique garantie par la vertu publique ne lui est point suspecte; s'il court quelques périls, ce sont ceux de la nécessité à qui tout est soumis.

On voit donc que sans liberté il ne peut y avoir ni population, ni agriculture, ni commerce, ni crédit, ni confiance. C'est pourtant de ces choses que dépend la puissance d'un Etat. L'inégalité de liberté entraîne l'inégalité dans les forces des Nations. L'expérience de tous les siecles nous prouve que les efforts menaçans des Despotes les plus terribles ont été mille fois obligés de céder à la puiſſance des Peuples qui jouiſſoient de plus de liberté. Les armées innombrables de *Xerxès* ſont diſſipées par une poignée d'Athéniens. Toutes les forces de l'Eſpagne ſoutenues des tréſors d'un nouveau monde, ſont rendues inutiles par les Bataves courageux.

Souverains du Monde! abjurez donc enfin les principes deſtructeurs d'une politique inſenſée: rendez à vos Sujets une liberté ſans laquelle tout languit dans un Etat : elle eſt la baſe de leur félicité & de la vôtre : devenez Citoyens pour régner ſur des Citoyens. Voulez-vous commander à des peuples nombreux? rendez les peres heureux; ils multiplieront, ils peupleront vos provinces. Voulez-vous que l'abondance ſe fixe dans vos Etats? Faites que le cultivateur aiſé chériſſe le ſoc de ſes peres. Voulez-vous que des ſoldats généreux ſecondent vos juſtes entrepriſes? intéreſſez tous vos Sujets à la défenſe de la Patrie; faites qu'ils l'aiment aſſez pour répandre leur ſang pour elle. Voulez-vous que le commerce, les manufactures, l'induſtrie viennent s'établir dans votre Empire? Ne ſouffrez pas que le Traitant & le Concuſſionnaire les gênent & les découragent. Voulez-vous des Sujets vertueux & tranquilles? Souffrez que la raiſon les éclaire ſur leurs vrais intérêts, toujours unis aux vôtres. Laiſſez à des Tyrans imbécilles, à des Deſpotes ſans prévoyance, le funeſte avantage de commander à des hommes ſtupides, à des êtres avilis & ſans vertus. Songez qu'il n'y a de force réelle que dans un Peuple bien uni avec ſes Maîtres.

§. XXIV. *Sans Liberté point de Vertu.*

Si comme on ne peut en douter, la vertu ne consiste que dans l'utilité générale de la Société; il ne peut y avoir de vertus véritables sans liberté. Un esclave ne peut être utile qu'à ses Tyrans.

Ce n'est que dans une Nation libre que l'on peut rencontrer l'amour du bien public, le desir d'être utile à tous, l'enthousiasme de l'honneur véritable toujours fondé sur la vertu. Des ames vraiment nobles sont sensibles au plaisir d'exciter la reconnoissance, de mériter l'estime, l'amour, les applaudissements sinceres de leurs Concitoyens qui ne les doivent qu'à ceux qui s'occupent de leur bien-être. Voilà ce qui chez les Grecs & les Romains donna naissance à cette passion pour la Patrie, que tant d'esclaves du pouvoir arbitraire regardent, sans doute, comme une chimere, ou comme un accès de folie. Ce fut cette passion généreuse, infuse par l'éducation & l'exemple, entretenue par la vénération des Peuples, allumée par le desir de la gloire qui remplit autrefois ces contrées de Héros invincibles, de Citoyens bienfaisants, de Martyrs de la liberté.

Un esclave n'a nulle idée, ni d'honneur ni de gloire, il n'a qu'une vanité méprisable, nourrie par des préjugés ridicules propagés par l'intérêt de ses maîtres, souvent nuisibles à son pays. C'est pourtant à cette vanité que tant de gens d'honneur ont la folie de sacrifier si souvent, & leur gloire, & la vertu sans laquelle il n'existe point d'honneur réel, & le bonheur de leur Patrie, & leur propre liberté. La vraie gloire ne peut conſiſter que dans l'eſtime univerſelle de ſes Concitoyens ; l'honneur véritable ne peut être que le ſentiment de ſa propre dignité, fondé ſur l'eſtime méritée des autres. En bonne foi, des hommes avilis par la ſervitude, & qui forgent des chaînes à leurs Concitoyens, ont-ils des droits bien légitimes, ſoit à la conſidération publique, ſoit à l'eſtime d'eux-mêmes ? Concluons donc qu'*honneur* & *gloire* ſont des mots vuides de ſens dans beaucoup de pays où l'on en parle à tout moment.

Il eſt des Peuples qui ſemblent formés pour l'eſclavage. Les Nations depuis long-temps habituées au joug, reſſemblent à des priſonniers accoutumés aux ténebres, l'éclat du jour les incommode, lorſqu'on les préſente ſubitement à la lumiere. La liberté eſt un bien trop important pour être confiée à des enfants volages, qui n'en connoiſſent pas le prix. Entre leurs mains elle deviendroit funeſte par l'abus qu'ils en feroient, ou elle ne tarderoit pas à ſe perdre par le peu de ſoin qu'ils auroient de la conſerver. Les Cappadociens refuſerent la liberté que les Romains leur offrirent ; ils demanderent à être gouvernés comme leurs peres par des Monarques abſolus. Un peuple riche, livré au luxe, qui ne s'occupe que d'amuſements frivoles, n'eſt pas fait pour la liberté. Pour ſentir le prix de la liberté, il faut avoir l'ame élevée ; pour l'acquérir, il faut du courage ; pour la défendre, il faut ſavoir tout lui ſacrifier. L'homme opulent, le courtiſan, les grands ſont par-tout diſpoſés à la ſervitude. Les beſoins imaginaires & les vices multipliés des êtres dépravés par le luxe, les mettent dans la dépendance d'un maître qui peut les enrichir ou contenter les desirs de leur vanité. Le riche tombe bientôt dans une apathie fatale; il ne pense qu'à jouir, sans s'occuper de l'avenir. Les grands ambitieux ou vains, ne sont jamais contents, ils demandent sans cesse & dépendent toujours. Comment trouveroit-on la grandeur d'ame, l'amour de la liberté, des sentiments élevés, des vertus à des êtres soumis, que ces qualités empêcheroient de parvenir, ou priveroient des faveurs de la fortune? La vertu seroit, pour un courtisan avide & vain, le sacrifice douloureux de tout ce qu'il desire; elle n'est bientôt à ses yeux qu'un vain nom, un *grand mot*, un objet ridicule ou haïssable. La vertu n'est pas faite pour réussir auprès des Despotes & des Tyrans.

L'AMOUR des richesses engourdit les Nations & les livre à la servitude. L'homme le plus libre est celui qui a le moins de besoins : les besoins asservissent les esprits & leur ôtent toute énergie. Pour être vraiment libre, il faut ne dépendre que des loix. La liberté n'est faite que pour des hommes solides & des cœurs généreux. Le sybarite n'en connoît pas le prix; l'avare lui préfere l'argent, l'homme corrompu la vendra pour acquérir de quoi fournir à ses déréglements.

§. XXV. *De l'Esprit Public.*

DANS un pays libre, la Nation est comptée pour quelque chose : là seulement on connoît *l'esprit public* ou l'ambition de plaire à ses Concitoyens; on est sensible au plaisir de leur être utile; on est jaloux de s'attirer l'estime de la Société, que l'on a l'intérêt de mériter. C'est alors que la Société devient l'objet de l'attention de ses Chefs,

A leur exemple les Citoyens les plus distingués par leurs richesses ou leurs places s'efforcent de lui plaire. Voyez chez les Romains tous ces monuments, ces bains publics, ces aquéducs, ces cirques, ces amphithéâtres, ces chemins dont les ruines mêmes étonnent encore nos foibles ames.

Dans un pays soumis au pouvoir absolu, quels motifs pourroient engager le Monarque, les Grands ou les Riches à s'occuper d'un Public méprisé qu'ils jugent indigne de leurs soins, qu'ils ne connoissent que pour l'opprimer, & dont le bien-être leur est parfaitement indifférent ? S'il s'éleve quelque monument public, ce n'est que pour flatter la vanité du Maître. Si l'on bâtit des édifices somptueux, ce n'est que pour insulter à la misere de la Nation qui se voit forcée de contribuer au faste de ceux qui l'ont dévorée. Si par hasard il se fait quelques établissements, ce ne seront que de vains trophées que la fierté du Monarque s'éleve aux dépens de son Peuple. Les monuments les plus inutiles & les plus ruineux absorberont communément son attention & ses trésors, & deviendront les objets de l'admiration stupide d'une Nation servile, assez folle pour tirer gloire de ce qui ne sert qu'à lui retracer les malheurs de ses peres, causés par l'orgueil des Rois.

§. XXVI. *Conclusion.*

Quoique tous les hommes desirent la liberté; quoique personne ne soit totalement insensible à ses charmes, le plus grand nombre des Peuples de la terre gémit, comme on l'a vu, dans les fers du Despotisme; presque par-tout la Société totale est sacrifiée aux passions de quelques individus.

Il eſt très-peu de contrées ſur la terre ou le Citoyen puiſſe dire, *je ſuis maître de ma perſonne, je puis diſpoſer de mon champ; nulle force ne peut me ravir les fruits de mon induſtrie; nulle puiſſance ne peut me priver des bienfaits que la Nature a mis en commun pour ſes enfants.* Dans les pays mêmes qui jouiſſent de la plus grande liberté, il eſt pour les Citoyens une infinité de liens, introduits par les beſoins d'un Gouvernement avide ou néceſſiteux, qui les gênent ſur les moyens les plus légitimes & les plus naturels de travailler à leur bonheur. Il eſt mille vexations que l'habitude, le préjugé, l'opinion ont rendues preſqu'inſenſibles. Les loix, les uſages, les coutumes, les ſuperſtitions des Peuples, ſouvent en guerre avec le bien public, ſoumettent encore les hommes qui ſe croient les plus libres, à mille vexations dont ils ſe plaignent ſans en chercher les remedes : ils les trouveroient dans la raiſon, s'ils daignoient plutôt la conſulter, que des uſages antiques, des habitudes ſouvent nuiſibles, des loix ſurannées, des titres mal digérés, qui preſqu'en tout pays tyranniſent encore les Nations les plus éclairées, & les plus jalouſes de leur liberté. Mais de ce que la vraie liberté n'eſt pas encore connue, n'en concluons pas qu'elle n'eſt qu'une chimere; elle ſera le fruit déſirable d'une politique de plus en plus perfectionnée par l'expérience, par la connoiſſance de l'intérêt des Nations; guidée par la morale & la vertu ſans leſquelles les hommes ne peuvent être, ni vraiment libres, ni heureux. Si de même que la félicité, la Politique ne peut être parfaite, que les hommes ne laiſſent pas de faire des efforts pour la rendre meilleure : leur bien-être augmentera dans la même progressіon que leurs lumieres, leur raison & leur liberté.

Heureuse liberté ! objet chéri de tous les cœurs généreux ! fille de l'équité & des loix ! viens fixer ta demeure parmi les habitans de la terre : brise les chaînes des Nations ; bannis l'affreux Despotisme qui rend inutiles pour elles, tous les dons de la Nature : ranime dans nos ames ce feu dont tu brûlas jadis tant de héros : que leurs noms respectables excitent encore notre vénération la plus tendre : forme au milieu de nous, des hommes qui leur ressemblent. Que l'esclave avili rougisse de ses fers ; que le cœur du Citoyen s'échauffe & tressaille à ta voix. Inspire le sage qui médite ; donne lui le courage de réclamer tes droits. Anime le guerrier de cette noble ardeur qu'il ne doit qu'à sa Patrie & non à ses oppresseurs. Sois dans la bouche du Magistrat ; qu'il défende tes droits contre les ennemis qui voudroient les anéantir ; enfin que la raison, guérissant les préjugés de ces Princes qui te persécutent, leur montre que sans toi leurs Etats ne peuvent être ni puissants ni fortunés, que sans toi leur pouvoir ne peut être établi sur une base inébranlable.

SOMMAIRE DU SEPTIEME DISCOURS.

DE LA POLITIQUE EN GÉNÉRAL.

§. I. *Définition de la Politique.*

LA Politique est l'art de gouverner les hommes, ou de les faire concourir à la conservation & au bien-être de la Société. L'on ne peut douter que l'art de rendre les Peuples heureux ne soit le plus noble, le plus utile, le plus digne d'occuper une ame vertueuse : il fut toujours l'objet des méditations du Philosophe, du Citoyen raisonnable & des Souverains pénétrés de leurs devoirs. Nous la définirons l'expérience appliquée au Gouvernement & aux besoins de l'Etat.

POUR remplir ses devoirs & pour travailler à son propre bonheur, le Citoyen dans la vie privée n'a besoin que de veiller sur lui-même & de régler sa conduite; mais les hommes que le Destin place à la tête des Empires doivent non seulement veiller sur eux-mêmes, vû que leur propre conduite influe de la façon la plus marquée sur toute la Société, mais encore contenir ou diriger les intérêts divers, les passions discordantes d'une multitude trop souvent privée d'expérience & de raison; enfin ils doivent réunir d'intérêts & faire conspirer avec eux des Nations & des Souverains sur lesquels ils n'ont d'autre pouvoir que celui de la persuasion & celui de la force à son défaut.

Rien ne paroît plus difficile, que de faire agir de concert les membres d'une Société. Rien ne semble demander autant de sagacité, de vigilance & de force que l'art de diriger les passions divergentes d'une multitude d'hommes vers un même but, & de les ramener à un centre commun dont elles s'écartent sans cesse. C'est le chef-d'œuvre de la sagesse éclairée par l'expérience ou de la philosophie, que de faire contribuer toutes les volontés particulieres à l'exécution d'un plan général qui souvent contrarie leurs penchants, leurs intérêts personnels, leurs préjugés, & de les soumettre à la volonté publique, indiquée par la loi. Il n'y a que la sagesse la plus consommée qui puisse donner aux différents ressorts de l'Etat, le degré de tension dont ils sont susceptibles; enfin il n'y a que la raison la plus exercée qui puisse faire découvrir les nouveaux ressorts qu'il faut de tems en tems substituer aux anciens, lorsque les circonstances leur ont fait perdre leur efficacité.

Tels sont les objets que la Politique embrasse. Ce n'est pas tout encore: non contente de veiller sur l'intérieur de la Société, elle est forcée d'étendre ses vûes au-dehors; de porter un œil attentif ſur les mouvements & les intérêts des Nations voiſines, d'arrêter leurs entrepriſes, de prévenir les effets de leurs paſſions, de leur ambition, de leur avidité, d'empêcher qu'elles ne raviſſent les avantages procurés par la Nature ou l'induſtrie; enfin de déterminer des ſociétés indépendantes à ſeconder ſes projets.

§. II. *La même Légiſlation ne convient pas à tous les Peuples.*

GOUVERNER un Peuple, c'eſt tenir la balance entre ſes paſſions, c'eſt réprimer celles dont les effets peuvent être dangereux, c'eſt faire tourner au profit de l'Etat celles qui peuvent lui être avantageuſes. Mais les paſſions des Peuples ainſi que celles des Individus, ſont infiniment variées; elles ſont excitées, entretenues & modifiées par les loix, par les uſages & ſur-tout par les opinions, ſouvent plus fortes que la Nature, que la Raiſon, que les Loix, & qui oppoſent quelquefois à la Politique la plus ſage des barrieres inſurmontables. Ces paſſions & ces diſpoſitions enracinées par l'habitude dans les ames du plus grand nombre des individus, conſtituent, pour ainſi dire, le tempérament d'une Nation : il ne peut être le même pour toutes les ſociétés; il eſt formé & nourri par leurs beſoins, leurs circonſtances, leur climat, leur ſol, leurs productions, leurs aliments, &c. Toutes ces choſes mettent des nuances & des variétés preſqu'infinies entre la façon d'être & de penſer des Nations; ce ſeroit donc une entrepriſe ridicule & frivole que de prétendre gouverner toutes les ſociétés humaines d'après des Loix uniformes : ce ſeroit une folie de preſcrire à la Politique autre choſe que des regles générales : les regles de détail deviendroient ſouvent fauſſes & nuiſibles dans la pratique, & des circonſtances imprévues les rendroient ſans ceſſe inutiles. Il ſeroit auſſi peu ſenſé de gouverner tous les Peuples d'après les mêmes maximes, que de traiter toutes les maladies ſuivant la même méthode, ou que de preſcrire à tous les hommes un même plan de vie.

En effet, il eſt des Etats que leurs circonſtances & leur poſition rendent néceſſairement guerriers ; d'autres ont plus beſoin de la tranquillité ou de la Paix : les uns, entourés de voiſins injuſtes & puiſſants, doivent être toujours préparés à repouſſer tous ceux qui troubleroient leur félicité ; d'autres, par l'aridité de leur ſol, ſont obligés de chercher dans un commerce paiſible, les reſſources que la Nature leur refuſe, & les Etats voiſins leur fourniſſent les productions d'un terrein plus abondant. Les Nations varient par l'étendue de leur terrein : les unes poſſedent un pays vaſte, d'autres ſont reſſerrées dans des bornes étroites ; les unes occupent les rivages de la Mer, d'autres ſont enclavées dans les terres ; les unes ſont défendues par des fortifications naturelles, d'autres n'ont de remparts que leurs propres forces ; les unes condamnées au travail ſous un ciel rigoureux luttent contre la Nature & ſont plus robuſtes, plus actives, plus entreprenantes ; d'autres, ſous un climat heureux, ſatisfont leurs beſoins avec plus de facilité, ſe livrent à la molleſſe & à l'inaction ; les unes travaillent pour améliorer leur ſort, les autres s'endorment dans la jouiſſance & perdent toute énergie. Quelques Peuples ſont courageux, fiers, amoureux de la liberté ; d'autres ſont timides, énervés, & ſemblent faits pour l'eſclavage. Les uns privés de commerce ſont plongés dans l'indigence, d'autres nagent dans les richeſſes & ſe corrompent par le luxe. Enfin les uns ont adopté des Loix, des Uſages, des Préjugés, des Religions particulieres ; d'autres ſont ſoumis à des Inſtitutions, à des Erreurs, à des Opinions différentes.

Une même légiſlation ne peut donc pas convenir à des Peuples que la Nature & leurs circonſtances ont rendus ſi diſſemblables, dont les beſoins ſont ſi différents, dont les idées ſont ſi éloignées les unes des autres. La Politique doit gouverner les hommes tels qu'ils ſont ; les Loix doivent avoir égard à leurs circonſtances actuelles. L'effet de la ſageſſe la plus éclairée ſe borne à ramener les Peuples à la Nature, lorſque la dépravation de leurs mœurs, de leurs opinions, & de leurs uſages les en ont écartés. Les Nations entieres, ces individus de la grande Société du monde, ſont ſujettes à des erreurs & à des égarements, comme les individus qui compoſent les ſociétés particulieres. Ainſi que les Corps Phyſiques, elles éprouvent des criſes, des délires, des convulſions, des révolutions, des changements de formes ; elles ont une naiſſance, un accroiſſement ; un déperiſſement ; elles paſſent ſucceſſivement de la ſanté à la maladie, & de la maladie à la ſanté ; enfin comme tous les êtres de l'eſpece humaine, les Nations ont une enfance, une jeuneſſe, un âge viril, une décrépitude, une mort, terme fixé par la nature à tous les ouvrages de ſes mains.

§. III. *Ni aux mêmes Peuples dans tous les tems.*

Il est donc aisé de sentir que la Politique ne peut dans ces différents Etats & dans leurs divers périodes, gouverner les Peuples d'une maniere constante & uniforme, ni leur donner des Loix qui leur soient toujours également utiles. Si les Nations restoient au même état ; si leurs besoins n'étoient pas sujets à varier ; si la sagacité pouvoit prévoir les événements auxquels elles seront exposées, si leurs passions n'agissoient pas très-diversement, il seroit possible de leur prescrire des Loix stables qui leur conviendroient en tout tems. Le Législateur ne peut jamais envisager que l'état actuel de sa Nation. Un Peuple pauvre, peu nombreux, dénué de commerce, privé de liberté n'est point susceptible des mêmes Loix qu'un Peuple riche, nombreux, & libre. Dans l'origine des Sociétés Politiques, les Nations n'étoient communément qu'un amas de guerriers sauvages, indigents, sans agriculture, sans habitations fixes, sans industrie ni commerce, qui peu attachés à une contrée, erroient sans cesse & changeoient incessamment de demeures. Peu-à-peu ces Nomades se sont fixés, ils ont pris de l'assiette, ils ont goûté les douceurs de la paix & d'une vie moins agitée ; alors ils se sont livrés à l'agriculture, aux manufactures, au commerce. Il est aisé de sentir que leurs Loix ont dû changer à mesure qu'ils se sont perfectionnés : celles qui avoient été fort utiles dans l'origine, devinrent fort nuisibles par la suite ; celles qui convenoient à des soldats, ne purent plus convenir, ni à des marchands, ni à des cultivateurs. Les premieres Loix des Nations dûrent toujours être simples &

peu

peu nombreuſes : ſelon que les beſoins s'augmenterent, ces Loix dûrent ſe compliquer & ſe multiplier. Enfin les richeſſes ayant dépravé les mœurs, la Légiſlation qui doit ſuivre l'état des Nations dans leurs différents périodes, dut néceſſairement oppoſer une digue plus forte aux paſſions rafinées & multipliées des hommes.

§. IV. *Les Loix ne peuvent être éternelles.*

FAUTE d'avoir eu égard à ces diverſes circonſtances, les Philoſophes & les plus ſages Légiſlateurs ſe ſont ſans ceſſe égarés. Ils ont cru que les Loix immuables ſuffiſoient pour rendre les hommes heureux & leurs gouvernements ſtables : ils ſe ſont flattés que les Peuples reſteroient au même état où ils les avoient trouvés ; ils n'ont point fait attention aux événements imprévus, aux changements d'idées & de beſoins que le tems pourroit produire dans les ſociétés auxquelles ils preſcrivoient des regles. Eh ! comment euſſent-ils pu prévoir des événements cachés dans le ſein de la Nature & du Deſtin? L'expérience ſeule pouvoit leur faire connoître en général que par-tout l'habitude, le préjugé, l'uſage étoient bien plus forts que la raiſon.

§. V. *Du Préjugé favorable à l'antiquité.*

ON voit donc combien ſont dangereux les préjugés qui font regarder indiſtinctement les Loix adoptées par nos Peres, comme la regle invariable de la conduite actuelle des Etats. L'antiquité a tant de droits ſur les hommes, qu'ils craindroient de ſe rendre ſacrileges, en s'écartant de ſes inſtitutions. Les siecles semblent interdire tout examen : ce qui a duré long-tems, passe toujours pour inviolable & sacré. Quand par les changements des circonstances, les Peuples & ceux qui les gouvernent se trouvent dans la détresse, on va communément chercher des remedes dans les Loix primitives ; on se flatte d'être plus heureux, dès qu'on suivra ce qui se pratiquoit autrefois ; & l'on ne s'apperçoit pas que des Loix antérieures aux circonstances, ne peuvent point remédier aux inconvénients que ces circonstances ont amenées. Ne sentira-t-on jamais que le tems, en changeant les opinions, les besoins, les passions, les préjugés des hommes, fait que leur position présente est nécessairement en contradiction avec les Loix qui étoient autrefois en vigueur? Locke, en donnant des Loix à la Géorgie Américaine, ne voulut point qu'elles durassent au-delà de cent ans.

C'EST à la raison actuelle à corriger, à changer, à détruire même les institutions anciennes dont l'expérience a fait connoître les abus, les dangers, l'inutilité. La plupart des Nations Européennes sont aujourd'hui tyrannisées par des Loix anciennes qui luttent avec leur situation actuelle : on les respecte encore parce qu'elles étoient respectées autrefois : des usages & des coutumes injustes, inventées par des Barbares subjuguent encore des Peuples policés. Des loix militaires faites par des conquérants sauvages, sont en vigueur dans des pays paisibles & qui subsistent par le commerce. Les Loix Romaines sont les regles de plusieurs Nations qui n'ont rien de commun avec l'ancienne Rome. Que dis-je?

les loix, les coutumes, les usages ne sont point les mêmes dans les différentes Provinces d'un même Etat; chaque portion d'une même Nation est gouvernée d'après les regles qui lui furent données par d'anciens Souverains & dans des circonstances qui n'existent plus. Chacune s'obstine à retenir ses vieilles institutions qu'elle appelle des privileges & des droits, tandis que souvent elles sont très-nuisibles, très-insensées, très-injustes.

§. VI. *Vices des législations.*

De ce mêlange bigarré de loix & de coutumes, il résulte parmi les Nations modernes, une jurisprudence ténébreuse, absurde, contradictoire, presque toujours aux prises avec la droite raison. Les tribunaux les plus éclairés, gênés sans cesse par des formes, des usages, des préjugés, des regles déraisonnables, ne sçavent comment prononcer. Au milieu d'un cahos de loix inintelligibles, l'équité ne sçait quel parti prendre & décide au hazard. Des Loix mystérieuses, compliquées & peu claires annoncent un dessein formé de tendre des pieges aux Citoyens & de les enlacer. Les loix doivent être intelligibles pour ceux qui doivent les observer; les loix multipliées annoncent un mauvais Gouvernement. Par une étrange fatalité, dans les Etats qui se vantent le plus d'être libres, les loix & leur réforme sont entiérement oubliées. Il n'existe point encore de législation supportable parmi les hommes; l'opinion, l'autorité surannée, la routine qui jamais ne raisonne, voilà les guides des Nations les plus éclairées: souvent le Citoyen seroit plus heureux de n'avoir point de Loix & de se laisser guider par le bon sens naturel, que par une multitude de Loix qui l'empêchent de connoître ses droits. Par là les jugements deviennent arbitraires : le juste & l'injuste se confondent ; rien de fixe dans les décisions des tribunaux. Le juge est quelquefois forcé, en faveur de la Loi & de la forme, de renoncer à l'équité. De-là résultent ces délais, ces longueurs interminables dans les procès des Citoyens. Les Nations sont remplies d'une foule d'hommes dont la fonction est d'interpréter, de commenter, d'éclaircir une science mystérieuse pour le reste des Sujets ; personne ne peut se flatter de voir clair dans ses propres affaires : personne ne peut s'assûrer s'il a le bon droit de son côte. *La forme est la protectrice des Peuples.* Tel est l'axiome de notre siecle : peu de personnes ont assez d'expérience pour se mettre à couvert des défauts de formalités : cependant ils suffisent parmi nous, pour anéantir les droits les mieux constatés, & pour faire triompher l'iniquité plus avisée. La substance du Citoyen est dévorée par des hommes faits pour le maintenir dans la jouissance de ses biens : elle est la proie d'un tas de sang-sues avides, dont l'unique occupation est d'obscurcir & de déguiser la vérité qu'ils se vantent de défendre, ou de mettre dans son jour ; les familles désolées par leur rapacité, leur mauvaise foi, ou leur incapacité, regardent souvent la Loi comme un fléau, & l'on est quelquefois tenté de préférer les décisions arbitraires & promptes des pays les plus despotiques, à la justice prétendue que l'on obtient dans beaucoup de contrées libres & policées.

§. VII. *Les Loix doivent céder aux besoins de l'Etat.*

Ainsi, dès que les Nations ou ceux qui les gouvernent se sentiront pressés par la force des circonstances, qu'ils remontent aux principes de l'association des hommes, qu'ils étudient leur nature, qu'ils consultent l'expérience & la raison, qu'ils pesent l'utilité; qu'ils s'informent, non de ce qui s'est fait jadis, ou de ce qui se fait aujourd'hui, mais de ce qu'il faudroit faire; qu'ils cessent de se régler sur des usages, des institutions & des loix barbares & ridicules qui n'ont pour eux que la sanction de l'ignorance, du préjugé, de l'habitude, de l'ancienneté; qui n'ont jamais été sérieusement examinés dans l'origine; qu'une vénération stupide & machinale continue à respecter. Qu'ils comprennent enfin que les Loix sont faites pour les Peuples, & non les Peuples pour les Loix.

Prétendre que les Loix antiques ne peuvent être abrogées, est une prétention aussi absurde, que d'exiger que les hommes faits continuassent à se servir des vêtemens de leur enfance, ou des bandelettes dont ils étoient entourés au berceau. A mesure que la vie sociale s'éclaire, se perfectionne ou s'altere, ses regles & ses maximes doivent changer. Presque toutes les Nations sont les dupes des préjugés superstitieux & politiques, directement opposés à leurs intérêts les plus chers. L'expérience & la raison ne sont presque jamais appellées aux conseils des Souverains. La Nature & le besoin doivent guider les hommes & leur commander préférablement aux loix, aux coutumes, aux établissements quelconques; leur Empire est antérieur à toutes les institutions humaines; la raison publique, comme celle des individus, est fondée sur l'expérience; la Politique, je le répete, n'est que l'expérience ou la raison appliquée aux besoins de l'État; dès qu'une Loi devient nuisible, elle doit être ou changée ou abrogée. La raison doit en tout tems remédier aux vices des Loix; elles n'ont été souvent que l'ouvrage de la force ou du préjugé.

§. VIII. *La Philosophie utile à la Politique.*

Des Philosophes ont donné quelquefois des Loix aux Nations; les *Solons*, les *Licurgues* furent des sages : les hommes qui ont médité la Nature Humaine sont seuls en état de sentir & de corriger les vices qui peu-à-peu se glissent dans la pratique, & qui communément amenent la décadence & la ruine des Etats. Ainsi n'écoutons point ces déclamateurs imbécilles qui prétendent que la Philosophie rend incapable des affaires. *Les Peuples seront heureux*, suivant Platon, *quand les Philosophes seront des Rois, ou quand les Rois seront des Philosophes.* En effet la Philosophie est-elle autre chose que l'étude des causes & des effets, l'examen de ce qui est utile ou nuisible à la Société? Ainsi, dire que la Philosophie est inutile ou contraire à la Politique, c'est dire qu'il est inutile ou dangereux de méditer ou de refléchir mûrement sur l'objet le plus important au bonheur des Nations, & qu'elles ne doivent être gouvernées que par la folie, la routine, l'imprudence & le caprice. *Agrippine*, selon Tacite, détourna son fils Néron de la Philosophie, & *Néron* devint bientôt le plus cruel, le plus insensé des Tyrans.

La connoissance du cœur humain & de ses mouvements divers seroit-elle donc indifférente à la Politique dont la fonction est de mettre ses ressorts en action? Une routine aveugle suffiroit-elle pour faire trouver les remedes applicables à des événements imprévus & à des circonstances qui changent, pour ainsi dire, à tout moment? Il n'est pas étonnant que les législations les plus sages dans l'origine n'aient pas toujours eu les effets desirés; que les institutions les plus prudentes aient été sans solidité; que les principes, qu'on regardoit comme les plus incontestables, se soient souvent démentis dans la pratique. Il est des choses que la prudence, la réflexion, l'expérience peuvent prévoir & prévenir; jamais les yeux les plus perçants ne découvriront les mobiles secrets, les germes cachés, &, pour ainsi dire, les éléments politiques qui, en se combinant peu-à-peu, forment à la fin des masses capables de changer la face des Nations, de les dissoudre & de les détruire.

On reproche à la Philosophie de faire des Citoyens indifférents, & peu capables de servir la Patrie : sous un Gouvernement éclairé, dans une Nation libre, dans un pays soumis à des Loix raisonnables, le Philosophe sera toujours un Citoyen actif, qui méditera pour ses Concitoyens, qui s'échauffera de l'amour de son pays, qui travaillera pour étendre la sphere de son bonheur. L'homme instruit est compté pour quelque chose dans un Pays bien gouverné; les Solon, les Platon, les Xénophon furent écoutés dans Athenes, & considérés de leurs compatriotes. Il n'en est pas de même d'un Gouvernement despotique, l'homme éclairé y est suspect, y passe pour un mauvais Citoyen; il n'est pour une administration insensée, qu'un Censeur incommode; & réduit à penser en secret, il se contente de gémir sur une Patrie gouvernée par des imprudents assez fous pour punir quiconque oseroit la servir.

§. IX. *La Politique doit songer à l'avenir.*

La Législation la plus sage ne peut prétendre qu'à pressentir les conséquences heureuses ou malheureuses des circonstances déjà connues; elle se prémunit alors contre les suites funestes qu'elles peuvent avoir; elle prépare des événements & jette d'avance les fondements d'un bonheur à venir. En voyant l'indolence & l'incurie criminelle de ceux qui gouvernent le monde; en voyant la légéreté coupable avec laquelle ils prodiguent & les hommes & les trésors dans des guerres inutiles & continuelles; en voyant l'impéritie, l'ineptie, l'étourderie avec lesquelles se font des Loix qui décident si souvent du sort présent & futur des Nations, on seroit tenté de croire que le hazard seul gouverne les hommes, que la prudence n'a rien de commun avec la Politique, que ceux qui reglent les destinées humaines ne songent pas au lendemain. Politique bien foible & bien frivole, que celle qui ne s'occuperoit que d'un bien-être présent. Elle doit prévoir & prévenir. Enfin sa sagesse doit remédier aux événements subits & inattendus qui menacent l'existence de l'Etat qu'elle gouverne.

§. X. *Les Loix doivent varier, en raison de l'étendue des pays.*

L'ÉTENDUE des pays & le nombre de leurs habitants doivent mettre une très-grande différence entre les Légiflations. Un petit Etat, renfermé, pour ainfi dire, dans l'enceinte d'une ville, dont tous les Sujets rapprochés fe connoiffent les uns les autres & font en quelque façon toujours fous les yeux du Souverain, dont les befoins & les maux lui font toujours connus, un tel Etat, dis-je, n'a pas befoin de Loix auffi féveres, auffi compliquées, auffi multipliées que celles d'un Empire dont la vafte circonférence fait que le mouvement imprimé par le centre s'affoiblit toujours à fes extrémités. Voilà pourquoi les grands Etats finiffent communément par tomber dans les fers du Defpotifme. Les hommes feroient bien plus heureux, fi l'étendue de leurs fociétés politiques étoit plus proportionnée aux forces naturelles de ceux qui les gouvernent.

Il féroit, peut-être, fort utile de partager & de morceler les grands Etats en diftricts ou provinces, afin d'en former une confédération réunie, foit fous un Chef, foit fous une affemblée générale de Repréfentans, compofée des Députés choifis par les affemblées particulieres de chaque Diftrict ou Province, tandis que ceux-ci feroient élus par les Citoyens de la même partition. Il y a lieu de croire qu'un tel arrangement préviendroit les inconvéniens attachés, foit à la grandeur démefurée, foit à la petiteffe extrême des Etats. Les petits trouveroient de la force dans la confédération générale, & les Peuples feroient exempts des malheurs fans nombre, &

de l'affreux defpotifme auquel les grands Etats font expofés. Il faut une grande force pour mouvoir de grandes maffes. Rien de plus rare & de moins permanent qu'un grand Etat fagement gouverné.

§. XI. *Objets de la Légiflation.*

LA Légiflation feroit parfaite, fi elle embraffoit tous les rapports de la fituation, de l'étendue, du fol, du climat, du tempérament, du génie, des mœurs & des idées des Peuples. Souvent ces chofes font très-peu d'accord entre elles ; il n'y a donc qu'une attention continuelle de la part de ceux qui gouvernent qui puiffe tenir une jufte balance au milieu du conflit des circonftances qui luttent fans ceffe les unes contre les autres. Si les loix d'une fociété ne peuvent pas être toujours les mêmes ; fi fes befoins varient ; le Gouvernement doit être occupé fans relâche à remonter une machine dont les refforts s'ufent à la longue ; il doit en fubftituer de nouveaux à ceux qui ont perdu leur activité.

UN Ancien a dit que *celui qui commande à tous doit être le plus fage de tous.* Les lumieres que procure l'expérience, donnent un afcendant néceffaire fur le commun des hommes ; cette fupériorité, fondée fur l'utilité, confere, pour ainfi dire, aux Citoyens les plus expérimentés & les plus vertueux, le droit de diriger ceux qui font moins inftruits. Commander eft alors un bienfait ; c'eft guider les pas des aveugles & des foibles. La Société ne peut, fans y trouver des avantages, confentir à foumettre fa conduite à ceux qui la gouvernent. Ainfi la Politique fuppofe des réflexions plus profondes, des vues plus étendues & une expérience plus consommée que celle du vulgaire occupé de travaux qui l'empêchent communément de méditer. Les Nations étant, comme on a vu, sujettes à des erreurs, à des accès d'enthousiasme, à des préjugés qui souvent tendent à leur ruine; leur sort est déplorable, sans doute, lorsque ceux qui les gouvernent sont eux-mêmes enivrés des idées fausses qui les aveuglent. La Politique doit être calme, exempte de passions & de préjugés; sans cela une Nation aveugle n'est conduite que par des aveugles qui marchent à leur perte.

§. XII. *Les mauvaises loix rendent les hommes méchans.*

La Législation suppose, dit-on, tous les hommes méchans; ne seroit-il pas plus vrai de dire que le mauvais Gouvernement les rend tels, que c'est lui qui fait éclore la plupart des vices, des passions, des opinions fausses dont ils sont infectés? Les hommes seroient & plus heureux & meilleurs, s'ils étoient plus sagement gouvernés : ils ne sont méchants, que parce qu'ils se trompent, & sur les objets dans lesquels ils placent leur bonheur, & sur les moyens de les obtenir.

La Politique ne doit pas étouffer l'intérêt personnel ou l'amour de soi qui anime tous les hommes, mais les faire tourner au profit de la Société : elle doit consulter le génie des Peuples qu'elle gouverne : elle doit adapter ses loix à leur tempérament. Des Peuples fiers, courageux & libres doivent être guidés par l'honneur, la considération, l'estime; des Peuples éclairés &

raiſonnables, par la raiſon. La fonction de la Politique eſt de diriger, de tempérer, de rectifier les paſſions & les opinions des Peuples; il ſeroit très-dangereux qu'elle en fût elle-même l'eſclave. Toute erreur eſt nuiſible aux hommes, cependant l'erreur même leur eſt ſouvent devenue chere: l'habitude les y retient; ce ſeroit les irriter, que de leur arracher de vive force les objets qu'ils ont coutume de reſpecter & de chérir. Les préjugés des Peuples exigent toute la prudence de ceux qui les gouvernent; on n'y touche pas ſans péril, ce ſont des plaies qui demandent à être traitées d'une main légere. Le Peuple eſt un malade que les remedes trop violents révolteront toujours; l'on ne doit les lui préſenter, que lorſque les palliatifs & les adouciſſants ont été vainement épuiſés. Quand les maux réſultants des préjugés ſont portés à l'excès & menacent le corps politique d'une diſſolution prochaine, les dépoſitaires de l'Autorité ſont quelquefois forcés de contraindre les Peuples à être heureux malgré eux-mêmes: ſemblables à ces malades, furieux tandis qu'on les opere, ils s'applaudiront enfin de l'utile rigueur qui les aura garanti de la mort.

§. XIII. *Remedes que la Politique doit employer. De l'Education.*

Mais, dira-t-on, quels ſont ces remedes doux qui agiſſent inſenſiblement, qui aident la Nature à ſe débarraſſer, ſans la bruſquer ou la traverſer dans ſa marche? Il n'en eſt point de plus ſûrs que l'Education & l'Inſtruction. Si l'Autorité permet aux Sujets de s'éclairer, ſi ceux qui ſont appellés aux emplois & destinés à veiller sur les Peuples se dégagent des préjugés, après en avoir connu les suites & les dangers, ils deviendront autant de digues contre l'impétuosité d'une foule aveugle & imprudente : les lumieres de la raison s'étendront de proche en proche, & peu-à-peu toutes les parties d'une Nation seront proportionnellement & suffisamment éclairées.

L'EDUCATION est, dans les mains de la Politique, le moyen le plus sûr d'inspirer aux Peuples, les sentimens, les talents, les idées, les vertus qui leur sont nécessaires. C'est dans un âge tendre que l'homme est disposé à recevoir les impressions qu'on desire ; c'est alors qu'il est important à la politique de se former des coopérateurs. Au lieu des idées abstraites & fatigantes dont on occupe communément les premieres années de la jeunesse, que l'on verse dans leurs ames la connoissance si simple de leurs devoirs naturels, les idées de la justice, & de la sociabilité, l'amour pour la Patrie, l'enthousiasme de la vertu, l'ambition d'être utile ; objets bien plus intéressants, sans doute, que des spéculations frivoles, & qu'une foule de connoissances stériles que l'on ne peut appliquer aux besoins de la Société. Les hommes ne sont malheureux, insociables & méchants, que parce qu'on néglige de les éclairer sur leurs vrais intérêts ; un mauvais Gouvernement ne fait que les diviser, les abrutir, les rendre insociables, séparer l'intérêt personnel de l'intérêt général ; en un mot, il seme le vice, & ne peut être surpris de ne point recueillir des vertus. De mauvaises Loix, des Gouvernements injustes, des institutions vicieuses, des usages extravagants, des superstitions fanatiques, inhumaines, intolérantes, insociables ne formeront jamais que des mauvais Citoyens.

§. XIV. *La Politique doit s'occuper des mœurs.*

C'EST à la Politique à former les mœurs des Nations ; elle doit leur inspirer les dispositions nécessaires à leur maintien, à leur sûreté, à leur prospérité. Si la population est un objet essentiel à l'Etat, la législation rendra chers & sacrés les liens du mariage. Elle intéressera des peres vertueux à former à l'Etat des Sujets fideles ; elle obligera les enfants à la subordination nécessaire pour recevoir les instructions que l'on voudra leur donner ; elle doit exciter à la reconnoissance, & châtier l'ingratitude qui étoufferoit dans les cœurs la bienfaisance, ce lien si doux des Sociétés. Elle encouragera les sciences, les arts & toutes les connoissances dont il résulte une utilité véritable : elle inspirera l'amour de la justice qui bannit d'entre les Sujets, la fraude, la tromperie, le mensonge & les vices dont l'effet est de mettre les hommes en garde les uns contre les autres. Il importe à l'Etat de commander à des hommes vertueux ; rien de plus difficile à gouverner qu'une Société dont les membres sont corrompus.

POUR corriger les hommes il faut rectifier leurs idées ; l'ignorance & les préjugés ne feront jamais que des pervers. La législation doit fixer l'opinion publique, & ne s'en laisser dominer, que lorsqu'elle est conforme à la raison ou au bien de la Société. Si l'opinion publique étoit vraie, elle seroit toujours juste, elle puniroit ce qui est mal, elle estimeroit ce qui est utile & bon ; la loi ne feroit que confirmer ſes jugements, & tous les Citoyens ſeroient puiſſamment invités à la vertu & détournés du vice.

En un mot, le Gouvernement doit ſonger à former des corps ſains & robuſtes ; il y parviendra en procurant l'abondance, & l'aiſance, en accoutumant à l'exercice, en rendant le pays ſalubre. Il formera les cœurs de ſes ſujets en leur faiſant enſeigner une morale ſaine, en leur rendant la vertu habituelle, en effrayant le vice & récompenſant les actions louables ; enfin le Gouvernement leur formera l'eſprit, en leur faiſant donner l'inſtruction & les connoiſſances néceſſaires au ſoutien de l'Etat. Rien de plus étonnant que l'indifférence honteuſe que montrent la plupart des Gouvernemens modernes ſur des objets ſi importans ; il n'eſt pas, je le répete, un ſeul pays en Europe, où la Politique s'occupe ſérieuſement de l'éducation des Citoyens. Nous ne voyons nulle part ni de Gymnaſtique pour exercer le corps, ni de vraie Morale pour former le cœur : quant aux ſciences, elles paroiſſent réſervées à quelques Citoyens obſcurs que l'Etat n'appelle jamais à ſes conſeils. Eſt-il donc ſurprenant de voir par-tout chez les modernes, des hommes ſans forces, ſans lumieres & ſans vertu. Malgré les connoiſſances dont nous nous vantons, la ſcience du Gouvernement n'eſt encore que très-peu avancée.

§. XV. *Elle doit former des hommes d'Etat.*

Si le grand art de la Politique conſiſte à veiller aux beſoins de l'Etat, l'Education ſeule lui formera, pour ainsi dire, une pépiniere de Citoyens tels qu'elle peut les desirer. En consultant les circonstances de la Patrie, elle pourra tourner les vues des jeunes Citoyens tantôt vers l'agriculture, tantôt vers le commerce, tantôt vers l'art militaire. Un des vices les plus fâcheux de la plupart des Gouvernements, est la négligence des Souverains à former des hommes propres à les soulager dans les détails de l'administration. On diroit que le choix d'un Monarque, très-souvent incapable, suffit pour donner à ses Sujets, les talents, les connoissances, les lumieres nécessaires pour remplir les emplois les plus difficiles. Est-il donc surprenant de voir les Nations gouvernées à l'avanture, réglées par le hazard ? Dans un grand nombre d'Etats, les postes les plus éminents sont communément occupés par des hommes qui n'ont pour eux que de la naissance, un nom illustre & peu digne de l'être, la faveur d'un Prince hors d'état de rien juger, l'intrigue & la cabale d'une cour qui craint & déteste le vrai mérite.

C'est une erreur de croire que l'esprit suffise pour faire un Ministre, un homme d'Etat. L'esprit sans la prudence, sans l'expérience, sans la probité est souvent une arme dangereuse. Une imagination emportée se livre à des écarts funestes. L'esprit d'un homme pervers est un esprit destructeur. L'homme d'Etat doit avoir l'esprit de son métier, qui est un esprit d'ordre, de sagesse & d'équité.

Mais trop souvent, hélas ! ceux qui gouvernent ne se donnent pour coopérateurs que des Citoyens tout neufs sur la science de l'administration

tration, & totalement dépourvus des qualités que leurs postes exigent ? Les Peuples sont moins souvent les victimes du sort, que de l'incapacité de ceux que les Souverains mettent à la tête des affaires. S'il existe des écoles, c'est tout au plus pour former des guerriers ou pour prendre une teinture superficielle de la science ténébreuse que l'on a décorée du nom de *jurisprudence* ; il n'en existe aucune pour le Citoyen qui veut apprendre l'art de négocier, la science du commerce, l'administration des finances, les vrais besoins des Peuples, en un mot, la Politique. Des Ministres incapables, guidés par une routine toujours aveugle ; se transmettent les uns aux autres, un pouvoir qu'aucun d'eux ne sut jamais exercer ; des préjugés anciens les guident & sont sacrés à leurs yeux ; ou bien chacun s'écarte à volonté du plan que l'on suivoit avant lui. Nulle suite dans l'administration, nulle liaison dans les projets, nulle prévoyance, nulle ressource contre les événements imprévus.

Ouvrez différentes carrieres aux Citoyens ; que chacun, dès sa jeunesse entre dans celle qu'on lui destine ou qu'il préfere ; que celui qui s'y distingue par ses talens & par ses mœurs, soit assuré de parvenir un jour au but où ses travaux promettent de le conduire. Que l'esprit qu'on inspire au Guerrier ne soit pas celui du Magistrat ; que l'instruction du Négociateur differe de celle de l'Artisan ; que l'éducation de l'homme du monde, ne soit point celle d'un reclus ou d'un Prêtre. Que tous apprennent à servir la Patrie, mais que chacun apprenne à la servir diversement.

Si la puissance d'un Etat dépend de l'esprit

dont les Peuples sont animés, si sa force n'est due qu'à la réunion de leurs volontés, on ne sauroit, de trop bonne heure, inspirer aux Sujets, les sentiments que l'intérêt & les besoins de la Nation exigent. C'est dans la jeunesse que l'on peut exalter les ames, leur inspirer le goût des grandes choses, la passion du bien public, l'amour de la Liberté ; c'est alors qu'on peut leur apprendre à craindre plus le mépris que l'indigence, la honte que le danger, l'infamie que la mort. C'est alors qu'on peut leur enseigner à préférer le mérite à l'opulence, les talents à la naissance, la vertu aux dignités. Une jeunesse ainsi formée opposera, dans l'âge mûr, une barriere insurmontable aux ennemis de son Pays.

§. XVI. *Equilibre de la Politique.*

La Politique doit tenir la balance entre les objets nécessaires à la conservation de l'Etat ; sa prudence appuiera sur les choses les plus importantes relativement à la position de la Société. Mais comme ses besoins sont variés & sujets à changer, elle empêchera qu'en détruisant l'équilibre, une partie n'entraîne & n'absorbe toutes les autres : ainsi l'éducation doit se prêter aux tems & aux circonstances.

Pour avoir méconnu ces vérités, l'on voit une foule d'abus & de maux assiéger les Etats. C'est ce défaut d'équilibre qui fait que les Nations sont souvent forcées de décliner & de tomber tout-à-fait. Un Gouvernement Militaire ne pense qu'à former des Soldats ; par cette Politique la population diminue, l'agriculture est négligée, le commerce est méprisé ou opprimé.

La navigation & le commerce ſont-ils les objets favoris d'une Nation ? Alors la partie militaire devient plus foible, & ſouvent ſa ſûreté eſt ſacrifiée à la paſſion d'acquérir des richeſſes qui, quand elle n'eſt pas contenue dans des juſtes bordes, engourdit & corrompt les cœurs des Citoyens. Examinons ces différents objets.

§. XVII. *De la Population.*

La Population doit être, de l'aveu de tous les Politiques, le principal objet de tout Gouvernement ; cependant, par le délire des Souverains, il eſt ſouvent le plus négligé. En liſant les annales du genre humain, l'on eſt frappé de voir à quel point le nombre des hommes eſt diminué dans la plupart des Etats. A peine oſons-nous ajouter foi aux dénombrements faits du tems de nos ancêtres ; il eſt au moins certain que l'Aſie mineure & l'Egypte jadis ſi peuplées, la Grece, l'Italie, les Gaules, l'Eſpagne, le Nord, qui fut autrefois nommé *l'Officine des Nations*, ne nous montrent aujourd'hui que des contrées déſertes, & par conſéquent des campagnes foiblement cultivées. A la vue de ce ſpectacle douloureux, on ſeroit tenté de croire qu'un jour l'eſpece humaine ſera forcée de diſparoître, non par les révolutions de la Nature, mais par celles que produiſent les folies de ſes maîtres. L'homme eſt de tous les ennemis le plus dangereux pour l'homme. L'ambition des Princes eſt, dans les mains du fort, l'inſtrument le plus efficace de la deſtruction des Peuples.

§. XVIII. *Causes de la Dépopulation.*

PLUSIEURS causes ont concouru à cette Dépopulation de la terre ; presque par-tout ces causes se sont donné la main pour ravager plus sûrement les Nations. Le Despotisme a successivement établi son empire destructeur sur toutes les parties de notre globe ; en rendant les Peuples malheureux, il étouffa souvent en eux le vœu de leur nature qui les invite à se multiplier : on ne multiplie point où l'on ne cultive point ; on ne cultive point où l'on est opprimé ; un Gouvernement violent & négligent n'invite point l'homme à travailler ; il ne songe pas à écarter de ses Sujets, les pestes, les maladies, les famines, fruits ordinaires des contrées incultes, des eaux dormantes, des exhalaisons dangereuses, de la stagnation de l'air que des déserts arides & des forêts multipliées empêchent de circuler. Un mauvais Gouvernement anéantit & la population, & la culture, & la salubrité des Etats.

LES guerres atroces & continuelles dans lesquelles les Souverains ambitieux entraînerent les Nations, furent & seront toujours pour elles une source féconde de destructions : rien de plus fatal pour les hommes que cette facilité malheureuse avec laquelle ils sont toujours entrés dans les querelles futiles des Souverains. La terre fut continuellement arrosée de sang, pour assouvir les passions inquietes & turbulentes de quelques Héros détestables qui semblent en tout tems avoir juré la perte des Peuples. Les Rois ne se crurent puissants, que lorsqu'ils eurent des armées innombrables fur pied. La vie remuante & précaire du foldat, fa pauvreté, fes marches continuelles ne lui permettent gueres le lien du mariage ; que dis-je ? il lui eft fouvent interdit par les ordres de fes Maîtres, qui craignent d'en faire un Citoyen.

Les armées trop nombreufes font, non feulement une caufe de dépopulation, mais encore ces armées deviennent inutiles & nuifibles à leur pays. Dès que la guerre eft finie, le foldat tombe dans l'oifiveté. Il ne fait que fe battre, & fier de fon métier, il fe croiroit déshonoré, s'il s'occupoit utilement.

La fuperftition plus forte que la Nature, que la Politique, que les Rois, doit encore être mife au rang des caufes de la dépopulation d'un grand nombre d'Etats. La Religion Romaine, plus ennemie du bien public, plus contraire à la faine Politique, femble furtout avoir formé le projet de dépeupler l'univers : elle attache, on ne fait quelle perfection, au *célibat ;* elle fait un mérite à l'homme de fe refufer le plaifir de produire fon femblable, & fouvent encouragée par la dévotion des Princes, elle remplit les Nations d'hommes oififs & inutiles qui contens de dévorer les Etats, où ils vécurent en pélerins, fe firent un mérite de mourir fans poftérité. Nous ne parlerons point ici des guerres de religion, les plus cruelles de toutes, dans lefquelles les Sujets d'un même Etat furent excités par leurs Souverains & leurs Prêtres, à s'égorger les uns les autres pour des opinions impertinentes. Le monde voit depuis un grand nombre de fiecles des millions de victi-

I 3

mes immolées à la ſuperſtition des Princes & à l'orgueil du Clergé.

Le commerce, deſtiné dans ſon origine à ſatisfaire les beſoins véritables des Nations, alluma peu-à-peu en elles une ſoif immodérée des richeſſes, & leur créa des beſoins factices qu'elles ne purent ſatisfaire, qu'aux dépens de leur population : la navigation & le commerce, devenus les paſſions dominantes des Nations Européennes, immolerent chaque année des milliers de matelots au Dieu des richeſſes, & firent perdre à la Patrie par des voyages de long cours dans des climats peu ſains, une foule de Sujets dont le trépas ne ſervit qu'à fournir à leurs Concitoyens, des marchandiſes dont ils auroient dû ſe paſſer. Des hommes laborieux ne ſont-ils pas plus précieux à l'Etat, que les rares denrées des deux Indes?

§. XIX. *Remarques ſur le même ſujet.*

Une ſage Politique doit maintenir l'équilibre dans la population même ; celle-ci doit ſe proportionner à la richeſſe du ſol, à la culture, à l'activité des habitans. Si la choſe étoit poſſible, à quoi pourroit ſervir de peupler une terre ingrate, incapable de nourrir ſes colons? Il n'y a que le Deſpotiſme qui ait l'extravagance de vouloir une population nombreuſe ſur une terre qu'il rend ſtérile ; il ne veut des hommes que pour en faire des mendiants à charge à la Société. Le Deſpotiſme ne connoît ni le prix ni l'emploi des hommes. Le Tyran croit ſes Etats peuplés, quand il y voit un grand nombre de fainéants & de malheureux dont il ne ſait que faire,

& qui communément n'ont de ressource que dans le crime.

Les villes se peuplent toujours aux dépens des campagnes. Les champs doivent nourrir l'Etat, les villes ne sont que des entrepôts destinés à fournir aux cultivateurs, les choses dont ils ont besoin. Rien de plus opposé à une sage Politique, que des villes immenses qui finissent par absorber toutes les richesses & les habitans de l'Etat. Constantinople est habitée par un peuple innombrable, que la rigueur du Gouvernement oblige à chercher dans la capitale, un azile contre la Tyrannie qui désole les campagnes; ainsi que toutes les villes de l'Empire Ottoman, elle est presque sans cesse exposée aux famines & à la peste qui en est la compagne assidue.

Les hommes ne doivent point être déplacés, & les richesses sont faites pour circuler librement dans un Corps Politique bien constitué; les villes trop grandes sont des obstructions qui font naître des humeurs vicieuses & qui finissent communément par engloutir la substance, & par intercepter la circulation de son sang. La vie occupée de l'habitant des campagnes l'expose moins aux vices qui sont l'appanage des sociétés nombreuses. La solitude, des besoins modiques, une vie paisible rendent l'homme honnête, l'attachent à sa compagne, favorisent la population & l'occupent de sa progéniture.

Dans les villes, les besoins, les passions, les vices qui séparent l'homme de l'homme se multiplient; les oisifs se trouvent irrésistiblement entraînés au désordre; leur esprit & leurs corps s'y dérangent. Une ſage Politique doit rendre la vie champêtre agréable à ſes Sujets ; ils ſeront heureux & ſatisfaits, toutes les fois que la douçeur du Gouvernement les laiſſera jouir en paix des fruits d'un travail modéré ; ce travail ſuffira toujours pour ſatisfaire des hommes dont les déſirs ſeront bornés & raiſonnables, & que la contagion des villes n'aura point énervés & rendu inſatiables. Par ce moyen la terre ſera cultivée ; l'intérêt forcera le laboureur à redoubler d'activité ; le Gouvernement ſecondera ſes efforts par des routes faciles, par des travaux publics, par des canaux, par les inventions de l'art, & ſur-tout par des récompenſes. Quelque reſſource que l'on emploie, l'agriculture ne peut être que très-foible, tant que le Gouvernement ſouffrira que les vexations des Grands, que les impôts arbitraires, que le mépris inſultant décourage le laboureur ; l'oppreſſion lui fait abandonner le champ qu'il a reçu de ſes peres.

§. XX. *De l'Agriculture.*

TOUT eſt lié dans un Etat. L'agriculture exige pour ſes travaux, un grand nombre de beſtiaux ; la terre a beſoin de labour & d'engrais ; les engrais forment les prairies ; les prairies nourriſſent les beſtiaux & les troupeaux ; ceux-ci ſuppoſent du commerce, des manufactures & de la conſommation ; mais le commerce & la conſommation ſuppoſent de l'aiſance dans le cultivateur ; celui-ci n'eſt attaché à ſa glèbe qu'en raiſon des avantages que ſa glèbe lui procure : le ſerf cultivera toujours négligemment.

CELA ſuffit pour nous prouver la folie tyrannique de ces Gouvernements qui, sous prétexte de rendre le paysan plus docile, l'accablent tellement d'impôts qu'il ne jouit d'aucune aisance, ne se nourrit point sainement, trouve à peine de quoi se vêtir, & finit par négliger une terre qui, malgré son travail, ne peut jamais le tirer de la misere. Tout pays devient égal à un homme qui se nourrit de pain & d'eau, qui couche sur la terre, qui n'est ni vêtu, ni logé, ni nourri; c'est la rigueur de l'impôt qui détruit l'agriculture & qui parvient à dégouter le paysan du travail: on ne peut rien tirer de l'homme qui n'a rien. Le cultivateur découragé devient un mendiant. Le nombre des mendiants annonce un Gouvernement négligent & cruel; c'est la preuve indubitable d'un vice dans l'administration, lorsque des hommes sains, en travaillant, ne peuvent point subsister.

On voit donc que la population fait naître & augmente l'agriculture; plus un Etat a de Sujets, plus ils sont obligés de forcer la terre à devenir généreuse. Cependant de même que la culture, la population a des bornes. Plus un Peuple est heureux, plus il se multiplie; il peut même à la fin augmenter à un tel degré, que son sol ne puisse plus fournir à ses besoins: c'est alors que l'on peut songer à former des colonies qui, subordonnées à l'Etat & sans se séparer de lui, contribuent à sa force.

§. XXI. *Des Colonies.*

La formation des Colonies fut chez les Européens la suite d'une passion effrénée pour les richesses, qui souvent a dépeuplé des monarchies florissantes. Rien de plus insensé, que de former des colonies, dans le tems où la métropole manque elle-même de sujets. L'Espagne déja dépeuplée par des guerres, par la superstition, par l'intolérance, par les vices de son Gouvernement, s'est vu réduite à la foiblesse, à l'inertie la plus honteuse, à l'indigence même, pour aller faire des conquêtes & des établissements dans un nouveau monde dont elle détruisit d'abord les naturels, pour se priver ensuite elle-même de ses anciens habitants. En interdisant à tous ses sujets la sortie de l'Empire, la Chine est tombée dans un excès opposé: malgré l'industrie presqu'incroyable des Chinois, la famine fait des ravages inouis dans cette Nation trop peuplée; mais aveuglément attachée aux institutions de ses peres, elle est forcée de remédier par des usages barbares à une population dont l'excès lui devient souvent funeste. Les Suisses, sous un Gouvernement modéré, sont forcés de vendre le sang de leurs Concitoyens aux Puissances turbulentes de l'Europe, pour se débarrasser des Sujets dont l'abondance affameroit leur pays montueux & stérile. Leur Politique ressemble à celle de ces commandants d'une place forte assiégée qui font faire des sorties à leurs troupes, pour diminuer le nombre des consommateurs.

Les Colonies sont utiles, lorsque la Métropole renferme un plus grand nombre de Citoyens qu'elle n'en peut nourrir & rendre heureux. En établissant des Colonies, les Nations doivent se proposer de former un nouveau Peuple d'Alliés & de Concitoyens. Mais pour parvenir à ce but, il faut que leurs intérêts se confondent; il faut que la Colonie jouisse des mêmes avantages que la Métropole: il faut que celle-ci se souvienne que c'eſt pour leur propre bien-être que les hommes travaillent, & qu'ils ne conſentiront point à travailler pour elle, ſi de ſon côté elle ne leur procure des avantages réels. Le maintien de cette harmonie entre une Nation & ſes Colonies exige la plus grande prudence.

Les Nations Européennes ne paroiſſent pas juſqu'ici s'être formé des idées bien préciſes de la nature & des droits de leurs Colonies ; elles n'ont regardé leurs Colons que comme des enfants perdus, peu dignes de leurs ſoins & de leurs ſecours, & dès qu'elles ſe ſont apperçu que ces colons commençoient à proſpérer par leur propre induſtrie ou à voler de leurs propres aîles, guidées par leur avidité, les métropoles ont communément prétendu ſoumettre leurs Colonies à des monopoles odieux, à des vexations ſans nombre, à des gênes capables de les révolter, ou du moins d'anéantir leur activité. Les Nations les plus libres qui devroient le mieux connoître, & les droits de la liberté, & leurs propres intérêts, ne ſont pas à l'abri de ce reproche ; elles ont cru que la *maternité* donnoit le droit d'opprimer ou du moins de continuer à conduire par des liſieres incommodes, des enfans devenus grands & capables de ſe conduire eux-mêmes. Une colonie, tant qu'elle eſt foible & peu nombreuſe, demeure facilement dans la dépendance de ſa Métropole, mais dès qu'elle s'augmente & commence à ſentir ſes forces, elle connoît le prix de la liberté, néceſſaire à ſon bonheur. Cette ſéparation eſt encore bien plus prompte lorſque la Métropole veut tyranniſer le commerce & l'induſtrie de la Colonie ; ſur-tout quand celle-ci ſe trouve trop éloignée, trop étendue, capable de ſe paſſer de ſecours. Plus les parents ſont tyranniques, & plus les enfans ſe preſſent de ſe ſouſtraire à leur autorité. Une Métropole qui ſe conduit en marâtre, doit s'attendre à trouver des enfans rebelles dans ſes Colons. Toute Colonie fait une Nation à part, qui méconnoît ſon origine, dès qu'elle eſt mécontente & aſſez forte pour ſe rendre indépendante.

Que les Princes de la terre laiſſent leurs peuples jouir de la paix; qu'ils les rendent fortunés. L'agriculture, l'induſtrie, la population augmenteront de plus en plus dans leurs Etats; mais il viendra un tems où la Politique, qui toujours doit ſe prêter aux circonſtances, ſera forcée de céder aux efforts de la néceſſité; trop d'embonpoint peut nuire à une Nation comme aux individus. C'eſt alors ſeulement que l'on peut ſonger à former des Colonies. Des Peuples gouvernés avec juſtice, libres & paiſibles ſe multiplieront bientôt, travailleront avec ardeur, auront de l'induſtrie & de l'activité, répareront les pertes que la fureur des guerres, que les coups même du ſort leur auront fait éprouver.

Que les Souverains connoiſſent donc enfin le prix de l'homme; qu'ils ceſſent de prodiguer ſon ſang; qu'ils ſecondent les efforts qu'il fait, dès qu'il en a la liberté; qu'ils n'en attendent plus rien dès qu'ils lieront ſes mains. La liberté eſt néceſſaire à l'homme; ſans elle il ne travaille que foiblement, il ſe multiplie à regret; il n'oſe ſe livrer à l'induſtrie; en un mot, il ne peut jouir d'aucuns des bienfaits de la Nature. Un Gouvernement inique ou négligent eſt-il en droit de ſe plaindre du défaut d'agriculture & de population? N'est-ce pas lui qui fait des déserts? N'est-ce pas lui qui étouffe dans l'homme le desir de se multiplier?

§. XXII. *De l'Impôt.*

Les Impôts sont un des objets les plus importants dont la Politique doive s'occuper; ils sont continuellement une source de démêlés entre le Souverain & les Sujets. Les Chefs des Nations, uniquement occupés à satisfaire leurs propres passions ou l'avidité imprudente de ceux qui guident leurs conseils, croient avoir tout gagné, dès que par la force ou la ruse ils sont parvenus à attirer dans leurs mains la plus grande partie des richesses de leurs peuples. Le secret d'augmenter les impôts est pour la plupart d'entre eux le chef-d'œuvre de la Politique. Les Peuples, d'un autre côté, ne se privent qu'à regret des fruits de leurs travaux: chaque homme par sa Nature se préfere à tous les autres; il aime bien mieux s'appliquer à lui-même les avantages dont il jouit, que d'en sacrifier une partie au bien du corps dont il est membre; l'intérêt qui l'attache à la Société ne se montre communément à lui, que dans une espece de lointain; & souvent il ne sent point ce qu'il doit à sa Patrie. Une Politique guidée par l'équité parvient à rendre moins onéreux aux Sujets, les sacrifices nécessaires de leur propriété particuliere. Plus les Peuples seront affectionnés à leur Gouvernement, plus ils auront de confiance en lui; plus il leur procurera d'avantages, & plus ils seront disposés à lui faire des sacrifices. Dans un pays où regne une juste liberté, où le Souverain n'a d'autres intérêts que ceux de ses Peuples, où les deniers publics ne s'exigent que pour le maintien & la sûreté de la Nation, les Sujets fournissent sans répugnance de quoi remplir des objets dont ils ressentent l'utilité. Le desir de retenir son argent, est alors contrebalancé par l'intérêt de sa propre conservation, liée à celle de la Société. Les impôts sont toujours proportionnés à la bonté du Gouvernement, à la richesse de la nation, aux avantages dont elle jouit. S'il est des pays où l'on ne paie que de foibles impôts, cela vient à coup sûr, soit de l'ingratitude du sol, soit d'un Gouvernement négligent ou cruel qui ne procure aucuns avantages à ses Sujets. Dans la plupart des Etats libres les impôts sont très-forts; le commerce y amene des richesses plus également réparties, & la liberté dont les Sujets jouissent les dispose à contribuer plus gaiement & plus facilement à l'intérêt général.

§. XXIII. *Des conditions de l'Impôt.*

L'IMPÔT doit être universel, c'est un fardeau destiné à être porté par tous les Sujets; les exemptions de ce genre mettent entre les Citoyens une inégalité aussi injuste qu'affligeante, qui n'est communément favorable qu'à ceux qui sont le plus en état de secourir la Nation. Mais par une absurdité tyrannique, les hommes les plus riches de l'Etat sont communément ceux que l'impôt menage le plus, le fardeau tombe sur le malheureux. Le cultivateur, qui fait vivre la Société, communément très-indigent sous un mauvais Gouvernement, est soumis à des taxes souvent très-arbitraires dont le noble opulent est totalement exempté : quels infâmes privileges que ceux qui sacrifient cruellement les misérables aux intérêts des plus fortunés!

L'IMPÔT doit être fixe ; tout Citoyen doit ſavoir avec préciſion ce qu'il eſt obligé de contribuer : les impôts arbitraires ſont une ſource de vexations & d'abus ; ils fourniſſent un champ immenſe à l'injuſtice, à la vengeance, à l'envie, à la cupidité, aux paſſions.

L'IMPÔT doit être proportionné aux facultés de chaque Citoyen, aux avantages dont l'Etat le met à portée de jouir, & ſur-tout aux beſoins réels de l'Etat : il n'aura plus de bornes, dès qu'il dépendra des fantaiſies & de l'avarice des hommes qui gouvernent. Dès que l'impôt excede les juſtes bornes, le Sujet eſt découragé ; il cherche à éluder la Loi, ou bien il quitte ſon travail & ſouvent ſa Patrie.

LA perception de l'impôt doit être ſimple & facile, & ne tomber que ſur des objets ſenſibles ; une perception compliquée eſt une vexation inutile ; elle augmente le poids de l'impôt ſans avantage pour le Gouvernement ; elle ne ſert qu'à enrichir aux dépens du Peuple, des hommes qui lui ſont odieux parce qu'il les regarde comme les inſtruments de ſon malheur.

L'IMPÔT ſur les productions de la terre devroit peut-être ſe percevoir en nature, & non pas en argent. La pareſſe & l'avidité des Gouvernements ne connoiſſent que l'argent ; mais les Gouvernements n'ont-ils pas beſoin de denrées pour la ſubſiſtance des armées ? Le ſuperflu des grains ne peut-il pas ſe vendre & ſe convertir en argent ? Enfin l'impôt en nature ne pourroit-il pas s'affermer, ſi le Gouvernement eſt trop indolent ou trop preſſé pour le percevoir lui-même ? Il paroît au moins certain que l'impôt en nature seroit plus facile à percevoir sur le champ & sans fraude, que l'impôt en argent, vû que le Cultivateur n'a pas toujours pu trouver le débit promt de sa denrée ; s'il est pauvre, la nécessité de payer ses impôts en argent, l'oblige de vendre à tout prix, l'empeche d'attendre des occasions plus favorables, & de se tirer ainsi de sa misere.

L'IMPÔT sur les consommations doit respecter les productions nécessaires à la subsistance du Citoyen ; il ne doit s'appesantir que sur les besoins factices ou sur les fantaisies que la vanité du riche multiplie à chaque instant.

CE n'est qu'avec la plus grande précaution que l'on doit mettre des impôts sur le commerce ; c'est un enfant volontaire qui s'effarouche & disparoit, dès qu'on gêne sa liberté. Les impôts trop incommodes sur les choses nécessaires à la vie, font des infracteurs d'un grand nombre de Sujets, & l'Etat est totalement frustré des ressources qu'espéroit son avidité.

L'IMPÔT ne devroit jamais tomber sur les productions du pays que l'on transporte à l'Etranger ; sans cela il décourage l'agriculture, les manufactures & nuit aux objets qu'une Politique sensée doit toujours favoriser.

§. XXIV. *De la Richesse de l'Etat.*

POUR que le Souverain tire des impôts de ses Peuples, il faut qu'il leur procure des richesses. Nul Gouvernement ne peut jouir de l'opulence, tant

tant que ses Sujets languissent dans la pauvreté ; ils seront pauvres & découragés, tant que ceux qui les gouverneront mettront des entraves à leur industrie, ou par des impôts arbitraires, injustes, excessifs, les puniront de leur travail. La liberté est essentielle à l'Etat que l'on veut enrichir. Mais dans une Nation riche les vices se multiplient ; si l'argent est le nerf des Etats, souvent entre les mains d'un Gouvernement déraisonnable, il devient l'instrument de leur destruction. Les Nations, comme les particuliers, abusent de leur opulence ; souvent elles dissipent leurs richesses en dépenses frivoles & inutiles qui n'ont pour objet réel que de satisfaire la vanité de leurs Chefs. Enfin ces richesses deviennent le mobile unique dont un Gouvernement peut se servir pour mettre en jeu les passions des hommes. Alors le luxe s'introduit, & il conduit les Etats plus ou moins lentement vers leur dissolution. La Politique doit donc sagement contenir la passion pour les richesses dans le cœur des Citoyens. Il n'y a qu'une vigilance extrême qui puisse prévenir ou du moins éloigner les maux que cette passion entraîne.

§. XXV. *De la Richesse acquise par la guerre.*

LES sociétés, comme les individus, souffrent avec peine la pauvreté ; comme eux, elles la trouvent plus affreuse encore, lorsqu'elles comparent leur indigence propre avec les richesses, les commodités & l'éclat des Nations qui les environnent : alors l'envie, la jalousie & le desir de les égaler s'emparent d'elles ; les passions, par une pente naturelle, vont toujours en croissant, & finissent par ne plus connoître de frein & de limites. Il n'eſt pour les Nations que deux moyens de s'enrichir, la conquête & le commerce. Les Peuples riches furent toujours forcés de ſuccomber ſous les efforts des Peuples pauvres & belliqueux. L'Aſie devint la proie des Macédoniens. Rome, enrichie des dépouilles de la terre, fut dépouillée à ſon tour par les guerriers indigents & ſauvages que le Nord avoit vomis de ſes flancs glacés. Le Chinois & l'Indien ſont tombés ſous les coups du Tartare vagabond. La conquête eut toujours un attrait puiſſant pour les hommes; elle favoriſa leur pareſſe, & leur procura promptement ou par un effort ſubit, les richeſſes que les ſoins & les travaux des autres avoient accumulées pendant des ſiecles. Le motif du Conquérant eſt communément l'ambition, le deſir de la gloire; le mobile de ſes ſoldats eſt l'appas du butin. Le Dieu des richeſſes a pour le moins autant de pouvoir ſur les guerriers, que le Dieu des combats.

§. XXVI. *Du Commerce.*

Le Commerce eſt la ſeconde voie qu'une Nation ait pour s'enrichir : il ſe diviſe en *intérieur* & *extérieur*; le premier a lieu entre les Sujets d'un même Etat, qui échangent entre eux les fruits de leur induſtrie. Sous un même Gouvernement, une Province peut être ſouvent dans la diſette, tandis qu'une autre nage dans le ſuperflu. L'objet d'une Politique également attentive pour tous ſes Sujets, doit être de faciliter ces échanges ſi néceſſaires à la conſervation & au bien-être de la Société totale : il n'y a qu'une politique inſenſée ou criminelle qui interdiſe aux Sujets d'un même Etat, la liberté de commercer avec leurs Concitoyens. Une telle conduite est faite pour décourager l'agriculture : elle ne peut être fondée que sur des monopoles odieux : elle prive les membres d'une même société de leurs besoins : elle enrichit quelques particuliers aux dépens du grand nombre. La politique devient une tyrannie, dès qu'elle procure le bonheur de quelques Sujets par le malheur du reste.

LE Commerce extérieur consiste dans les échanges qu'une Nation fait avec d'autres Nations. Un Peuple qui possede soit un sol plus étendu, soit des terres que la Nature & l'industrie ont rendu plus fertiles, en un mot, qui lui fournissent au-delà de ses besoins, est en état de porter à d'autres Peuples moins favorisés ou moins industrieux, les productions de son terrein. Ce Commerce est connu sous le nom *d'exportation*. En échange une Nation reçoit, ou des productions utiles à elle-même, dont elle manque, ce qui s'appelle *importation*, ou des métaux précieux que les hommes sont convenus de regarder comme les signes de la richesse. La même inégalité que la Nature a mise entre les individus de l'espèce humaine, se trouve aussi entre les Sociétés. Toutes les nations ne jouissent point d'un même climat, d'un même sol, toutes n'ont ni la même industrie, ni les mêmes productions. Elles sont donc pour leurs besoins, dans une dépendance reélle qui les rend utiles ou nécessaires les unes aux autres. D'où l'on voit que le Commerce est un lien commun qui rapproche les Nations les plus éloignées, qui établit entre elles des rapports & des devoirs, trop souvent méconnus par des Commerçants avides & armés. Par la conduite qu'ont tenu presque toujours les Européens avec les Peuples dont ils ont fait la découverte, on diroit que les premiers, plus insensés & plus inhumains que les Sauvages les moins policés, ont regardé les hommes que la Nature avoit placés loin d'eux, comme des bêtes que l'on pouvoit tromper, dépouiller, égorger sans scrupule : au moins est-il certain qu'ils ont rarement songé à s'en faire des amis ou des alliés. Rien de plus cruel au monde, que le commerçant excité par sa rapacité, dès qu'il devient le plus fort, & lorsqu'il est sûr que les crimes utiles seront applaudis par son pays.

§. XXVII. *De la Puissance donnée par la Richesse.*

L'opulence d'une Nation augmente en raison de ses productions superflues, de la fertilité de ses terres, de l'industrie avec laquelle ces terres sont cultivées & sur-tout proportionnellement au besoin que les autres Nations auront de ses productions, & du peu de besoin qu'elle-même aura de celles des autres. Par ce Commerce avantageux ou par ces échanges, elle attire dans ses mains, une plus grande quantité des signes de la richesse que les Peuples avec qui elle traite; & comme ces signes sont pour toutes les Nations, la mesure de l'opulence, de la puissance, de la félicité, elle prend un ascendant nécessaire sur les autres. Toutes ont besoin d'elle, tombent dans sa dépendance ou lui portent envie.

Je dis que cette supériorité devient nécessaire, parce que les signes qui représentent les richesses procurent aussi du pouvoir. L'argent fait sortir des armées du sein des Nations pauvres; elles vendent aux Peuples riches le sang & la vie de leurs Sujets : l'argent couvre les mers de vaisseaux ; il applanit les négociations ; il facilite les traités ; il corrompt les Princes & leurs Ministres, & souvent son éclat les aveugle même sur leurs intérêts les plus marqués. Enfin le besoin que tous les Peuples en ont, ou croient en avoir, les met dans la dépendance de ceux qui sont en état de satisfaire leur passion pour l'argent.

§. XXVIII. *Le Commerce doit être libre.*

Ce qui vient d'être dit, nous prouve qu'une Nation, pour faire un commerce avantageux, doit commencer par songer à tirer parti des productions de son propre sol. Elle ne peut y parvenir sans une population nombreuse qui, comme on l'a fait voir, ne peut être le fruit que de la liberté & d'une administration raisonnable. Si la liberté fait naître le Commerce, elle n'est pas moins nécessaire pour l'entretenir : fondé sur la passion que les hommes ont de rendre leur existence plus heureuse, il ne veut point être gêné sur les moyens. Une sage Politique permet à ses Sujets de s'enrichir de la maniere qu'ils jugent la plus conforme à leurs intérêts ; l'expérience suffit pour rectifier les erreurs en ce genre. Une Nation entiere, dès qu'elle sera libre, ne fera pas long-temps un Commence désavantageux ; la prudence du grand nombre remédiera bientôt aux fautes des particuliers. Rien de plus délicat que le Commerce ; pour peu que l'Autorité cherche à lui donner des entraves, il s'éclipse totalement ; c'est un fleuve que les digues qu'on lui oppose forcent à se creuser un nouveau lit ; il est rare qu'il reprenne celui qu'il a été une fois contraint d'abandondonner. Privez le Commerce de liberté, chargez-le d'impôts arbitraires; & bientôt, ou vous l'étoufferez, ou de tous vos Sujets vous ferez des infracteurs : vous serez obligé de les contenir par des voies si coûteuses, qu'elles absorberont les profits que votre avidité prétendoit obtenir.

En un mot, le Commerce exige la liberté la plus entiere; plus le Commerce sera libre, & plus il s'étendra. Le Gouvernement n'a rien à faire pour le marchand, que de le laisser faire. Son intérêt, bien mieux que tous les réglements, le guidera dans ses entreprises; celui qui échouera, avertira par-là même tous les autres, des écueils qu'ils devront éviter. L'Etat ne doit au Commerce que sa protection. Parmi les Nations commerçantes, celles qui accorderont à leurs Sujets, la liberté la plus illimitée, seront sûres de l'emporter bientôt sur toutes les autres.

§. XXIX. *Des Limites du Commerce.*

Un Etat néanmoins ne doit naturellement consentir à recevoir des autres Peuples, que les denrées nécessaires que la Nature lui refuse à lui-même, ou que l'industrie de ses Sujets ne peut pas lui procurer. Cette vérité si sensible est méconnue de la plupart de ceux qui gouvernent les hommes. Toutes choses égales, on doit préférer les productions de son propre sol; dès qu'on préfere celles de l'Etranger, on est en droit de supposer, ou qu'elles sont meilleures, ou que le Gouvernement a gêné l'industrie de ses Sujets, en tyrannisant leur culture ou leur Commerce.

PLUS une Nation a de besoins, plus elle dépend de celles qui peuvent les satisfaire. Ainsi la politique doit empêcher, autant qu'il est possible, que les besoins de ses Sujets ne se multiplient; ils finiront par être insatiables, si la prudence n'y met des bornes; les fantaisies, les caprices les plus bizarres se changeront peu-à-peu en besoins; & la richesse, de qui elle attendoit la force, ne servira plus qu'à faire naître en elle des besoins fictifs, & à lui fournir des denrées dont le prix n'existera que dans l'imagination. A l'exception du poivre & du salpêtre, l'Indostan fournit-il à l'Europe quelque chose qui la dédommage des sommes réelles qu'elle lui envoie tous les ans pour satisfaire le luxe, la mollesse & la vanité de ses habitants? Heureusement qu'en matiere de Commerce, toutes les Nations ont une folie commune qui leur nuit à toutes également.

§. XXX. *De la Repartition des Richesses.*

LA Politique est intéressée à enrichir ses Sujets avec le plus d'égalité qu'il est possible. Les richesses amenées par le Commerce se répartissent entre un grand nombre d'hommes dont les bras, l'industrie & les facultés sont mis en action. Le Laboureur, le Manufacturier, le Matelot, le Savant même partagent ses influences. Ainsi le Commerce répand l'aisance & la vie dans toutes les parties de l'Etat.

IL est important pour un Gouvernement sage, que les richesses ne se concentrent pas dans les mains d'un petit nombre de citoyens. Le Chancelier Bacon compare l'opulence d'un Etat au fumier; si on l'entasse, il ne produit aucun bien,

& même il nuit à la fertilité, mais en l'étendant, même le plus légérement, à la surface de la terre, il fertilise tout le champ.

Les Gouvernements semblent avoir totalement méconnu cette importante vérité. Dans presque toutes les Nations, plus des trois quarts des Sujets n'ont rien, tandis que toutes les richesses, & les propriétés se rassemblent dans les mains d'un petit nombre d'hommes qui semblent s'attirer tous les soins du Gouvernement. Une Politique plus équitable & plus saine devroit sentir que c'est la propriété qui lie l'homme à la Patrie; que l'homme qui ne possede rien ne tient à rien; qu'une Nation remplie de mendiants & de vagabonds, est bientôt infestée par le crime que rien ne peut déraciner. L'intérêt de la Société demande que le plus grand nombre de ses membres jouisse de quelque chose. Lorsque tous les Citoyens par un travail modéré peuvent se procurer l'aisance, l'Etat peut en tirer des secours: lorsqu'un petit nombre d'hommes absorbe toutes les propriétés & les richesses d'un Etat, ceux-ci deviennent les maîtres de l'Etat, qui sans une peine extrême ne peut leur arracher ensuite la fortune qu'ils ont amassée. D'ailleurs la circulation des richesses donne à tous les membres d'un Etat, un mouvement, une activité, un courage avantageux; au lieu que les richesses inégalement réparties produisent une paresse, un découragement, une envie stérile, & des crimes.

§. XXXI. *Les Privileges Exclusifs.*

Rien de plus opposé à la saine Politique, que les privileges & les commerces exclusifs accordés à certains Corps : par-là quelques hommes favorisés s'enrichissent sans faire à l'Etat tout le bien qu'il a le droit d'en attendre. Le Souverain n'a qu'à perdre à ces arrangements. Les personnes que les privileges exclusifs ont enrichies, ne fourniront jamais à l'Etat autant que tous les Citoyens qu'un Commerce ouvert enrichiroit proportionnellement. Le Souverain doit récompenser les découvertes utiles au nom de l'Etat ; mais l'industrie de ses Sujets ne doit jamais recevoir d'entraves.

Le Commerce & l'industrie favorisent la population ; non seulement ils procurent au cultivateur un débit prompt de ses denrées, & par conséquent le bien-être & l'aisance, mais encore ils attirent les Etrangers qui sortent de chez eux pour chercher un sort plus doux.

§. XXXII. *Dangers du Commerce illimité.*

Malgré ces avantages, le Commerce ne doit pas absorber exclusivement l'attention d'un bon Gouvernement. Les aliments les plus sains se convertissent en poison, dès qu'ils sont pris avec excès. Une Politique éclairée est faite pour pressentir que le Commerce amenera le luxe qui, si l'on ne prévient ses effets, conduit les Empires les plus florissants à une perte certaine. C'est alors qu'un desir immodéré des richesses s'empare de tous les Citoyens. Une Nation enivrée de l'amour du gain, ne songe plus qu'au Commerce ; elle se flatte qu'il suffit pour lui procurer tous les biens de ce monde : ce commerce devient alors entre les Peuples & leurs Souverains une pomme de discorde ; il fait naître des rivalités, des jaloufies, des luttes continuelles. Delà cette ardeur insensée pour découvrir de nouvelles branches de Négoce, le globe n'est plus assez vaste pour le marchand en délire; une isle déserte devient un objet d'importance, des Nations sont prêtes à s'égorger pour savoir à qui demeureront quelques monceaux de sable, dans lesquels l'avidité croit déjà voir des trésors.

Dans les vues bornées de la Politique moderne l'argent est regardé comme le nerf de la guerre, & comme le soutien de la paix; on se persuade que la Puissance qui possede le plus d'argent, sera toujours à portée d'écraser toutes les autres, ou du moins de les engager à seconder ses projets. Des nations entieres, ainsi que ceux qui les gouvernent, sont les dupes de l'avarice d'un petit nombre de négocians affamés, qui parviennent à les éblouir par l'espoir d'une opulence dont seuls ils recueillent les fruits. Ce n'est souvent que pour contenter l'avarice de quelques Citoyens, qu'un Etat se dépeuple, que les impôts s'accumulent, & que la Nation s'appauvrit en effet, pour acquérir des richesses; elles passent dans les mains d'un petit nombre de particuliers, qui jouissent seuls de la folie de leurs Concitoyens. C'est d'après ces faux principes que les yeux de quelques peuples se sont uniquement tournés du côté du Commerce. On ne songe qu'aux moyens de se procurer des richesses qui sont devenues le signal de la guerre entre les Puissances. Il est un Peuple qui, dans les transports de son avarice, semble avoir formé le projet extravagant d'envahir le Commerce du monde & de se rendre propriétaire des mers; projet inique & fou, dont l'exécution, si elle étoit possible, ne tarderoit point à conduire la Nation guidée par cette frénésie à une perte assurée.

§. XXXIII. *De ses bornes naturelles.*

Le commerce, ainsi que toutes les choses humaines, est donc forcé de connoître des limites ; elles sont marquées par la Nature. Il doit être proportionné à l'étendue & à la qualité du sol, à sa fertilité, au nombre de ses habitans. S'il étoit permis de lire dans l'avenir ce que doit produire un jour cette passion effrénée du commerce qui divise aujourd'hui les Nations, on verroit, peut-être, qu'après s'être entre-détruites sous ce prétexte, chaque Peuple finira par se borner à faire valoir ses terres, & ne fera que le Commerce qui lui sera le plus véritablement nécessaire. Des Gouvernements plus humains, plus justes, plus sensés sentiront que l'argent ne fait pas plus le vrai bonheur des Sociétés, que des individus. Ils se dégoûteront d'envoyer périr annuellement dans des climats brûlants, dans des combats, dans des mers, des armées de Citoyens. Enfin, peut-être un jour, des Indiens plus aguerris par les Européens, les chasseront-ils de leurs rivages où leur avidité a dû les rendre odieux.

Il est un terme à la richesse; dès qu'elle est excessive, elle nuit au Commerce même & à l'industrie. Les productions des manufactures & des terres haussent alors tellement de prix, que les Nations pauvres fournissent à moins de frais, que les Nations plus opulentes. Un Peuple est toujours pauvre, lorsqu'il ne trouve pas chez lui les denrées dont il a un besoin indispensable ; il est toujours assez riche, dès que son sol lui fournit abondamment les choſes qui lui ſont véritablement néceſſaires. Le Peuple qui a des hommes libres & une ſubſiſtance aiſée, ſera toujours plus riche, plus heureux, plus puiſſant, que celui qui n'a que de l'or. Dans un Etat bien conſtitué, il ne devroit pas y avoir un manufacturier de luxe, tant qu'il ſe trouve encore un arpent à défricher.

§. XXXIV. *Peu de ſolidité des Nations commerçantes.*

Une nation pauvre ſe croit malheureuſe en ſe voyant forcée, comme on a dit, de vivre dans la dépendance des autres : pour s'en tirer, elle eſt obligée de recourir à la force ou à l'induſtrie ; elle cherche donc ou à conquerir & piller, ou à ſe procurer par le Commerce, les ſignes de la richeſſe qui, du conſentement des Nations, lui fourniſſent les objets ou les denrées dont la Nature l'a privée. Cette induſtrie continuée met ſouvent une Nation, indigente par elle-même, mais opulente par le Commerce, en état de jouer quelque tems un rôle diſtingué parmi des Puiſſances plus réelles. Les Tyriens, les Sydoniens, les Carthaginois chez les Anciens ; les Vénitiens & les Hollandois chez les Modernes, nous fourniſſent des exemples frappants des effets que peuvent produire le Commerce & l'induſtrie dans des Nations que la Nature n'a point favoriſées. Mais par leur décadence & leur chûte, ces mêmes Nations nous prouvent qu'une Puiſſance, fondée uniquement ſur les richeſſes, ne peut être que précaire ; elle devient l'objet de l'envie des autres Peuples ; la Nation enrichie eſt communément dépouillée par quelque Conquérant affamé qui l'inonde de ses brigands. Un Peuple riche est dépouillé de deux manieres ; ses alliés le dévorent par les subsides qu'il leur paie, ses ennemis le dépouillent par la force ou la ruse.

§. XXXV. *Des Subsides.*

Les richesses, comme les eaux, tendent toujours à se mettre de niveau ; l'économie peut bien les retenir quelque tems dans une Nation, & pour lors elles sont inutiles ; mais tôt ou tard des besoins réels ou fictifs les en feront sortir. L'on risquera peu de se tromper, lorsqu'on jugera des Sociétés Politiques comme des individus de l'espece humaine ; leur conduite & leurs passions sont les mêmes. Un pere avare, par une longue parcimonie, amasse des trésors que des enfants prodigues répandront tôt ou tard dans la Société. L'homme riche s'énorgueillit, fuit le travail & la peine, fait servir à ses passions & à ses plaisirs, les indigents que le besoin rassemble autour de lui ; enrichis eux-mêmes à ses dépens, ceux-ci l'abandonnent & se livrent à leur tour à la vanité, à la paresse, à la dépense, au luxe.

Il en est de même des Nations : leurs richesses les endorment ; elles leur procurent les secours & les hommages des autres ; elles les portent souvent à tenter des entreprises téméraires, & finissent par les ruiner & les détruire. Vainement jouiront-elles d'un commerce exclusif ; c'est toujours pour les autres qu'elles iront chercher les richesses aux extrêmités de la terre ; peu-à-peu les indigents partageront les fruits de leur avarice industrieuse. Les subsides que les Nations riches paient à celles qui ſont pauvres, les troupes mercenaires qu'elles font combattre pour elles, les guerres qu'elles vont porter dans des contrées éloignées, finiſſent tôt ou tard par épuiſer les tréſors que le Commerce le plus étendu leur avoit procurés : c'eſt toujours pour les autres, qu'une Nation opulente ſe trouve avoir travaillé.

§. XXXVI. *Du vrai bonheur d'un Etat.*

Les richeſſes fictives que fournit le Commerce ne peuvent donc être regardées que comme le vain ſimulacre de la grandeur & de la puiſſance. Ce n'eſt point l'opulence qui décide de la force d'un homme. Compter ſur ſa richeſſe pour défendre ſon pays, c'eſt le comble de la folie; c'eſt imiter les Phéniciens qui repréſentoient la puiſſance ſous l'emblême de ſacs d'argent. Il faut pour un Etat des richeſſes plus réelles, moins ſujettes à changer de mains, & qui, ſemblables à ces biens ſubſtitués dans les familles opulentes, réſiſtent à l'inconduite, à l'extravagance & au délire des héritiers prodigues. Une Nation ſera toujours puiſſante, lorſque ſagement gouvernée elle jouira d'une population proportionnée au terrein qu'elle occupe. Elle ſera ſuffiſamment riche, lorſque ſon ſol lui fournira ſans un travail exceſſif, les productions néceſſaires à ſa ſubſiſtance : elle ſera très-heuteuſe, lorſqu'elle renfermera des Citoyens courageux & vertueux. Reglez l'intérieur avant de ſonger au Commerce : il a l'étendue convenable, dès qu'il procure à la Nation, les objets utiles & néceſſaires dont elle manque elle même.

Il est rare qu'un Etat se contente de ces avantages. De même que les particuliers cherchent à se surpasser les uns les autres, les Nations sont tourmentées d'une émulation de richesse, & se croient méprisables, lorsqu'elles ne peuvent égaler ou surpasser leurs voisins. Les métaux précieux devenus les signes de la puissance, sont l'objet unique des desirs d'une Politique abjecte & rétrécie ; elle abandonne le certain pour courir après des chimeres ; elle veut orner l'édifice, avant d'en avoir assuré les fondements.

§. XXXVII. *Du Crédit.*

Ceux qui gouvernent les Peuples partagent communément leur avidité ; s'ils veulent que leurs Sujets s'enrichissent, ce n'est que parce qu'ils esperent en tirer plus facilement les impôts qu'ils demandent. Mais bientôt cette facilité leur devient elle-même nuisible ; elle fait qu'ils s'engagent légérement dans des dépenses inutiles, dans des guerres ruineuses, dans des entreprises hazardées auxquelles ils n'eussent jamais songé, sans la facilité que l'opulence de leurs Sujets leur donne de satisfaire leurs caprices. Alors, perdant de vue l'économie, & peu soigneux de proportionner leurs dépenses aux revenus que les impôts mettent en leurs mains, ils sont forcés de recourir à des moyens onéreux pour les Nations. Ils commencent d'abord par augmenter les impôts ; mais ces impôts ont à la fin des bornes ; la Nation les paie toujours avec répugnance ; les Souverains sont alors forcés de recourir à des moyens par lesquels, à l'insu, pour ainsi dire, de leurs Sujets, ils redoublent continuellement sur eux le fardeau des impôts, qui ne font que changer de nom.

TELLE eſt la ſource de ce qu'on nomme *crédit public*. Par l'appas d'un revenu plus facile à percevoir, que celui que procure le travail & la culture des terres, le Souverain engage ſes propres Sujets, ou ceux des Nations voiſines, à dépoſer entre ſes mains leurs richeſſes ſuperflues. Le Gouvernement diſpoſe des fonds qu'il emprunte, & les emploie aux objets que les circonſtances exigent ; ou bien, plus ſouvent encore, les détourne & les emploie à ſes beſoins particuliers ; mais ſes Sujets ſont forcés de payer les dettes que l'on vient de contracter, ſouvent avec imprudence & ſans aucun avantage pour la Nation.

LE crédit n'eſt donc au fond qu'un impôt déguiſé, d'autant plus injuſte qu'il tombe ſur les pauvres, ſur les cultivateurs, ſur les propriétaires des terres qui ſe trouvent chargés de payer les intérêts de la dette contractée par le Gouvernement. Ce n'eſt pas encore tout ; le crédit, par ſes ſuites, devient une ſource de corruption pour un grand nombre de Citoyens ; il favoriſe leur indolence & leur pareſſe, en leur fourniſſant, ſans travail & ſans utilité pour l'Etat, les moyens de ſubſiſter aux dépens de l'homme actif & induſtrieux qui travaille pour entretenir la moleſſe des oiſifs rentiers. Tout homme inoccupé devient un mauvais citoyen, un libertin vicieux. La Société eſt d'autant plus malheureuſe, qu'elle nourrit un plus grand nombre de membres inutiles. Tout rentier vit à la charge de l'homme laborieux. Tout emprunt eſt un mal, & ſuppoſe des dépenſes qui excedent les forces naturelles de la Nation. Si les emprunts étoient moins faciles, les Etats, comme les particuliers, ſeroient moins ſujets à ſe déranger.

déranger. Plus l'intérêt que l'Etat paie est fort, plus la Nation est accablée.

§. XXXVIII. *De ses Fondements.*

Le crédit est proportionné à la richesse de l'Etat qui emprunte, à ses ressources, à la stabilité de son Gouvernement, à la bonne foi de ceux qui gouvernent, à l'intérêt ou aux motifs qu'ils ont de tenir leurs engagements. Sous le pouvoir absolu il ne peut y avoir de vrai crédit ; il est impossible que le Sujet ou l'Etranger se fient à un Despote qui, quand il lui plait, peut manquer impunément aux engagements les plus solemnels ; l'Asiatique défiant enfouit plutôt son or, que de le faire voir à ses Tyrans. Sous le Despotisme moins avoué, il existe une sorte de crédit ; le Souverain, retenu à quelques égards par la décence, peut exciter jusqu'à un certain point la confiance de ses Sujets ; cependant, comme la puissance dont il jouit, le met toujours en état de manquer à ses traités, il est obligé de recourir à la séduction pour suppléer à la confiance ; par les grands avantages dont il éblouit ceux dont il veut tirer l'argent, il tend des pieges à leur avidité.

§. XXXIX. *De la Finance.*

Le Despotisme toujours guidé par le caprice, veut des ressources promptes ; souvent le crédit lui manque, on ne le sert pas avec la célérité qu'exigent ses besoins insatiables. Alors, semblable à un fils dérangé qui a recours à l'usurier pour obtenir les sommes que l'économie de son Pere refuſeroit à ſes vœux imprudents, le Deſpote s'adreſſe à un ordre de citoyens qui, moyennant le droit d'exercer impunément des extorſions ſur tous les autres, lui fourniſſent les ſecours néceſſaires à ſon avidité.

TELLE eſt l'origine de cet art deſtructeur pour les Peuples, connu ſous le nom de *finance*. Le Souverain abandonne ſes Sujets à la rapacité toujours ingénieuſe de quelques Tyrans ſubalternes qui, ſoutenus de ſon pouvoir, mettent impunément la Nation au pillage, &, ſous prétexte de lever les ſubſides néceſſaires au ſoutien de l'Etat, l'énervent, le détruiſent, découragent le commerce & les manufactures, font abandonner les champs aux cultivateurs, & inventent chaque jour de nouveaux moyens d'opprimer ſourdement & de dépouiller le Peuple. Eſt-il donc ſurprenant de voir que, dans les Etats qui ont adopté ces principes, la finance ſoit devenue une ſcience myſtérieuſe, impénétrable, dans les détours de laquelle la ſagacité la plus éclairée peut à peine porter ſes regards ? L'avidité du Souverain ou de ſes Miniſtres ſéduits par les reſſources promptes dont les reſſorts leur ſont cachés, ſacrifie tout au moment, & confie un pouvoir funeſte à des brigands qui portent le fer & le feu dans l'Etat

AINSI, de l'aveu du Souverain, ſa Nation eſt miſe à contribution ; il ſouffre qu'une troupe affamée de Citoyens pervers s'engraiſſent de la ſubſtance de tous les autres ; dans ſon aveuglement il ne voit pas que les impôts ſur les Sujets ſont quelquefois doublés ; que les ſommes qui ſervent à enrichir les exacteurs de ſon Peuple, ſont perdues pour lui-même, & qu'une armée de publicains ſubalternes eſt ſans ceſſe ſoudoyée, en pure perte, pour faire la guerre à ſa Nation ; tandis qu'une adminiſtration plus ſenſée, en la débarraſſant de ces Tyrans, procureroit au Souverain lui-même, des richeſſes bien plus grandes. Mais un Deſpote, toujours dépourvu de raiſon & de prudence, content des ſecours momentanés que l'on fournit à ſes fantaiſies, permet qu'on porte à l'État, les atteintes les plus mortelles, & ſouffre qu'on prive de la vie, ſes racines les plus fortes ; à la fin il eſt tout ſurpris, lorſque l'arbre ſans ſève ne lui préſente plus aucuns fruits. Dans un pays ſoumis au pouvoir arbitraire, le Souverain ſacrifie preſque toujours ſon bien-être durable à ſes caprices du moment.

Par cette conduite auſſi injuſte qu'inſenſée, les richeſſes de l'Etat ſe concentrent dans les mains d'un petit nombre de mauvais Citoyens qui, engraiſſés du ſang de la Nation, font bientôt la Loi au Souverain lui-même ; bravent les tribunaux qui devroient les réprimer ; exercent ſur les Sujets une juriſprudence obſcure, captieuſe, arbitraire, & du ſein de l'opulence, inſultent à la miſere publique qui fait leur proſpérité. Loin d'encourir le mépris & la haine dont ils devroient être accablés, ces brigands enrichis excitent la jalouſie de la Nobleſſe & l'envie de leurs Concitoyens. Alors chacun ne deſire que des richeſſes ; l'opulence devient l'unique mobile ; la ſoif de l'or, une avidité inſatiable s'emparent de tous les cœurs. Tout le monde ſouffre, parce que perſonne n'eſt content d'un ſort qu'il compare avec douleur à celui des Citoyens plus opulents que lui. La richeſſe, n'étant plus le fruit du travail, de l'induſtrie, du commerce, mais de la faveur, du hazard, de l'adreſſe, de la fraude, fait que tous les Sujets ſont découragés.

En un mot, la finance anéantit la population, l'agriculture, le négoce, les objets les plus importants dans l'Etat; un Souverain trop preſſé de jouir, les ſacrifie à tout moment. Les impôts ſont taris, le crédit eſt diſparu, les fortunes ſont renverſées, les campagnes ſont déſertes; le marchand n'oſe rien entreprendre; le manufacturier demeure les bras croiſés; l'induſtrie eſt réduite à s'expatrier; les émigrations deviennent fréquentes; enfin l'Etat s'achemine chaque jour vers ſa diſſolution.

§. XL *La Politique doit veiller à tout.*

Le vrai but de la Politique doit être d'établir l'équilibre entre les objets divers des beſoins de l'Etat; c'eſt uniquement de cette balance, que réſulte le bien-être d'une Nation, ſa force & ſa ſûreté. Ces différentes parties de l'arbre doivent être nourries dans une juſte proportion; ſans cela une branche trop forte attireroit à elle la ſéve faite pour être également répartie. L'agriculture ne doit point occuper tous les bras; le commerce & les manufactures doivent être proportionnées aux productions du ſol, & débarraſſer le laboureur des fruits que ſon labeur a ſu tirer de ſon champ. Une population trop grande deviendroit onéreuſe pour la Nation, ſi elle étoit diſproportionnée à l'étendue de ſon ſol & à ſes productions. Il ne ſuffit point d'avoir des bras, il faut savoir les employer : en Politique, comme en Morale, l'oisiveté est la mere du vice. Si toutes les vuës d'une Société se tournoient du côté du commerce, des richesses accumulées jetteroient un grand nombre de Citoyens dans la paresse & produiroient le découragement dans les autres; elles finiroient par amener le luxe, l'avidité, la mollesse & le vice qui furent & seront toujours les avant-coureurs de la ruine des Nations.

TOUS les Citoyens d'un Etat doivent être occupés, mais non des mêmes objets; si le plus grand nombre s'y portoit, la Politique devroit en détourner. L'agriculture doit nourrir tous les Sujets; le Commerçant doit leur fournir les productions nécessaires que la Nature leur refuse; le Manufacturier doit les vêtir; le Guerrier doit les défendre.

SI la Politique est obligée de maintenir un équilibre entre les différents objets dont elle s'occupe, elle doit aussi le maintenir entre les hommes & entre les ordres divers dans lesquels les Citoyens d'un Etat sont partagés. Nul homme, quelque grand qu'il puisse être, ne doit avoir le privilege d'opprimer ses inférieurs, qui, de même que lui, doivent être sous la sauvegarde de la Loi; nul Citoyen, dans quelque rang que le sort l'ait placé, n'a le droit de mépriser le Citoyen utile à sa Patrie. Le Souverain doit estimer, protéger, récompenser tout Sujet en raison de ses services & de son utilité. Une Politique éclairée fait ensorte que tout Citoyen raisonnable soit content du rang où sa naissance l'a placé. Il existe un bonheur pour toutes les classes; lorsque l'Etat est bien constitué, il s'établit une chaîne de félicité qui s'étend du Monarque au Laboureur. L'homme content songe rarement à sortir de sa sphere ; il aime la profession de ses peres à laquelle l'éducation l'a dès l'enfance habitué. Le Peuple est satisfait, dès qu'il ne souffre point ; borné à des besoins simples & naturels, ses vues ne vont gueres au-delà. L'homme plus instruit ou d'un rang plus élevé a lieu d'être content, lorsqu'il parvient aux choses auxquelles sa carriere le mene. Il y a quelque vice dans l'administration, dès que tous les Sujets se déplaisent dans leur état. Malgré l'inconstance des hommes, une sorte d'inertie les attache à leur sort ; ils ne s'efforcent d'en sortir, que lorsque le malaise les y oblige.

La vraie Politique sait allier la liberté, la population, l'abondance, l'agrément & la sûreté ; mais aucun de ces objets ne seront remplis, si elle ne veille sur la conduite de ses Sujets, & si elle n'entretient en eux l'esprit qui doit les animer. C'est la vertu, c'est l'amour du bien public qui doivent être les fondements de toute Société bien constituée : dès que ses membres s'oppriment, se méprisent, se séparent d'intérêts, dès que leurs passions ne sont plus contenues, dès qu'ils cessent de respecter les Loix, il n'y a plus d'association ; les mouvements de la machine se contrarient, s'embarrassent, sa marche est arrêtée.

§. XLI. *De la Police.*

L'on appelle *Police* la branche de la Politique qui a pour objet le maintien des Loix faites pour la sûreté intérieure des Etats. C'est elle qui oblige les Citoyens à vivre entre eux suivant le vœu de la Société, & d'après les regles que leur prescrit leur Nature : c'est elle qui doit suppléer à leur négligence, veiller à leur tranquillité, à leur commodité & sans cesse écarter les traverses que les passions peuvent leur susciter. Subordonnée aux Loix, cette Police ne doit point être arbitraire ; elle n'est pas faite pour gêner la juste liberté des Citoyens, sans laquelle la Vie Sociale lui deviendroit désagréable : elle doit réprimer la licence des individus, afin que l'ordre public n'en soit point troublé.

Pour avoir follement confondu les droits de la licence avec ceux de la liberté, on voit quelques Nations, ennemies de l'esclavage, presque totalement dépourvues de Police. Est-ce donc jouir d'une vraie liberté, que d'être perpétuellement exposé aux insultes, aux boutades, aux excès d'une populace effrénée qui croit par ses désordres exercer sa liberté? quelle étrange constitution que celle où ceux qui font les Loix, toujours jaloux & soupçonneux, n'ont pû jamais convenir des moyens de mettre les Citoyens en sûreté contre leurs folies réciproques ou contre les entreprises des méchants. Une sage police est le soutien de la liberté, elle n'est à craindre que pour la licence. Ainsi que les Loix, elle doit se régler sur les circonstances dans lesquelles se trouve la Société ; elle doit redoubler de vigilance & de sévérité à mesure que les vices, les crimes & les besoins se multiplient, parce qu'alors la sûreté des Citoyens diminue. Plus les hommes sont déréglés, plus la force publique doit les contenir par la terreur.

Sous le Despotisme, la Police n'est que l'instrument abject des passions, des vengeances, des inquiétudes du Despote, des Ministres & des Grands : des Chefs qui ont la conscience de leur injustice ou de leur propre ineptie, s'en servent pour opprimer ceux qui leur donnent de l'ombrage ; en leur faveur elle dégénere en tyrannie. Elle encourage la délation, elle gêne les Citoyens, elle porte ses regards inquiétants jusque dans le sanctuaire des familles. Elle ne réprime que les fautes arbitraires qui offensent la Puissance ; & souvent elle devient redoutable pour le mérite & les talents : elle tient une balance inégale entre les Sujets ; le crédit regle ses jugemens & s'en sert pour sauver le criminel, pour opprimer l'homme de bien & l'innocent, qui souvent lui déplaisent, & pour favoriser ceux qui trouvent grace à ses yeux.

Une Police arbitraire, ou non réglée par les loix, devient un fléau terrible pour les Peuples, & leur est plus incommode que la licence même. Loin de rectifier les mœurs, elle les corrompt par les Délateurs, les Sycophantes, les Oppresseurs subalternes dont elle remplit la Société, & auxquels elle permet de vexer les Citoyens : obligée de n'employer dans ses recherches odieuses, que des ames viles & mercénaires, elle devient l'effroi des honnêtes gens.

§. XLII. *Des Châtimens.*

La Police, pour être utile, doit n'être soumise qu'à la loi, n'être guidée que par elle, veiller à son exécution, à la conservation des mœurs, à la sûreté des Sujets : sans elle, la Société tomberoit dans l'anarchie. Que seroit-ce qu'un amas d'hommes licentieux, divisés, corrompus qui se feroient éprouver tour-à-tour les effets de leurs passions déréglées? Quelle sûreté, quels avantages trouveroit-on dans une Société dont tous les membres négligents ou pervers, uniquement occupés d'eux-mêmes acheteroient leurs plaisirs momentanés par le malheur des autres? Il faut une force pour contenir les méchants; cette force doit redoubler à mesure que la Société devient plus nombreuse. Il faut effrayer par des châtiments, ceux sur qui la raison a perdu son empire. Mais la justice exige que ces châtiments se proportionnent aux maux réels que les délits font éprouver à la Société. La Politique est injuste & déraisonnable, lorsque dans ses punitions elle néglige de suivre la proportion indiquée par les inconvénients qui résultent des fautes. Sous un Gouvernement arbitraire le caprice ou l'intérêt du maître & des hommes puissants fixent la grandeur, & du crime, & de ses châtiments. Sous un Tibere, les discours les plus innocents, les inadvertances se changent en crimes de leze-majesté, & la flatterie les punit avec la derniere barbarie. Sous un mauvais Gouvernement, les prisons sont toujours remplies, & les bourreaux continuellement employés à tourmenter ou détruire, soit des innocents, soit des coupables qu'une administration injuste fait pulluler. Les oppressions, les vices, la négligence du Despotisme multiplient dans la Société les misérables, les fainéants qui bientôt deviennent vicieux & criminels. Vainement un Gouvernement inique prétendroit-il déraciner les crimes qu'il fait perpétuellement éclore : il n'y a qu'une Politique vertueuse & vigilante qui puisse former des Sujets vertueux. Ni les tortures, ni les ſupplices cruels ne réformeront les méchants, les bonnes loix & l'inſtruction font les bons Citoyens.

Il eſt très-peu de crimes qui méritent la mort aux yeux de l'équité. La crainte de la mort feroient une impreſſion plus grande, ſi la peine de mort étoit moins prodiguée. La Société ne feroit-elle pas mieux dédommagée par le travail des coupables, que par le ſupplice qui les anéantit? Un travail rigoureux puniroit plus utilement que la mort même, un criminel que ſa pareſſe a communément engagé dans le crime; par ſa mort, il eſt perdu pour la Société. Cependant il eſt des crimes ſi noirs, dont l'exemple eſt ſi funeſte, que leur punition doit inſpirer de la terreur. Ce n'eſt point alors le coupable qui profite de la punition; elle a pour objet d'effrayer les êtres déraiſonnables qui pourroient l'imiter.

Plus un Gouvernement eſt deſpotique, plus ſes ſupplices ſont atroces; ſous une adminiſtration violente, les Loix pénales ſont violentes; elles ne connoiſſent d'autre meſure, que la colere de ceux qui gouvernent: incapables de corriger les hommes, ils trouvent bien plus court de les exterminer. Un Gouvernement humain & juſte doit montrer de la pitié & de l'équité, même aux coupables qu'il punit; il abolira ces tortures cruelles qui rarement arrachent l'aveu du crime, & qui ſouvent font ſuccomber l'innocence ſous la force de la douleur. Eſt-il rien de plus affreux, que des uſages barbares qui veulent qu'un juge s'arme d'un cœur d'airain, & contemple d'un œil ſec les convulſions d'un malheureux dont il ordonne les tourments? Des loix d'Anthropophages sont-elles faites pour servir de regles aux tribunaux de Nations qui se donnent pour policées? N'est-ce pas assez d'ôter la vie, sans accompagner la mort de douleurs qui révoltent l'humanité?

§ XLIII. *Des Récompenses.*

Si la Politique se sert des châtiments pour détourner du crime, les Récompenses dans ses mains sont des motifs puissants pour encourager à la vertu. Il y aura des hommes vertueux, par-tout où le Gouvernement les portera à la vertu; on verra naître des talents, par-tout où les talents seront sûrs d'être honorés & récompensés. C'est un délire dans le Gouvernement, que de frustrer ses Sujets des choses qu'ils se sont efforcés de mériter. Personne ne s'occupera du bien de l'Etat, si l'Etat dédaigne ses efforts & néglige de reconnoître ses soins. Récompenser à propos, c'est verser de l'huile sur la flamme; récompenser sans raison, c'est y verser de l'eau; ne point récompenser, c'est souffrir que le feu s'éteigne de lui-même. Par un aveuglement funeste, les Souverains montrent communément une injuste préférence pour des hommes dont tout le mérite est d'approcher leur personne; sans travaux, sans dangers & souvent sans courage, ils recueillent les moissons que d'autres ont semées; ils parviennent en naissant, aux grades qui ne devroient être le prix que de l'expérience, de la valeur, des fatigues. Un grand nom, soutenu par la faveur & l'intrigue, tient lieu de tout mérite; peu-à-peu les armées se remplissent de chefs efféminés, imprudents & frivoles, dont l'ignorance expose l'Etat à sa ruine.

Le Gouvernement, comme on l'a vu, est intéressé à commander à des Sujets vertueux; l'Etat ne sera jamais mieux servi, que par des Citoyens sensibles à l'estime générale. Presque toutes les législations ont négligé d'encourager les Citoyens à remplir leurs devoirs. Quel bien ne résulteroit-il pas pour une Nation, si ses Chefs savoient exciter entre les Citoyens, l'émulation de la vertu? Si les traits les plus touchants de bienfaisance, d'humanité, de générosité, de désintéressement, de probité, de reconnoissance conduisoient aux honneurs & à l'estime de tout un Peuple, ils deviendroient bien plus fréquents; si les vices contraires étoient infailliblement suivis du mépris, de la honte, de l'infamie, ils seroient bien moins communs. Quel homme auroit l'audace de se livrer à des vices honteux, à l'injustice, s'il étoit sûr de se rendre par-là l'objet de l'aversion marquée de son Souverain & de ses Concitoyens? La fraude, la perfidie, l'ingratitude, la licence dans les mœurs, seroient très-rares, si elles donnoient l'exclusion pour obtenir des honneurs & des places. Que l'éducation rende les hommes sensibles à la honte; qu'ils craignent le mépris de leurs associés; que le Gouvernement ne distingue que des Citoyens honnêtes; que l'homme pervers soit banni des sociétés particulieres, & bientôt l'on verra des mœurs estimables. Une Nation est perdue, lorsque les traits du vice ne choquent plus ses yeux.

§. XLIV. *La Politique doit s'occuper des mœurs.*

Gardons-nous donc d'écouter ces politiques extravagants qui prétendent que les Maîtres de la terre ont intérêt à rendre leurs Sujets dépravés; ne prostituons point le nom de Politique, à l'art criminel de régner par le désordre; il n'y a que des Souverains pervers qui se trouvent intéressés à n'avoir que des Sujets corrompus & divisés: il n'y a que des Tyrans qui puissent trouver de l'avantage à rompre les liens qui unissent les Citoyens. Il n'y a que des Princes méchants ou incapables, qui puissent craindre la concorde ou la vertu de leurs Sujets.

Les secours mutuels, l'utilité, en un mot la vertu, réunissent les membres d'une Société & les font travailler de concert à leur bonheur réciproque. Cette réunion des volontés procure seule à une Nation, de la force, de la puissance, de l'énergie. C'est donc une politique fausse & meurtriere, que celle de ces Princes qui séparent leurs intérêts de ceux de leur Peuple, qui sourdement & par adresse cherchent à éluder les Loix, afin de régner tout seuls. N'appellons point Politique, les systêmes iniques de ces Monarques dangereux, dont la sombre ambition est parvenue à semer la discorde entre les corps de leurs Etats. Détestons comme des brigands, ces usurpateurs adroits de la liberté publique, dont le lâche cœur s'accommode bien plus de la fraude que de la force, pour mettre les Peuples dans les fers.

PRINCES injuſtes, que la ſoif du pouvoir abſolu tourmente, corrompez les mœurs des hommes que vous voulez ſubjuguer; aveuglez-les; trompez-les pour les égarer; diviſez-les; ne récompenſez que les vices qui vous ſeront utiles; rendez la vertu abjecte & mépriſable, bientôt ils recevront vos chaînes, & vous régnerez ſur des eſclaves que leurs paſſions vous auront ſoumis. Mais que réſultera-t-il de votre affreuſe politique? Vous commanderez à des hommes foibles, déſunis, & dont vous-mêmes aurez nourri la méchanceté. Vous anéantirez, il eſt vrai, leur liberté; mais vous trouverez, tôt ou tard, que ſans elle les branches de l'adminiſtration languiſſent, & que vainement avez-vous prétendu régner en ſûreté à la tête d'une ſociété que vous aurez corrompue.

§. XLV. *Du pouvoir de l'exemple.*

RIEN n'a ſur les mœurs des hommes une influence plus directe, que le Gouvernement. C'eſt du Souverain qu'il dépend communément de rendre ſes Sujets vertueux ou vicieux. Les Peuples reçoivent le ton de ceux qui leur commandent. Une Nation eſt une famille qui prend les impreſſions de ſon chef. Le Sujet honore toujours ce qu'il voit honorer par ſes Maîtres: l'exemple lui en impoſe, il ſouſcrit aux opinions des hommes qu'il croit plus grands & qu'il juge plus éclairés qui lui. Cette diſpoſition, avantageuſe ſous des Souverains vertueux, devient ſous des Tyrans, une ſource de malheurs. Si les Princes & les Grands reſpectoient la vertu, conſidéroient les talents, honoroient le mérite, ces objets, même sans récompenses, deviendroient respectables pour les Peuples. Quand le Monarque au contraire néglige, opprime ou punit ce qu'il devroit estimer, les jugements du vulgaire se corrompent, il adopte les erreurs de ceux qui le gouvernent. C'est dans ce sens que l'on peut dire en quelque façon que les Maîtres de la terre créent le juste & l'injuste dans leurs Etats. Celui qui fait la Loi ne parvient que trop souvent à faire taire la Nature elle-même. Les préjugés d'un Monarque deviennent souvent la regle des jugements d'une Nation; c'est alors que, même à ses yeux, l'injustice paroîtra légitime; on applaudira le vice heureux; la faveur tiendra lieu de mérite & décidera des récompenses. Que dis-je? le vice s'ennoblit sous des Princes sans mœurs, dont les goûts sont toujours applaudis & imités par des cours flatteuses & viles, qui donnent trop souvent le ton à toute la Nation. C'est ainsi que la débauche, la mauvaise foi, la rapine deviennent quelquefois du *bon ton*, ou cessent du moins de révolter le Peuple qui les voit. Il s'imagine que la licence est le signe de la grandeur, & que des mœurs honnêtes annoncent de la foiblesse. Le vulgaire se conforme bientôt aux mœurs des riches & des grands qu'il admire, & de la protection desquels il a besoin. C'est ainsi que la corruption infecte peu-à-peu tous les ordres d'un Etat mal gouverné; peu-à-peu la vertu y est proscrite; & les exemples d'une cour effrénée sont suivis ou applaudis par une foule aveugle qui n'en voit pas les conséquences terribles. Le Souverain, soit en bien, soit en mal, est communément à portée de tourner, comme il veut, les volontés des hommes : plus il eſt abſolu, plus les changements lui ſeront faciles. C'eſt-là le mobile le plus puiſſant que la Politique puiſſe employer : malheureuſement les Princes n'en font le plus ſouvent qu'un uſage pernicieux.

§. XLVI. *Influence de la Religion ſur la Politique.*

La Religion fut de tout tems regardée comme un des plus puiſſants reſſorts de la Politique, comme la barriere la plus forte que l'on pût oppoſer aux paſſions des hommes & aux excès des Rois. Mais l'expérience nous montre que des idées ſurnaturelles, des récompenſes & des craintes éloignées, ſont de bien foibles armes contre les vices des Princes & des Peuples que ſouvent leur exemple invite au mal. Les Souverains les plus injuſtes furent ſouvent très-zelés pour la Religion. Des Peuples très-dévots furent très-vicieux & très-méchants. Des Tyrans avérés ſe ſont fréquemment ligués avec les miniſtres des autels pour attaquer la liberté de leurs Sujets. Preſqu'en tout tems le ciel ſervit de prétexte pour porter le trouble, la diſcorde & le crime ſur la terre. A l'inſtigation des Prêtres du très-haut, tantôt les Princes devinrent des perſécuteurs & des bourreaux pour une partie des Citoyens, tantôt ces mêmes Prêtres exciterent les Citoyens à la révolte & au régicide. Lorſque les Tyrans furent dévoués aux paſſions du Clergé, les Peuples furent écraſés ſous le poid des deux Puiſſances réunies. Quand les Princes furent moins dociles aux volontés de leurs Prêtres, ils furent ſouvent

souvent détrônés ou assassinés. Cependant les Tyrans jugerent communément que leur intérêt exigeoit qu'ils fissent cause commune avec le Sacerdoce, qui, pour son intérêt particulier, arma leurs bras vengeurs contre ceux qui refusoient de plier sous son autorité. Cette politique insensée produisit mille fois les plus affreux ravages dans la Société : des Sujets utiles furent immolés à la vengeance sacerdotale, à la passion de dominer, à la superstition des Rois. C'est à ce zèle aveugle que plusieurs Nations sont redevables de leur dépopulation, de leur décadence, de l'aggrandissement de leurs ennemis.

La saine Politique ne se croit point en droit de fouiller dans la conscience de ses Sujets ; elle leur permet de penser comme ils veulent, pourvu qu'ils se conduisent en Citoyens. Elle empêche les interprêtes des Dieux de prendre sur les Peuples, un ascendant qui souvent traverseroit ses vues les plus honnêtes. L'ambition, la foiblesse ou la lâcheté des Souverains finissent par les asservir eux-mêmes ainsi que leurs Sujets, à des hommes révérés, trop souvent tentés d'oublier qu'ils sont des membres de l'Etat. De bonnes loix, une éducation fondée sur la raison, les lumieres d'une morale sociable, des récompenses, des châtimens équitables, voilà les vrais moyens de faire de bons Citoyens.

On demandera peut-être à quels signes l'on peut reconnoître si une superstition est nuisible à la Société & doit être contenue. Je réponds qu'elle ne peut être que funeste, lorsqu'elle mettra des obstacles à la population, lorsque son culte ſuſpendra trop fréquemment les travaux de la Société, lorſqu'elle fera un mérite de l'inutilité; lorſqu'elle excitera des animoſités & des querelles; lorſqu'elle donnera au nom de Dieu, le ſignal de la révolte; lorſqu'elle dépouillera l'homme laborieux pour enrichir le fainéant dangereux; lorſque ſes Miniſtres voudront ſe ſouſtraire aux Loix & refuſeront d'obéir à l'autorité des hommes ſous prétexte d'obéir à l'autorité divine. C'eſt alors que la Politique, au lieu de la ſoutenir, doit affoiblir la ſuperſtition & diminuer ſon influence ſur les eſprits. Quelles que ſoient les opinions des Souverains, ſi la raiſon les éclaire & ſi l'humanité les touche, ils ſentiront que la volonté divine ne peut jamais ordonner ce qui eſt évidemment contraire au bien de la Société. Si ces Princes ſont vraiment religieux, c'eſt-à-dire, ſoumis à un Dieu ſouverainement équitable & bon, à un Dieu qui s'intéreſſe au bonheur des mortels, on ne leur perſuadera jamais que ce Dieu puiſſe approuver des tyrannies, des violences, des perſécutions, des rigueurs, des cruautés & des crimes, qui devroient bien plutôt allumer ſa colere que les opinions flottantes des habitants de ce monde. Tout Souverain conſéquent regardera les maximes intolérantes & ſanguinaires des prêtres & leurs conſeils pernicieux, commes des blaſphêmes contre la Divinité, comme des ouvrages de l'impoſture, comme des conſpirations contre la Société; s'il ne les punit pas ſévérement, il les mépriſera, & il contiendra des hommes qui ſe font un jeu de troubler la concorde & l'harmonie deſquelles dépend le bonheur des hommes en Société.

§. XLVII. *Remedes du Fanatiſme.*

QUOIQUE la vraie Politique n'ait point à ſe louer des avantages que lui ont juſqu'ici procurés les opinions religieuſes ; elle doit les tolérer & les empecher de nuire. Combattre de front les erreurs dont les Peuples ſont imbus, ſeroit un projet auſſi inſenſé que téméraire. Un Souverain éclairé ne ſe peut ſe propoſer de guérir tout d'un coup ſes Sujets de leurs folies. Les hommes chériſſent leurs préjugés, ſur-tout lorſqu'ils y croient leur bonheur attaché. Ce ſeroit une entrepriſe vaine, que de vouloir de vive force déraciner la ſuperſtition ; c'eſt une maladie dont l'homme ignorant & craintif apporte les germes en naiſſant. En vain la Politique voudroit-elle l'anéantir tout d'un coup.

C'EST à force de bienfaits ſenſibles, de vertus réelles, d'inſtructions raiſonnables, que l'on peut détacher les Peuples de leurs préjugés dangereux ; c'eſt par des ſoins paternels que le Souverain peut s'attirer la confiance que ſes Sujets en enfance accordent à des guides qui les égarent & qui les empêchent de s'eclairer. Un bon Prince, dont la conduite prouvera qu'il ne veut que le bien de ſon Peuple, ſera bientôt plus écouté que les Prêtres. Les récompenſes préſentes & ſenſibles d'un Souverain de ce monde, ſeront toujours plus efficaces, que celles de l'autre monde : les châtiments inévitables des loix en imposeront bien plus que les ſupplices de l'autre vie, que des pratiques dévotes peuvent faire éviter.

D'UN autre côté la ſuperſtition, & ſon fanatiſme ne ſont vraiment à craindre que lorſque l'Autorité en eſt elle-même enivrée. Ce ſont les perſécuteurs fanatiques qui font des ſectaires opiniâtres & rebelles. Un Gouvernement ſenſé permet à tous ſes Sujets de penſer ou d'errer à leur maniere. Si des entouſiaſtes diviſés ſe décrient réciproquement, jamais le Souverain ne prendra part à leurs querelles frivoles, qui ne deviennent importantes & dangereuſes, que lorſqu'il veut s'en mêler. Enfin la ſaine Politique permettra que la raiſon les combatte avec les armes du bon ſens : elle affoiblira par là le délire de ſes Sujets.

§. XLVIII. *De la Tolérance Civile.*

La Tolérance civile eſt l'effet d'une ſage Politique : occupée à veiller ſur la conduite des Citoyens, elle ne s'arroge pas le droit de régler leurs penſées. Ramener tous les hommes aux mêmes idées religieuſes, eſt un projet auſſi extravagant que tyrannique. Que des Théologiens oiſifs s'occupent de leurs hypotheſes merveilleuſes ; que des Docteurs diſputent en liberté ſur des queſtions ſubtiles qu'ils n'entendent point eux-mêmes ; ces querelles puériles & profondes ne ſont pas faites pour intéreſſer le repos des Nations, ni pour détourner les regards d'un Gouvernement des objets importans dont il doit s'occuper. Tout Souverain qui veut ſe mêler de diſputes théologiques, ſe dégrade & ſe rend mépriſable ; dès qu'il perſécute, il ſe rend le complice & l'eſclave de quelques Entouſiaſtes ridicules, ou de quelques fripons ambitieux. Quel rôle indigne pour un Roi, que de ſe faire le champion, le chevalier errant de quelques inſenſés, ou l'inſtrument des vengeances de quelques charlatans ! Ce fut bien plus pour agir que pour penſer, que l'homme ſocial fut destiné : dès qu'il se rend utile à sa Patrie, il doit lui être cher ; la Politique doit préférer tout Citoyen qui la sert, à celui qui est inutilement orthodoxe.

Rien n'égale donc l'aveuglement & la folie de ces prétendus Politiques qui, dupes eux-mêmes de la superstition, permettent au Sacerdoce de tyranniser chez eux : la jurisdiction qu'il exerce au nom du ciel, fut toujours nuisible à la terre ; fondée sur un intérêt sordide, elle fut atroce. Le sort des Citoyens est-il fait pour dépendre de quelques rêveurs fanatiques ou fourbes, toujours également sourds au cri de l'humanité ? Juge dans sa propre cause, ombrageux, inquiet, le Prêtre est toujours cruel. Si l'affreuse *Inquisition* a maintenu dans quelques pays l'uniformité de la doctrine, elle en fit disparoître la saine morale, la science, la vertu. Par-tout où cet odieux tribunal subsiste, les hommes n'ont que des mœurs utiles aux Prêtres, & nuisibles à la Société. Les Portugais & les Espagnols ont été les Peuples de l'Europe les plus méchants, les plus cruels & les plus soumis au Clergé. Leur morale se borne à des pratiques qu'ils croient suffire pour expier les crimes les plus grands. Leur obéissance pour le Monarque est toujours prête à disparoître, dès que le Prêtre l'ordonnera. Dans une Nation ignorante & crédule, il n'est aucun pouvoir qui puisse balancer celui des organes du ciel : chez un Peuple superstitieux, le Sacerdoce est le vrai maître de l'Etat ; il dispose à son gré du Souverain & des Sujets.

Les effets de la Religion ne se bornent pas toujours à l'intérieur des sociétés ; la diversité des opinions religieuſes fait naître quelquefois entre des Peuples indépendants les uns des autres, un mépris, une haine & des inimitiés très-durables; tandis que la conformité d'opinions devient ſouvent l'unique lien qui en réunit d'autres. La Politique eſt alors ridiculement ſubordonnée à la Théologie, dont les vues ne peuvent avoir rien de commun avec les ſiennes. Les Princes trop dévoués au Sacerdoce ne travaillent jamais que pour lui; en croyant ſervir Dieu, ils ne ſervent réellement que les paſſions de ſes Miniſtres.

§. XLIX. *Réſumé.*

Resumons en deux mots les principes établis dans ce diſcours. L'eſprit d'une Nation en fait toujours la force; il n'eſt que la volonté où ſont tous les Citoyens de mettre leurs facultés en commun. Plus l'État raſſemblera d'hommes animés de cet eſprit, plus il ſera puiſſant. Mais pour les faire entrer dans ces diſpoſitions favorables, il faut que l'éducation les prépare & que le Gouvernement les rende heureux. Point de population ſans bonheur: point de bonheur ſans liberté; point de liberté ſans Loix. Les Loix ne ſeront point obſervées ſans mœurs & ſans vertus: ſans juſtice, il n'eſt plus de propriété; ſans police, il n'eſt plus de ſûreté; ſans châtiments, le crime n'eſt plus effrayé; ſans récompenſes, le mérite n'eſt plus encouragé.

La ſûreté extérieure d'un Etat ſe fonde ſur la force des armes; la ſûreté intérieure ſur la force des Loix. Toutes les branches de l'adminiſtration doivent ſe prêter les mains: la population amene l'agriculture, l'agriculture amene le commerce, les manufactures & l'industrie ; toutes ces causes procurent des richesses ; sagement réparties, ces richesses sont un bien ; mais leur abus devient le plus dangereux des maux. La Politique est insensée, lorsqu'elle permet que ces objets se croisent & se contrarient ; ou lorsque, subordonnée à la superstition, elle souffre qu'elle anéantisse ses vues les plus salutaires.

Sommaire du huitieme Discours.

DE LA
POLITIQUE
EXTÉRIEURE.

DE LA GUERRE, DE LA PAIX, DES TRAITÉ'S, &c.

§. I. *La morale & les devoirs sont les mêmes pour les Nations que pour les Individus.*

Aprè's avoir parcouru les principaux objets qu'une Politique éclairée doit envisager relativement à l'intérieur d'un Etat, & la conduite qu'elle doit tenir à l'égard de ses Sujets, examinons maintenant celle qu'elle doit suivre rélativement aux autres Etats avec lesquels elle peut avoir des liaisons ou des rapports. Tout devroit nous convaincre que les sociétés dans lesquelles le genre humain est partagé, peuvent être regardées comme autant de grands individus dont l'assemblage forme la grande Société du monde. Les mêmes devoirs que la Nature d'un être sociable & raisonnable impose à chaque homme, elle les impose à chaque Peuple. Elle a mis entre les Nations la même inégalité qu'entre les membres d'une asſociation particuliere. Les Peuples ont les mêmes rapports, les mêmes beſoins les uns des autres, & par conſéquent doivent être ſoumis aux mémes regles. Enfin dans la vaſte Société du genre humain, il eſt des liens qui uniſſent auſſi étroitement un Peuple à un autre Peuple, que le Citoyen dans une ſociété particuliere eſt uni à ſes Concitoyens. Si l'homme doit quelque choſe à l'homme ; une Nation eſt ſoumiſe à des devoirs envers les autres Nations ; ſi la Nature preſcrit les devoirs de l'un, elle preſcrit auſſi ceux de l'autre ; l'expérience & la raiſon font connoître les regles qui réſultent de ces devoirs, & leur aſſemblage forme un code univerſel, fait pour commander également à toutes les Nations du monde, mais malheureuſement méconnu, mépriſé ou arbitrairement interprêté par la plupart des Princes qui décident de la conduite des Peuples.

Ainsi, n'écoutons plus les maximes corrompues de cette Politique inhumaine qui perſuade aux Nations & à leurs Chefs qu'il n'eſt point de loi pour les Souverains, que nuls devoirs ne les lient, que l'intérêt eſt l'unique regle de leur conduite, & que la force doit être la ſeule meſure de leurs droits. Ces idées que la nature & la Raiſon déſavouent, fondées ſur des paſſions, ſur des avantages paſſagers, ſur des vues rétréciés, ne ſont faites que pour en impoſer à des ſpéculateurs qui confondent ſans ceſſe le fait avec le droit, ce qui eſt avec ce qui devroit être, la force avec l'équité. Ces opinions ne conviennent qu'à des Souverains qu'une ambition démeſurée ou que la perverſité du cœur aveuglent au point de méconnoître les devoirs qui les lient même envers les ſociétés dont ils ne ſont pas les Chefs. Si l'homme injuste brise les nœuds qui l'unissent à la Société dans laquelle il vit, le Politique injuste rompt ceux qui l'attachent à la Société universelle.

Si l'on doutoit de cette vérité, que l'on considere les sentimens que font naître dans les Nations voisines ces Souverains perfides, ces guerriers turbulents, ces conquérants ambitieux que le sort ne place que trop souvent à la tête des Empires. N'excitent-ils pas dans les Etats qui les entourent, les mêmes jalousies, les mêmes défiances, la même horreur qu'inspirent les criminels dans la société particuliere? Les Peuples ne font-ils point des efforts pour contenir un pouvoir qui leur fait ombrage, pour réprimer des excès qui les inquietent, pour détruire les objets de leurs justes allarmes? Le sang des Nations gouvernées par des politiques injustes, n'expie-t-il pas sans cesse les forfaits de leurs Souverains corrompus?

§. II. *Source de la corruption politique.*

Par une pente fatale & naturelle, les Peuples & ceux qui les commandent sont sujets à des passions, à des frénésies plus ou moins durables qui les rendent sourds à la voix du devoir, aux loix éternelles de leur Nature, ferment leurs yeux sur les besoins, les intérêts & les droits qui leur sont communs avec les autres Peuples: l'homme ignorant ou sans expérience n'envisage que l'intérêt du moment; incapable de porter ses vues sur l'avenir, il trouve plus court de céder à la passion qui le presse; il faut, pour le contenir, ou une force qui lui en impose, ou une raison exercée qui lui montre les dangers auxquels ses passions l'exposent. La raison des Peuples & des Princes qui les gouvernent, n'est souvent rien moins que développée; quand ils ne voient aucune force qui puisse les arrêter, ils se livrent imprudemment aux saillies de leurs désirs, excités par des avantages supposés, par l'ambition & souvent par une sotte vanité qui suffit quelquefois pour mettre l'univers en combustion. Alors ils n'entendent plus l'équité qui leur crie que, jouissant eux-mêmes, ils doivent laisser jouir les autres; qu'ayant eux-mêmes des besoins, ils doivent se prêter à ceux des autres: ils cessent de voir les avantages qui rendent, un Etat nécessaire à un autre: ils renoncent à la justice qui servant de rempart mutuel entre les hommes, doit assurer & distinguer leurs possessions réciproques.

Trop souvent l'intérêt méconnoit ces vérités: la force & l'adresse deviennent les seuls juges entre les Princes; tout est justifié par l'avantage qui résulte d'une démarche; la violence, la fraude, le parjure se changent en titres légitimes; les Nations les plus puissantes profitent cruellement & sans rougir de l'infériorité des autres, pour les opprimer impunément. Des guerres iniques sont suivies de traités aussi-tôt rompus que faits, le vainqueur impose au vaincu les Loix les plus dures; celui-ci revient, souvent avec raison, contre des engagements que la violence lui avoit arrachés. La force devient le seul frein pour des Nations qui semblent disputer d'injustices entre elles. Quelle différence alors entre un Peuple vainqueur ou un Brigand qui désole une société particuliere ? Un conquérant n'agit-il pas comme un aſſaſſin qui détruit ſes ſemblables, qui ravit leurs biens & trouble leur tranquillité ?

Que l'on ne diſe pas que la vertu eſt incompatible avec le Gouvernement des Etats ; que, néceſſaire aux individus, elle eſt inutile aux Nations, que la juſtice qui maintient l'ordre dans chaque ſociété, ſeroit nuiſible & déplacée dans la ſociété du genre humain. Non ; les Loix éternelles de la Nature & de la Morale ſont faites pour obliger tous les Peuples & leur ordre violé eſt tôt ou tard ſuivi de châtimens néceſſaires.

§. III. *La Probité en Politique ne peut pas nuire.*

Mais, dira-t-on, une probité ſcrupuleuſe, une équité ſévere ne deviendroient-elles pas infailliblement contraires aux intérêts d'une Nation qui ſe trouve entourée d'autres Nations qui méconnoiſſent ces vertus ? Un Etat, victime de ſa bonne foi, ſuccomberoit perpétuellement ſous la force, ſous la fraude, ſous les crimes d'un Etat plus puiſſant, plus ruſé, plus corrompu que lui.

Ne croyons point que les Princes ſoient toujours les victimes de leurs vertus. Il eſt rare qu'un Souverain dont la conduite eſt guidée par une Politique ſage au-dedans, vertueuſe & juſte au-dehors, ne s'attire l'eſtime, la confiance & les ſecours des Nations étrangeres. Souvent elles ne ſe bornent point à une admiration ſtérile : intéreſſées à ſa conſervation, elles maintiendront ſes droits, elles s'uniront à lui pour repouſſer la force qui tenteroit de lui nuire. L'ambition d'un tel Monarque aura lieu d'être ſatisfaite de la ſupériorite que ſa conduite lui donnera ſur les autres ; il en deviendra l'arbitre : la vertu eſt reſpectée de ceux-mêmes qui l'abandonnent.

§. IV. *De la Morale des Princes.*

Ces maximes ſi vraies ſont entiérement méconnues de la plupart des Princes qui ſentent rarement combien la vertu ſeroit utile à leurs intérêts véritables & à la proſpérité durable de leurs Etats à laquelle leur propre bonheur eſt lié. L'ignorance, comme tout le prouve, eſt la ſource unique du mal moral ; les hommes ne ſont méchans, que parce qu'ils ignorent l'intérêt qu'ils ont d'être bons, & les avantages ineſtimables attachés à la pratique de la vertu. Les Souverains deſtinés à faire pratiquer aux autres les devoirs de la Société, devenus eux-mêmes des êtres inſociables par leurs paſſions que, ni l'éducation, ni la raiſon, ni la force publique ne leur apprennent preſque jamais à contenir, s'y livrent tête baiſſée, leur ſacrifient les Peuples, ſe ruinent pour acquérir, & n'ont aucune idée de leurs vrais intérets. Par une ſuite de cette fatale ignorance, la Politique n'eſt qu'un commerce de perfidies : les Princes ſont perpétuellement occupés à ſe ſurprendre par la ruſe, ou à s'arracher par la violence, les avantages qu'ils s'envient réciproquement. Ainſi qu'entre les Particuliers, il s'excite entre les Nations des jalouſies, des haines, qui ſouvent dégénerent en guerres. La proſpérité, l'abondance, l'induſtrie des unes font ombrage à d'autres. Incapables de réuſſir à ſe nuire par la force, elles ont recours à l'artifice. Epriſes du frivole avantage de dominer, d'obtenir des prérogatives chimériques, des richesses souvent funestes, elles cherchent à se traverser, & croient avoir des forces réelles à mesure que leurs voisins sont affoiblis. Delà ces guerres, ces traités insidieux si souvent violés, ces inimitiés cruelles & ridicules qui se perpétuent presque sans intervalle entre les habitans de ce monde; delà ces animosités & ces fureurs, pour ainsi dire, innées qu'ils se transmettent d'âges en âges, jusqu'à ce que la destruction des parties contendantes vienne enfin les terminer.

On diroit que les Princes ne regnent sur leurs Sujets, que pour se mettre en état de nuire aux Sujets des autres; la Politique extérieure absorbe communément tous les soins qu'ils devroient donner à la Politique intérieure. Enivrés de l'idée vaine de jouer un grand rôle aux yeux de l'univers étonné, on ne voit la plupart des Souverains occupés qu'à écraser leurs propres Nations dans la vue d'écraser ensuite les Nations étrangeres ou de se défendre contre elles. Ils vivent entre eux dans un Etat que l'on nomme *Etat de Nature*, mais qui est en effet un état contraire à la Nature de l'espece humaine, un état sauvage, insociable, un état inquiet & troublé, un état misérable d'où la raison seule pourroit les dégager. Jusqu'ici elle n'a pu leur faire sentir qu'ils sont les membres d'une même famille, qu'ils devroient vivre en société, que leur intérêt l'exige, qu'ils se nuisent à eux-mêmes en voulant nuire aux autres. Ces vérités leur paroissent pédantesques & ridicules.

Trompe'es par l'ambition & les vues bornées de ceux qui les gouvernent, les Nations se croient obligées de se haïr réciproquement. Leurs Souverains mettent à profit ces dispositions fatales; ils s'en servent pour faire valoir leurs frivoles intérêts qui rarement sont ceux de l'Etat. Ainsi, sans savoir pourquoi, l'homme hait l'homme qu'une riviere sépare de lui; le Sujet d'un Souverain devient l'ennemi né du Sujet d'un autre; un Peuple stupide se rend le champion des délires & des iniquités de ses Maîtres; il devient injuste, parjure, turbulent, parce que ceux qui lui commandent ont mérité ces noms odieux.

§. V. *De la Guerre.*

Ainsi la guerre, cet Etat de violence & de trouble si contraire au bonheur de toute société, s'allume entre les Nations souvent sans cause, & devient, par la déraison des Princes, l'objet le plus important de leur Politique. C'est sans doute cet acharnement à se détruire qui a porté un philosophe atrabilaire à supposer *que l'homme étoit né dans un état de guerre avec ses semblables.* (*) Eh! qui ne seroit tenté de le croire, en voyant la frénésie qui anime à tout moment les Peuples à leur destruction réciproque? En considérant l'imprudente facilité avec laquelle les Souverains répandent le sang de leurs Sujets, sous les prétextes les plus frivoles, & pour des intérêts souvent si puériles, comment ne pas supposer que les hommes n'ont été placés dans ce monde que pour s'égorger les uns les autres? Pour peu qu'on jette les yeux sur les annales du genre humain, tout être raisonnable est consterné à la vue des guerres atroces & continuelles & des inutiles carnages qui, de tout tems, ont fait nager la terre dans le

(*) Thomas Hobbes.

sang

ſang de ſes enfants. S'il eſt un crime affreux, c'eſt ſans doute celui de ces Rois, qui, pour les objets les plus futiles, s'engagent dans des guerres, & ſacrifient à la fantaiſie du moment, des Sujets dont la vie eſt la richeſſe la plus réelle d'un Etat. De quel front peut-on louer ces Monarques ambitieux, ces Conquérants féroces qui, peu ſoigneux de rendre heureuſes les contrées que le deſtin leur a ſoumiſes, veulent porter ailleurs la déſolation & la mort? Comment des Poëtes adulateurs oſent-ils chanter ces guerriers inhumains qui, au prix de l'élite d'une Nation, achetent une gloire inhumaine contre laquelle l'éloquence & la ſatyre devroient lancer tous leurs traits? Loin de flatter ces Monſtres farouches & ces fléaux du genre-humain, l'hiſtoire ne devroit-elle pas les couvrir d'opprobre & d'infamie? Périſſe à jamais la mémoire de ces Conquérants déteſtés qui ſe ſont fait un jeu de la deſtruction des hommes! Périſſent ces Miniſtres perfides qui conſeillent à leurs Maîtres la dépopulation de leurs propres Etats! Périſſe la gloire de ces Généraux qui, pour un moment de gloire, ſacrifient ſans pitié des milliers de victimes! Les guerres les plus heureuſes joignent les lauriers aux cyprès: le ſang du Citoyen ſe confond toujours avec celui de l'ennemi; les terres acquiſes par la conquête ont été communément payées de la vie d'un glus grand nombre d'hommes, que la victoire n'en ſoumet.

Quoi de plus déshonorant pour l'eſpece humaine, que cette honteuſe joie que les Nations font éclater à la ſuite de leurs ſanglantes victoires? De quoi vous réjouiſſez-vous, Peuples inſenſés? De quoi remerciez-vous vos Dieux? Eſt-ce de ce qu'une bataille a fait périr des milliers de vos

Concitoyens? Eſt-ce de ce que votre Monarque a augmenté d'une ville détruite ſon malheureux Empire? En ſerez-vous plus fortunés vous-mêmes? Votre ſûreté en eſt-elle augmentée? Jouirez-vous plus tranquillement du fruit de vos travaux? Allez-vous être ſoulagés du poids de vos impôts? Non, dites-vous; eh bien! vous vous réjouiſſez donc comme des inſenſés de voir redoubler vos maux.

§. VI. *Folie des Conquêtes.*

Si l'on conſidéroit ſans préjugé la conduite de la plupart des Princes, on ſeroit tenté de croire que leur projet n'eſt que de régner ſur des champs déſolés. Sans ceſſe occupés à étendre les bornes de leurs Etats, ils ne ſongent preſque jamais à les rendre plus heureux. On diroit qu'ils ne veulent que de la terre & des miſérables. Le Conquérant ſacrifie les vainqueurs & les vaincus à ſon aveugle frénéſie. Qu'eſt-ce qu'une terre inculte & inhabitée? Quel avantage réſulte-t-il d'être le maître d'une ſolitude? Quelle force peuvent donner des Etats démembrés, éloignés les uns des autres, & que leur poſition rend ſouvent plus onéreux qu'utiles? Les poſſeſſions éparſes de la Monarchie Eſpagnole ne furent-elles pas la ſource de ces guerres ruineuſes qui l'épuiſerent à la fin & d'hommes & d'argent?

Les Rois veulent toujours plus de Sujets qu'ils n'en peuvent gouverner; peu contents de rendre malheureux ceux que la Nature leur a ſoumis, ils vont par des conquêtes porter l'infortune à ceux qu'elle avoit ſouſtraits à leurs Loix. La pareſſe, l'incapacité, l'ignorance de l'art de régner, ainſi que l'ambition, ſont les mobiles du Conquérant; un Prince juſte, laborieux, appliqué rend ſon Etat floriſſant; le Conquérant féroce trouve bien plus court de s'emparer du fruit d'un travail dont lui-même eſt incapable. La conquête, ainſi que les grands crimes, en impoſe aux hommes, & finit par exciter leur admiration; les Rois les plus deſtructeurs ſont les plus admirés. Ces Héros dont les Poëtes nous chantent les victoires, ſont un objet d'horreur pour le Sage & le Citoyen.

LOIN de la ſaine Politique cette impétuoſité criminelle ſi nuiſible aux Etats! Les Princes occupés du bonheur des Nations qu'ils gouvernent, doivent ſonger que rien ne met de plus grands obſtacles à leurs vues, que ces armées nombreuſes qui arrachent aux champs leurs cultivateurs, qui n'en font que des deſtructeurs, & dont l'effet eſt de livrer au vice & à l'oiſiveté, des hommes dont le courage, utile pendant la guerre, devient ſouvent nuiſible après le retour de la tranquillité. La licence, le mépris des Loix, la corruption des Mœurs, ſont les conſéquences fatales auxquelles eſt expoſée une Nation belliqueuſe. Les grandes armées furent toujours funeſtes à la liberté & aux mœurs des Citoyens.

§. VII. *De la Guerre juſte.*

MALGRE' ces terribles effets, la Politique la plus ſage eſt ſouvent obligée de recourir à la guerre; c'eſt le dernier remede qui lui reſte pour réprimer les entrepriſes des Peuples injuſtes & déraiſonnables; c'eſt toujours à regret qu'elle arme les mains de ſes Sujets ; c'eſt toujours avec empreſſement qu'elle les déſarme pour les rendre à la Patrie ; elle n'ignore point que la guerre eſt pour eux une maladie convulſive dont la durée les accable & les conduit à la mort.

La guerre n'eſt juſte & néceſſaire, que lorſqu'elle repouſſe un aggreſſeur injuſte, lorſqu'elle réprime les fureurs d'un Peuple effréné, lorſqu'elle a pour objet de contenir un Conquérant, un Brigand féroce & turbulent, lorſqu'elle étouffe dans leur naiſſance, les complots des voiſins jaloux. Ainſi une guerre n'eſt juſte, que lorſqu'elle ſe propoſe la défenſe de l'Etat ou le maintien des avantages que la Nature & l'induſtrie lui procurent ; elle eſt très-légitime lorſqu'elle empêche un voiſin puiſſant, dont on craint la puiſſance excessive, ou dont on a déja éprouvé les excès, de prendre un aſcendant funeſte à l'indépendance des autres.

Si nous examinons ſans préjugé les motifs de la plupart des guerres qui ſe font ſous nos yeux, nous verrons que preſque jamais elles n'ont véritablement pour objet le bien-être ou la ſécurité des Nations qui ſe combattent ; le ſang des Peuples coule de toutes parts, pour aggrandir le pouvoir d'un Monarque incapable déja de gouverner les Etats qu'il poſſede ; l'Europe eſt miſe en feu pour l'intérêt d'un Miniſtre inhabile, par la ſottiſe d'un Négociant ignorant, pour l'avancement d'un Courtiſan ſans mérite, pour contenter l'avarice de quelques marchands avides. C'eſt dans le ſein des Nations, que ſe trouvent communément leurs véritables ennemis Ce ſont leurs Chefs, conſeillés par un petit nombre de mauvais

Citoyens, qui les mettent aux priſes pour des objets qui n'intéreſſent nullement, ni la ſûreté, ni la félicité publique.

Tous les Souverains prétendent néanmoins avoir de juſtes motifs de faire la guerre, lors même qu'ils ne ſont guidés que par l'ambition la plus avérée ou par l'avidité la plus honteuſe. Qui eſt-ce qui peut alors décider entre eux ? Au défaut de la raiſon, il ne reſte que la force. En un mot, une Nation n'eſt en droit de faire la guerre, que lorſqu'elle n'a pas pour elle-même la ſécurité néceſſaire ; elle doit ceſſer, du moment où elle acquiert cette ſécurité & commence à la ravir à l'ennemi. Telle eſt la juſtice univerſelle.

§. VIII. *Des Droits de la Guerre.*

On demandera, peut-être, quels ſont les droits que donne la Guerre, & juſqu'à quel point il lui eſt permis de porter ſes fureurs ? Donner des Loix au déſordre, fixer des limites à la colere d'un Conquérant & du Soldat effréné, c'eſt ſans doute vouloir ſoumettre le délire à la raiſon, la paſſion à la réflexion. Il eſt pourtant des bornes que la Nature preſcrit à l'impétuoſité des hommes ; la raiſon les trace d'après l'expérience, & la fougue s'habitue à les reconnoître au ſein même du déſordre. Les hommes, ſans renoncer à leurs folies, en ſentent les inconvénients, & conſentent à modérer ſes effets. Telle eſt l'origine de ce *Droit des gens* fondé ſur des conventions réciproques par leſquelles les Peuples, pour leurs intérêts mutuels, s'accordent à uſer avec quelque modération du pouvoir que la force leur donne. Le cri de l'humanité, de l'intérêt des hommes ſe fait donc quelquefois entendre, même au milieu du bruit des armes ! Il apprend aux vainqueurs les plus farouches, que leurs ennemis ſont des hommes ; que, s'il eſt juſte de les réprimer, il eſt injuſte de les détruire dès qu'ils ceſſent d'être à craindre ; il montre aux Conquérants, que leurs conquêtes ſont infructueuſes pour eux-mêmes, quand, par un carnage inutile, ils exterminent ceux dont ils vouloient faire des Sujets. Enfin, tout leur annonce que les armes étant journalieres, le Soldat, victorieux aujourd'hui, peut devenir demain la victime de la cruauté qu'il a montré lui-même. C'eſt ainſi que l'intérêt & le beſoin ramenent toujours, malgré les hommes, les plus inconſidérés aux devoirs de la morale & de l'équité. Le *Droit des gens* eſt la morale des furieux qui mettent des limites à leurs folies. Cette morale eſt imparfaite & peu ſûre, parce qu'elle dépend ſouvent des caprices d'hommes déraiſonnables & dépourvus de prévoyance.

La vraie Politique n'eſt ni deſtructive ni cruelle ; contente d'abaiſſer & d'affoiblir ſes ennemis, de déconcerter leurs complots, de réprimer leurs excès, elle ne veut point les écraſer ſous le char de la victoire ; elle ſe ſouvient toujours que c'eſt s'expoſer à tout perdre, que de pouſſer ſes ennemis au déſeſpoir. Si ſes ſuccès n'ont point répondu à ſon attente & à la ſageſſe de ſes meſures, elle cede au temps & conſent plutôt à commander à des peuples moins nombreux, à des Etats moins étendus, que d'expoſer par une opiniâtreté très-inutile, ſa Nation à une ruine totale.

Pour un Gouvernement éclairé, la guerre n'est jamais que le chemin de la Paix ; une sage administration la préfere, même désavantageuse, à la guerre la plus heureuse, qui coûte toujours à l'Etat ses trésors, ses Sujets, ses biens les plus précieux. Les armes ne sont faites que pour conserver aux Nations, ce que la tranquillité leur a fait acquérir : les Etats sont toujours assez grands, dès qu'on ne songe qu'à les rendre fortunés.

§. IX. *Cause des Guerres fréquentes.*

Rien de plus rare que des Rois magistrats ou citoyens. Presque tous les Empires ont été fondés par la force des armes ; il est des Nations que des guerres réitérées ont rendu belliqueuses ; l'habitude leur fait alors une nécessité du trouble ; l'inaction & le repos sont des Etats violents & incommodes pour un Gouvernement Militaire, dont le tumulte est l'élément ; les armes seules y conduisent à la considération, aux récompenses, aux honneurs. Le Prince, quand même il n'aimeroit pas la guerre, y est continuellement entraîné par le préjugé dominant ; il peut rarement tenir une juste balance entre ses différents Sujets : il oublie qu'il est bien plus le Souverain du Laboureur, de l'Artisan, du Commerçant, qui tous ont besoin de la paix ; il ne songe pas que ce n'est que pour eux qu'il doit faire la guerre ; la voix des Soldats qui l'entourent, est plus forte que celle de tous les Citoyens réunis ; elle étouffe pour l'ordinaire les cris d'une Nation entiere, toujours intéressée au repos, toutes les fois qu'elle n'est point réellement en danger. Les guerres qui désolent l'univers seroient bien moins fréquentes, ſi les Princes ne prenoient les armes, que lorſque la néceſſité & la ſûreté de leurs Peuples les forcent de recourir à ce fatal remede. Les guerres ſeroient moins longues qu'elles ne ſont, ſi, contents d'écarter le danger, ils conſentoient à faire ceſſer le mal dès qu'il eſt inutile. Une guerre ſans motifs raiſonnables & ſans fruit, eſt une double calamité pour la Nation. Si la paix amollit les Sujets, la guerre les conduit à une deſtruction certaine. Une ſage Politique ſait maintenir la paix, en ſe tenant toujours prête à la guerre. Une Nation trop belliqueuſe reſſemble à un bleſſé qui rouvre continuellement ſes plaies, avant qu'elles ſoient cicatriſées : elle ſe détruit avec plus de promptitude, que la Nature ne la répare : par la folie des Souverains, la paix n'eſt communément pour elle qu'un Etat de langueur & de convaleſcence de trop peu de durée pour pouvoir ſe rétablir.

Une Nation prévoyante & ſenſée ne devroit-elle pas s'impoſer la Loi de ne jamais s'aggrandir, de ne point faire d'acquiſitions nouvelles ? En augmentant l'étendue d'un Etat, on augmente bien plus ſa miſere que ſa félicité. Les Peuples ne ſe laſſeront-ils jamais de répandre leur ſang & de diſſiper les richeſſes qu'ils poſſedent déja pour obtenir des conquêtes incertaines & couteuſes, ou pour faire valoir les prétentions douteuſes de leurs Chefs inſatiables? Quelles ames doivent avoir ces Conquérants impitoyables qui commencent toujours par ruiner & immoler les Sujets qu'ils ont, dans l'eſpoir incertain d'en acquérir d'autres? Tout Prince n'a-t-il pas aſſez d'affaires, quand il veut ſagement gouverner ſon pays ?

§. X. *De l'Esprit Militaire.*

Comme les malheureuses circonstances & la position d'un Etat le forcent à tourner souvent ses vues du côté de la guerre, il seroit important que ses institutions, ses loix & l'éducation publique entretinssent dans ses Sujets l'honneur, l'enthousiasme de la gloire, l'estime pour la valeur, l'amour pour la Patrie; une éducation martiale devroit donc apprendre, dès l'enfance, le métier de la guerre à ceux des Citoyens que le sort destine à guider les bras du Soldat qui n'a que du courage; elle formeroit des Généraux beaucoup plus nécessaires à une Nation, que les armées les plus nombreuses. L'expérience de tous les siecles nous prouve que ce ne sont point les armées, mais des Chefs expérimentés qui remportent les victoires. Les stupides Béotiens n'eurent besoin que d'un *Epaminondas* pour se tirer de l'obscurité & pour vaincre les Spartiates eux-mêmes. Un Général est l'ame de son armée; celle-ci, quelle que soit sa force, n'est qu'une masse inerte, si son Chef ne lui donne le mouvement & la vie.

Si un pouvoir illimité est fait pour avoir lieu quelque part, c'est sur-tout lorsqu'il s'agit du commandement des armées. Dès que le Souverain remet la conduite de ses troupes à l'un de ses Sujets, la confiance doit être entiere & le bras du Général ne doit plus être retenu. C'est une politique puérile dans un Souverain de se réserver le droit de diriger du cabinet les opérations des campagnes. A la guerre, c'est l'instant qui décide; le Général doit le saisir, il est alors le seul juge de la conduite qu'il doit tenir.

Mais pour que les Chefs des armées puiſſent opérer, il faut une obéiſſance profonde dans les Soldats & dans ceux qui leur font exécuter les ordres du Général. Rien de plus néceſſaire, qu'une diſcipline rigoureuſe. Ce n'eſt que dans une armée que le Deſpotiſme peut être de quelqu'utilité. Il eſt bien moins dangereux que cette anarchie licentieuſe qui met, pour ainſi dire, chaque ſoldat en droit d'examiner les ordres de ſes Chefs. Le ſuccès même étoit puni chez les Romains, dès qu'il n'étoit pas commandé. Sans ſubordination une armée devient une Démocratie dont les ſaillies ſont toujours funeſtes à la République. Le courage même eſt ſouvent forcé de céder à la diſcipline; la valeur, dès qu'elle n'eſt point guidée, ne produit que déſordre; l'impétuoſité peut bien quelquefois procurer des ſuccès, mais dès qu'elle trouve de la réſiſtance, elle eſt déconcertée; eſt-elle repouſſée? le courage diſparoît & fait place au découragement. La diſcipline ſeule peut apprendre au Soldat à tenir ferme, à ſe rallier, à contempler le danger de ſang froid. Le militaire qui n'a que de la valeur, ne ſait que mourir inutilement; le Guerrier diſciplinué ne périt point ſans profit pour la Patrie. La diſcipline ſeule a rendu les Romains maîtres de l'univers.

§. XI. *Des Forces Maritimes.*

Il eſt des Nations que leur ſituation oblige à entretenir des forces maritimes, ainſi que des armées de terre. Il eſt très-important pour elles de maintenir l'équilibre entre ces deux branches de leurs forces; ſans cela la Puiſſance de terre éclipsera celle de la Mer, ou celle-ci fera négliger ou perdre de vue la premiere. Un Gouvernement fondé par la conquête, a toujours trop d'égards aux vœux d'une Noblesse remuante qui préfere la guerre de terre. Une Nation commerçante néglige très-souvent ses forces de terre pour s'occuper exclusivement de ses forces maritimes. La vraie Politique, je le répete, ne quitte jamais la balance; elle ne souffre pas qu'une branche de l'administration s'éleve sur les débris d'une autre. Plus ses besoins se multiplient, plus elle redouble d'attention pour qu'aucune force n'entraîne les autres.

§. XII. *Des Alliances.*

La Nature & les conventions des hommes ont rendu très-inégales les forces des Nations. Un Etat peut être plus puissant qu'un autre; mais nul Etat n'est plus puissant que tous les autres. Plusieurs Nations foibles, en s'associant, deviennent égales en puissance aux plus fortes. La situation, les besoins, les circonstances, les opinions, les liaisons des Souverains, les intérêts des Princes établissent des rapports entre quelques Etats; ces choses rendent quelques Peuples ennemis, tandis qu'elles unissent les autres. Entre les Nations qui ont les mêmes besoins, les mêmes desirs, les mêmes passions, il s'établit une rivalité, une inimitié comme entre des individus qui se proposent un même objet, ou qui sont animés de la même passion. Deux Nations guerrieres seront perpétuellement en guerre; deux Nations commerçantes ne peuvent être long-tems amies; deux Nations voisines sont sujettes à de fréquents démêlés.

De meme que l'intérêt réunit les Citoyens, il réunit aussi les Sociétés ; chacune d'entre elles s'aime préférablement à toute autre ; chacune tend à son bonheur réel ou idéal ; en un mot, chacune a ses projets : mais comme toutes ont des droits égaux & ne reconnoissent point de juges, elles sont forcées de porter leurs prétentions au tribunal de la raison. Elle les décide d'après les Loix de la Nature qui commandent aux Sociétés comme à chaque homme : elle leur apprend que leur propre conservation étant le premier & le plus cher de leurs intérêts, les oblige à sacrifier au repos & au bien-être du tout, une portion de leur indépendance, de leurs desirs, de leurs besoins même. Lorsque la voix de la raison n'est pas assez forte pour se faire entendre des Sociétés politiques ou de ceux qui les gouvernent, il ne leur reste plus que la force pour décider leurs querelles.

§. XIII. *Des Négociations.*

Negocier en Politique, c'est chercher à concilier les intérêts de plusieurs peuples ; c'est leur faire entrevoir les moyens qui peuvent tendre à la conservation mutuelle & au bonheur réciproque ; c'est détourner leurs yeux d'un objet chimérique ou d'un avantage momentané, pour les fixer sur un objet plus réel ; en un mot, c'est les éclairer sur leurs intérêts véritables. Les Nations, comme les individus, sont sujettes à des passions qui souvent les aveuglent & les entraînent dans la ruine : par la négociation, la Politique rectifie les idées de ceux qu'elle veut faire concourir à ses vues ; c'est en cela sur-tout qu'elle montre sa capacité. Pour ouvrir les yeux des autres sur leurs propres intérêts, il est important de les connoître soi-même : il faut donc que la Politique, non seulement porte les yeux sur les objets qui méritent l'attention de l'Etat qu'elle gouverne, mais encore sur ceux qui doivent intéresser les autres Etats. Les passions peuvent seules combattre des passions ; il n'y a que la vue d'un intérêt plus fort, qui puisse en faire disparoître un plus foible.

On négocie, soit avec des Puissances amies, soit avec des Puissances ennemies ; on veut s'attacher les unes, on veut désarmer les autres. L'artifice seroit inutile ou nuisible, lorsque les intérêts sont évidents ; personne communément ne connoît mieux les intérêts d'une Puissance, que cette puissance même. Les Négociateurs éclairés s'entendent à demi mot : ceux qui prennent la justice pour base, ne tardent point à s'accorder : une négociation n'est compliquée, que par l'incapacité ou la mauvaise foi des parties.

Les liaisons des Peuples, ainsi que celles des particuliers, sont fondées sur l'identité des intérêts. Les secours propres à entretenir l'amitié entre les hommes, la maintiennent entre les Nations & font cesser les différents qui s'élevent entre elles. La prudence, la fidélité, l'habitude cimentent les nœuds des corps politiques ; la passion, l'imprudence, l'infidélité les séparent & les brisent. Comme dans la Société particuliere, les foibles sont dans la Société générale communément les victimes de leur foiblesse ; les Riches & les Puissants y insultent avec hauteur l'Indigent & le Pauvre, ou leur font acheter, souvent aux dépens de la liberté, la potection qu'ils leur accordent.

§. XIV. *De la Bonne Foi.*

PLUSIEURS de ceux qui ont écrit ſur le Gouvernement, ont prétendu que la Politique ne pouvoit être franche & vraie, & que le grand art de négocier conſiſtoit à ſurprendre la ſimplicité de ceux avec qui l'on traite. Ils ont cru que tout étoit permis aux Chefs des Nations, dès qu'il s'agit des intérêts de l'Etat; que la force, la ruſe, la perfidie même étoient entre leurs mains, des moyens que l'objet juſtifie. D'un autre côté, des Moraliſtes plus ſéveres ont interdit aux Souverains, ces voies obliques & tortueuſes que déſavoue la vérité. Ils ont voulu que les Princes ne s'écartaſſent jamais de la droiture. Les premiers ont vu les hommes tels qu'ils ſont, les autres les ont vu tels qu'il ſeroit à déſirer qu'ils fuſſent. Les uns ont fait l'Hiſtoire de la Politique, les autres en ont fait le Roman. Ecartons le voile du préjugé pour examiner, s'il eſt poſſible, ces ſentiments ſi oppoſés; voyons ce que la raiſon décidera ſur cette importante queſtion.

SI l'amour de notre être eſt le premier ſentiment de notre Nature; s'il nous eſt permis d'employer toutes les voies pour conſerver notre exiſtence; ſi la raiſon nous accorde le droit de détruire les objets qui la menacent, les Nations, ſans doute, jouiſſent des mêmes privileges. Les Souverains qui les repréſentent, ſont donc indiſpenſablement obligés de travailler au maintien de leur ſûreté & de leur bien-être; telle eſt leur premiere Loi; telle eſt pour eux la premiere vertu, à laquelle toutes les autres doivent être ſubordonnées ; jamais il ne leur fut permis de s'en écarter. La Société elle-même ne peut renoncer au bonheur ; elle ne peut perdre de vue ſa conſervation ; elle ne peut ſe priver de ſes beſoins. Lorſque ces objets ſont viſiblement menacés, la Politique eſt toujours en droit d'employer tous les moyens imaginables pour écarter le danger. Mais quelle eſt la Nation dont le bien-être ſoit véritablement menacé ? eſt-ce celle qui ſuit les loix d'un Souverain injuſte pour ſes propres Sujets ; qui, couvrant ſon ambition des prétextes les plus frivoles, va porter la déſolation & le carnage chez les Sujets des autres ? Eſt-ce celle d'un Prince qui, peu content des limites de ſes Etats, s'appuie de quelques prétentions injuſtes ou chimériques pour les étendre aux dépens des autres ? Dira-t-il que le bonheur de ſes Peuples le force d'employer les détours d'une Politique ténébreuſe, lorſque réellement il ne ſe propoſe que de ſatisfaire ſon ambition perſonnelle, ſa propre vanité, l'imprudence de ſes Miniſtres ? Peut-il juſtifier ſes excès, ſes violences, ſes parjures, ſous le prétexte du bien-être de la Nation qu'il gouverne, lorſqu'exempt de toute crainte pour elle, il va de gaieté de cœur troubler le repos général, & leur arracher les avantages dont elles jouiſſent ? Si à ces attentats, la Politique joint la fourberie, elle unit le crime au crime, le menſonge à l'injuſtice, le brigandage à l'infamie.

Il n'en eſt point de même, ſi la juſtice trop foible, accablée par la force, eſt réduite à prendre les ſeuls moyens qui lui reſtent pour conſerver ſon exiſtence. Nous devons la vérité, la bonne foi aux hommes, mais les devons-nous à des brigands acharnés à nous détruire? Le menſonge lui-même, quand il a pour objet le ſalut des Peuples, n'eſt-il pas une vertu? Oui; un motif ſi ſublime l'ennoblit; dès qu'il ſauve l'Etat, il ne peut être honteux. Si l'on attaque ou ma vie ou mes biens, ne puis-je donner le change à celui que la Nature me permet d'exterminer? qui doutera qu'une Nation n'ait les mêmes droits? Qui blâmera la Politique de procurer le ſalut de la Société, de la même maniere que l'on trouve légitime dans l'un de ſes membres? Qui aura le courage de refuſer à ceux qui gouvernent les Peuples, les mêmes droits dont jouit le dernier des Citoyens quand il eſt attaqué?

GARDONS-NOUS donc de preſcrire à la Politique, ces vertus ſuperſtitieuſes & romaneſques dont la pratique rigoureuſe deviendroit quelquefois la ruine d'une Société. Les vertus qui nuiſent au genre humain, ſont des fauſſes vertus. Les ſcrupules qui la mettent en danger, ſont des foibleſſes; la ruſe devient eſtimable, dès que la Politique l'emploie véritablement pour le ſalut de l'Etat. Lorſque je dis *véritablement*, je ne fais point dépendre la conſervation de l'Etat d'une entrepriſe injuſte échouée, d'une Province démembrée dans une guerre imprudente & malheureuſe, de quelque branche de commerce ou de luxe, enlevée par des mains plus habiles, de quelque défiance malfondée, de quelque inquiétude frivole. Les Souverains mettent preſque toujours leurs Nations en danger, & compromettent leur vrai bonheur pour des objets plutôt nuiſibles qu'utiles, dont un enthouſiaſme paſſager les enivre! Le bon ſens eſt ſouvent forcé de rougir des ſujets ridicules qui arment les mains des Maîtres de la

terre.

terre. Des titres vains, des préséances puériles, des soupçons & des ombrages, des prétentions chimériques & obscures, sont les motifs ordinaires des guerres, des négociations, des alliances & des ligues; objets futiles que les Princes voudroient sans cesse faire passer pour nécessaires & importantes à la conservation de leurs Peuples.

§. XV. *Le Bien Public est la regle de la Politique.*

Pour que les voies de la Politique soient justifiées & ennoblies aux yeux de la raison, il faut que le bien public & la nécessité les tracent aux Souverains. Disons la même chose de la fidélité qu'ils doivent à des traités, à des engagements que nous leur voyons perpétuellement enfreindre ouvertement, lorsqu'ils en ont la force, ou éluder sourdement, lorsque la foiblesse les empêche de réclamer. Des conditions imposées par la violence & l'injustice, ont-elles droit de nous lier? Le Peuple qui impose à un autre Peuple des loix trop dures & destructives pour lui, a-t-il cessé d'être son ennemi? n'est-il plus permis à la Politique de rompre des engagements, lorsque la fidélité à les remplir entraîne infailliblement la perte de l'Etat? Des circonstances plus heureuses ne mettent-elles pas en droit de réclamer contre une destruction imminente à laquelle l'inhumanité, la cruauté, la barbarie, le glaive à la main, nous auront fait souscrire? Gardons-nous de le croire; dès qu'on veut nous détruire, soit par les armes, soit par un traité, il ne subsiste entre le destructeur & nous, que le rapport de l'inimitié, & tout devient légitime pour se soustraire à ses injustes loix. Pour être en droit d'exiger de la bonne foi, il faut montrer de l'équité. Si un Peuple est forcé de subir la Loi d'un vainqueur inhumain, que lui importe qu'il périsse par son glaive ou par la loi cruelle qu'il lui impose?

§. XVI. *De la fidélité dans les Traités.*

Tous les Moralistes s'accordent à regarder les traités comme des engagements inviolables & sacrés. Ils ont, sans doute, raison, lorsque les traités ont l'équité pour base. Mais les Princes lésés par l'infidélité souvent nécessaire de leurs alliés ou de leurs ennemis réconciliés, leur en font indistinctement un crime, & ne cessent de les couvrir d'opprobre & d'infamie. Si, dégagés d'intérêts & de préjugés, nous examinons la conduite des Rois, peut-être trouverons-nous que les infracteurs des traités sont quelquefois plus excusables que ceux qui les leur ont imposés : l'injustice & la tyrannie de ceux-ci justifient souvent les infractions des autres. D'ailleurs il ne peut y avoir pour les hommes d'engagements éternels; les besoins & les circonstances des Nations subissent des changements continuels; par quel privilege voudroit-on que leurs intérêts ne changeassent jamais? les traités, les alliances, les pactes ne peuvent être fondés que sur des intérêts réciproques. Des conventions avantageuses dans un tems deviennent ruineuses dans un autre. Dira-t-on que le Peuple lésé ne peut jamais réclamer contre des engagements qui lui sont devenus funestes? Prétendra-t-on qu'il a voulu s'immoler sans réserve à un autre Peuple, qui seul en tirera les fruits? Les traités ne peuvent être que conditionnels ; ils ne peuvent ſubſiſter qu'autant qu'ils n'entraînent point la ruine de l'une des parties contractantes. D'ailleurs les Souverains, tuteurs, protecteurs & adminiſtrateurs des Peuples, qui ſont toujours mineurs, ſont-ils en droit de ſigner leur perte ? Ce ſeroit le comble de la déraiſon que de prétendre qu'un Peuple pût être ſacrifié par un Souverain à qui l'imprudence ou le caprice ont fait prendre, en ſon nom, des engagements deſtructeurs. Tout traité ſuppoſe des avantages réciproques ; en leur faveur on peut, ſans doute, renoncer à quelques droits ; mais il n'eſt point d'avantages aſſez grands pour ſe priver de ceux qui ſont eſſentiels à la ſûreté, à la nature & à la conſervation de la Société dont ils ſont des droits inaliénables. Les Carthaginois que les Romains privent par un traité de tous les moyens de ſe défendre, font ce qu'ils doivent, lorſqu'ils violent un traité fatal par lequel des vainqueurs injuſtes leur ont fait ſigner leur arrêt de mort.

§. XVII. *S'il eſt permis d'y manquer.*

La probité des Souverains ſeroit ſouvent un crime, ſi elle n'étoit réglée par la juſtice ou par ce qu'ils doivent à l'Etat. Un Citoyen, quand il s'engage, diſpoſe des choſes dont il eſt le propriétaire ; néanmoins lorſque par un contract il ſe trouve trop lézé, la loi lui fournit des remedes, & lui permet de revenir contre ſes engagements précipités. Il n'en eſt point de même des Monarques : dépoſitaires du pouvoir des Nations, chargés de veiller à leur bonheur, conſervateurs de leurs biens, ils n'en ſont point propriétaires ; & lorſque par leurs engagements imprudents la Société se trouve évidemment lézée, son bonheur anéanti, sa sûreté détruite, la Loi de la Nature, qui veut que tout tende à se conserver, les autorise à rompre les engagements qu'ils ont pu contracter.

Au-lieu donc de faire de vains efforts pour plier les traités à leurs desirs, au lieu de leur donner des interprétations arbitraires, au lieu d'inonder l'univers de manifestes inintelligibles, les Monarques seront pleinement justifiés aux yeux de la raison, lorsque le salut réel & la conservation de leurs Etats les forceront de rompre des engagements que le changement des circonstances & des tems rendent insupportables à leurs Sujets. Les actes des hommes sont momentanés, imprudents & passagers comme eux ; les loix de leur Nature sont toujours sages, prudentes & immuables ; c'est à la raison à rectifier les défauts des circonstances.

On dira, peut-être, que ces maximes, dont la mauvaise foi pourroit abuser sous prétexte du bien de l'Etat, tendent à briser les liens qui unissent les Peuples, ou du moins ébranlent la solidité de leurs traités. Je réponds que l'homme injuste ne peut point acquérir le droit de lier l'homme juste & foible. Quelles que soient les spéculations des Souverains & des Peuples, c'est ainsi que la nécessité les force à se conduire dans la pratique ; souvent ils en abusent sans doute, mais jamais on n'aura le courage de blâmer de bonne foi un Souverain qui violera un traité visiblement destructeur pour sa nation.

§. XVIII. *Les Traités injustes ne peuvent lier.*

Les Souverains injustes pour leurs Sujets, ne tardent pas à le devenir pour les autres Etats. Si les Chefs des Nations étoient, comme ils le doivent, sincérement occupés du bien public, s'ils ne le sacrifioient point sans cesse à leur propre ambition, à leurs passions, à leur intérêt personnel, communément très-distingué de celui de leurs Peuples, on ne verroit pas un si grand nombre de traités dictés par l'imprudence, le délire & l'incapacité, qui souvent heurtent de front le bien-être des Peuples & contre lesquels la Nature, la Raison, la Nécessité forcent de s'élever. Mais par une étrange dépravation, ce n'est communément que lui-même que le Souverain envisage dans ses traités, dans ses guerres, dans ses alliances; il ne consulte que ses intérêts présents, que les vues souvent bornées de ses Ministres, que les caprices de ceux qui sont à portée de lui donner des conseils. Les intérêts d'une Nation ne sont point aussi mobiles que ceux de l'homme qui la gouverne: mais le bien de l'Etat ne sert que de prétexte aux volontés injustes & changeantes de leurs Chefs; ceux-ci violent leurs engagements avec autant de légéreté, d'imprudence & d'injustice, qu'ils les avoient contractés. Lorsqu'une Nation libre est en droit de parler, de stipuler ses propres intérêts, de s'occuper de sa politique extérieure, elle peut veiller à sa sûreté, & peser les conséquences des engagements qu'elle prend. Sous un maître absolu, ce n'est jamais que le Despote qui s'engage, ses volontés varient à tout moment, celles de la Nation ne sont point écoutées. Nul Peuple sur la terre n'est intéressé que d'autres Peuples vivent dans l'esclavage.

En examinant ces principes, on verra qu'ils ne doivent déplaire qu'à ceux que des intérêts présents ou des préjugés aveuglent. Le Conquérant le plus injuste veut s'assûrer par des traités, le fruit de ses violences; il prétend lier par des engagements solemnels, ceux que sa force a déjà accablés; il croit avoir acquis des droits sur eux en les rendant en quelque sorte les complices & les artisans de leur propre ruine. Il fait valoir comme des titres, des avantages qui ne lui viennent que de la force; il nomme obligation, la nécessité où il met le foible de consentir à sa propre perte. Si un ravisseur me contraint à force ouverte de lui céder ce qui m'appartient, acquiert-il par là des droits? Si par la violence il arrache mon consentement, devient-il un possesseur légitime? ne me sera-t-il plus permis de revenir sur des engagements formés le poignard sur la gorge? Il faut de l'équité, de la bonne foi, pour mériter de la bonne foi : les actes de l'injustice ne peuvent être légitimés par la foiblesse; & la Loi du plus fort n'est point un titre qui puisse jamais lier des êtres raisonnables.

§. XIX. *Ces principes sont fondés en raison.*

Que l'on ne croie donc pas que ces principes tendent à bannir la bonne foi des traités; ils tendent seulement à prouver que, pour acquérir le droit d'exiger l'accomplissement d'un traité, il faut que la justice ait approuvé ce traité. Il est vrai qu'un vainqueur, quelle que soit son injustice, sait toujours colorer ses violences, ses usurpations, sa tyrannie, de quelques lueurs d'équité. On dira, peut-être, que, si les Souverains adoptoient ces maximes, les vainqueurs, persuadés qu'ils ne peuvent acquérir le droit de lier les vaincus, ne s'arrêteroient qu'après les avoir détruits tout-à-fait. Je réponds que les Conquérants qui tant de fois ont ravagé la terre, ne se sont communément arrêtés qu'après la destruction, ou la conquête des Empires. Dans les guerres qui n'ont point précisément la conquête pour objet immédiat, mais dans lesquelles un Peuple se propose seulement d'en abaisser, d'en affoiblir un autre, en un mot, de le priver de quelque avantage dont il jouit, le premier s'efforce toujours de faire au second tout le mal dont il est capable; il le détruiroit même s'il croyoit pouvoir y parvenir. Qu'arrive-t-il pour l'ordinaire? Le vainqueur, souvent épuisé lui-même, cherche à réparer ses pertes par un traité; alors il met en usage la ruse & l'adresse pour soumettre le vaincu aux conditions les plus dures; communément il ne consent à la paix, que lorsqu'il se sent incapable de continuer la guerre; s'il lui restoit assez de force, ou s'il ne craignoit de faire ombrage à d'autres Puissances jalouses, le vainqueur ne manqueroit pas de pousser les malheurs de son ennemi vaincu aussi loin que le Conquérant ou le brigand avéré. Mais la paix procure des avantages aux vainqueurs ainsi qu'aux vaincus; ils consentent de part & d'autre à mettre bas les armes, parce qu'ils en ont besoin; l'un consent à perdre quelque chose pour se sauver, l'autre se contente des avantages qu'on lui cede.

Peuples & Souverains qui voulez que vos traités obligent, n'entreprenez que des guerres justes. Si vous exigez de l'équité, montrez vous-mêmes de la bonne foi; si vous demandez de la fidélité, n'imposez point des loix déraisonnables. Pour vous, Princes avides, injustes & turbulents, les moyens de lier les hommes ne sont point faits pour vous. Despotes aveugles, qui ne suivez que vos volontés déréglées, vos engagements ne peuvent lier des Peuples dont vous ne consultez jamais les intérêts; les puissances qui contractent avec vous, ont droit de se défier d'une volonté que rien ne peut rendre stable & que la seule fantaisie dirige. Les usurpateurs & les tyrans sont toujours lâches & sans foi : après avoir violé les droits de leurs Sujets, comment craindront-ils de violer les droits des autres, lorsqu'ils le pourront impunément.

§. XX. *Des conditions qui rendent les traités sacrés.*

Il n'y a donc que des actes légitimes, approuvés par la justice & la raison, conformes à la Nature de l'homme, qui puissent conférer des droits véritables. Ce que la force arrache, peut être arraché par la force; ce que l'artifice fait obtenir, peut être éludé par l'artifice; ce que la ruse enleve, peut être enlevé par la ruse. Pour qu'un droit soit acquis, il faut un consentement. Mais, dira-t-on, les Souverains ne consentent jamais à la diminution de leur pouvoir. L'aggresseur le plus injuste, le Conquérant le plus ambitieux, le Souverain le plus méchant renoncent difficilement au butin qu'ils ont ravi. Je réponds que la justice, aidée de la force, confere des droits légitimes. Une guerre justement entreprise donne des droits très-réels. Le vaincu est alors un criminel qui subit malgré lui le châtiment naturel qu'il a justement encouru pour avoir violé les droits de la Société universelle. Quelle que soit sa volonté, il est forcé de se soumettre à perdre des avantages dont il avoit abusé; la justice le condamne, ainsi que la voix de la grande Société, dont les individus, souvent injustes eux-mêmes, veulent pourtant la justice & approuvent que, pour le bien de tous, un membre nuisible aux autres soit puni par la privation des moyens de nuire. L'intérêt général lui défend de revenir sur les engagements que la justice lui impose & que le bien public exige; la force qui pouvoit le détruire, est autorisée à lui faire observer des conditions onéreuses, mais devenues nécessaires à la sûreté de tous. C'est alors un malfaiteur à qui l'on ôte les moyens de faire du mal en lui laissant la vie; il peut bien ne pas consentir intérieurement aux sacrifices qu'il est forcé de faire, mais ils n'en sont pas moins justes pour cela.

§. XXI. *Nul pouvoir institué pour contenir les Souverains.*

DANS la grande Société, dont les Princes & les Peuples sont membres, il existe une Loi; elle est le résultat des volontés de tous les Peuples qui s'accordent à contenir, à réprimer, à affoiblir les membres dangereux au repos du genre humain. La volonté d'une Société particuliere, ou la Loi qui exprime cette volonté, oblige chaque Citoyen à laisser jouir les autres de la sûreté, de la tranquillité, & à remplir ses engagements avec eux; elle punit les infracteurs, elle réprime & détruit les coupables. La Loi de la grande Société du monde oblige pareillement les Souverains à la justice, à la tranquillité, à la bonne foi. Mais il n'existe point de force ou d'autorité visible qui puisse contraindre les Princes ou les Peuples à observer ses décrets. Si tous les Souverains réunis formoient d'un commun accord un tribunal où leurs querelles pussent être portées; si leurs volontés exprimées pouvoient, comme dans toute société particuliere, se faire exécuter, il n'est point de Souverain qui ne fût obligé de se soumettre à leurs décisions; les forces de tous rendroient ces loix inviolables & sacrées. Mais l'inégalité des Sociétés, la diversité de leurs intérêts, la discordance de leurs passions ont rendu jusqu'ici chimériques & romanesques, les projets les plus utiles que la raison proposeroit à cet égard. Les Souverains & les Nations forment une Société sans chef, sans principes fixes, sans loix. Est-il donc surprenant de leur voir éprouver toutes les fureurs de l'anarchie? Ils reconnoissent des Loix que, dans la pratique, ils violent ou éludent sans cesse; chacun suit son intérêt particulier; la justice n'est écoutée, que lorsqu'elle est appuyée de la force; il faut un pouvoir, pour contraindre des êtres déraisonnables à être justes: où est celui qui en imposera aux maîtres de la terre?

§. XXII. *De la Balance de l'Europe.*

Pour suppléer à l'autorité qui devroit contenir les Souverains, les conventions tacites & les traités ont établi en Europe une *balance* propre à maintenir entre les Puissances, l'équilibre du pouvoir; cette balance fidélement maintenue assûreroit la tranquillité de cette florissante partie du monde ; toutes les Nations qui la composent seroient, sans doute, intéressées à entretenir cet équilibre duquel dépend leur sûreté. L'Europe par ce systême ressemble à une grande famille dont tous les membres sont unis par quelques liens communs. Il n'est point d'événements qui n'attirent l'attention de tous ceux qui composent cette famille de Souverains. Mais sans cesse divisés d'intérêts, de préjugés, de passions, leur confédération contre l'injustice ne produit aucun effet ; toutes les décisions sont remises à la force ou à la ruse ; sous prétexte de maintenir la balance, chacun s'efforce de la saisir. Les traités sont arbitrairement interprétés ; la Politique est une science énigmatique & cachée, une mer de difficultés. Chacun s'efforce de plier la justice à ses vues ; les Princes les plus injustes en appellent à la justice ; tous prétendent n'avoir pour objet que le desir de conserver les Nations confiées à leurs soins ; l'avidité, l'ambition, le caprice se couvrent sous les dehors de l'amour du bien public. Des engagements dictés par l'intérêt personnel d'un Souverain qui parle au nom de son Peuple, sont variables & momentanés. La Négociation n'est plus qu'un art dont la foiblesse se sert pour endormir la puissance. Les prétentions les plus iniques sont ornées de couleurs éclatantes qui éblouissent très-souvent la sagacité la plus exercée ; la paix n'est communément que l'effet de l'épuisement de deux partis également déraisonnables, mais hors d'état de se nuire plus long-temps : ceux que la guerre a rendus les plus misérables cedent pour un tems à des vainqueurs plus heureux ; & pour rompre leurs engagements, ils n'attendent que les occasions de le faire avec impunité. Des vainqueurs criminels sont trompés par des vaincus qui réclament, souvent sans fondement, des avantages puérils & imaginaires qu'ils regardent comme essentiels & comme des droits inaliénables. Des alliances fondées sur l'incapacité de quelques Ministres, sur la fraude, sur le desir de se surprendre réciproquement, ne sont d'aucune durée. Les garants dont la bonne foi & la force sembloient devoir assurer l'exécution des engagements les plus solemnels, changeant eux-mêmes de principes, renversent leur solidité, & favorisent l'infraction des traités qu'ils devroient faire observer. Une jurisprudence barbare, inconnue de la justice & de la raison, s'introduit parmi des peuples qui ne semblent vivre que pour se détruire les uns les autres. La *raison d'Etat* mal entendue, la *convenance* deviennent des droits ; elles autorisent le plus fort à opprimer le plus foible, à l'attaquer à l'improviste, à le dépouiller des avantages les plus légitimes, & cela sur des soupçons & sous des vains prétextes. La possession, l'usurpation heureuse, de vaines formalités, des interprétations arbitraires deviennent autant de titres dont chacun cherche à se prévaloir, & sont les objets importants dont les Négociateurs sont occupés. Le sort des Peuples dépend d'un mot douteux que chacun explique à sa façon ; delà ces disputes puériles qui ne laissent pas d'être communément suivies par des guerres cruelles. Les Nations paient de leur repos, de leurs trésors, de leur sang, l'ineptie, la vanité & les bévues de ceux qui négocient pour elles. Entre des Peuples & des Souverains également injustes & déraisonnables, la raison interdite ne sait souvent quel parti prendre ; la force seule décide leurs querelles ; & leurs traités ne sont que des tissus de parjures, de mensonge & de supercheries.

Il n'eſt point ſurprenant de trouver tant de fourberies & ſi peu de bonne foi dans la conduite de la plupart des Princes ; les avantages de leurs Peuples n'entrent, comme on a vu, communément pour rien, ſoit dans leurs guerres, ſoit dans leurs traités ; ils ne regnent que pour eux-mêmes ; dans leurs démarches, ils ne conſultent que leur propre ambition, leur vanité, le deſir d'aggrandir leurs familles, les vues perſonnelles de leurs Miniſtres ; les Nations ne ſervent qu'à faire reuſſir des projets totalement étrangers pour elles. Il ſembleroit que la Nature n'a formé tous les Peuples, que pour être les jouets des paſſions d'un petit nombre de Princes, qui, ſans conſulter leurs Sujets, diſpoſent de leur ſort, de leur perſonne, de leurs biens, de leur vie, & ſans ceſſe les ſacrifient à leurs propres folies.

Telles ſont les ſources de ces démêlés ſanglants, de ces diſputes obſcures & interminables qui déchirent preſque ſans relâche tous les Peuples de la terre. Guidée par la paſſion, le délire & l'intérêt préſent, la Politique fauſſe & inſenſée des Princes fait qu'ils s'occupent toujours bien plus du ſoin de nuire aux ſociétés qui les entourent, qu'à faire du bien à celles que le deſtin leur confie ; ſans ceſſe empreſſés à ravir aux autres ce qu'ils poſſedent, ils négligent de jouir des avantages qu'ils ont entre les mains ; acharnés à détruire leurs voiſins, ils oublient de rendre leurs ſujets heureux. Par là les Nations ſont dans une lutte continuelle ; c'eſt la voie qui d'ordinaire les conduit à la deſtruction, dont ceux qui devroient les conduire au bien-être ſont les cauſes immédiates ou les auteurs véritables.

Sommaire du Neuvieme Discours.

DE LA DISSOLUTION DES ÉTATS.

§. I. *Comment les Etats se dissolvent.*

LA Nature par une marche constante mene tout ce qui existe à sa destruction ; les êtres physiques & les êtres moraux exécutent plus ou moins lentement cette loi inévitable. Les Sociétés humaines, leurs Gouvernements, leurs Loix, leurs institutions, leurs opinions, leurs demeures mêmes s'alterent & disparoissent quelquefois. Les hommes, ces êtres mobiles, sont dans une action & dans une réaction perpétuelles ; le Citoyen agit contre le Citoyen ; les différents corps d'un État luttent presque sans interruption les uns contre les autres. Les Souverains & les Sujets sont dans un combat continuel ; les Nations font des efforts constants contre les Nations ; les passions, communes aux sociétés comme aux individus, sont les forces motrices qui font naître les mouvements divers dans le monde moral : de cette collision perpétuelle résulte à la fin la dissolution des Corps Politiques.

Les Etats, comme les corps humains, portent en eux les germes de leur destruction : comme eux, ils jouissent d'une santé plus ou moins durable ; comme eux, ils sont sujets, soit à des crises qui les emportent avec rapidité, soit à des maladies chroniques qui les minent peu-à-peu, en attaquant sourdement les principes de la vie. Ainsi que les malades, les Sociétés éprouvent des transports, des délires, des révolutions : un embonpoint trompeur couvre souvent leurs maux cachés ; la mort elle-même suit de près la santé la plus robuste. La Nature toujours agissante fait naître quelquefois tout-à-coup des hommes qui guérissent un Etat de ses maux, & le font, pour ainsi dire, renaître de ses cendres ; plus souvent elle fait éclore du sein des Nations, des Etres destructeurs qui les précipitent en un clin d'œil dans l'abîme.

Un Etat se dissout, dès que les vices accumulés de son Gouvernement le privent de la sûreté, de la force, des mœurs nécessaires au maintien de l'ensemble. Cela posé, un Corps Politique est menacé de dissolution, lorsque ses Souverains négligent d'entretenir en lui l'esprit qui doit l'animer rélativement à ses besoins ; lorsque, oubliant de tenir l'équilibre entre ses forces ; ils permettent qu'une branche de l'administration absorbe toutes les autres ; lorsque, par quelque vice interne, une Nation cesse de jouir de la puissance, du rang, de la considération qu'elle devroit avoir parmi les autres, d'après les avantages que la nature lui a donné donnés : ces avantages sont déterminés par le nombre de ses habitans, par leur industrie & leurs talents, par leurs richesses & leurs ressources, par la bonté de leur sol, par son étendue & sa position. Une Nation se dissout, lorsque les principes de son Gouvernement sont corrompus; lorsque les Loix sont mauvaises & sans vigueur; lorsque l'Autorité est méprisée; lorsque l'Anarchie s'empare de tous les ordres de l'Etat; lorsque les Citoyens s'isolent & se détachent de la Patrie; lorsque des guerres civiles les arment les uns contre les autres; lorsque la violence change la forme de son Gouvernement; lorsqu'une force étrangere vient la démembrer, la détruire & lui ravir son indépendance; enfin une Nation est dans un Etat de dissolution & de ruine, quand les ressorts du Gouvernement sont usés, & quand le luxe plonge tous les esprits dans l'apathie pour tout ce qui est utile, dans l'indifférence pour le bien public, dans le mépris pour la vertu : l'Etat alors n'a plus de Citoyens, il se remplit d'êtres vicieux, détachés de leur Patrie qui ne sont animés que d'une passion désordonnée pour les richesses, les plaisirs, les frivolités.

§. II. *Chûte des anciens Empires.*

Que sont devenus ces Peuples fameux dont nous lisons avec étonnement les annales? Quel sort ont eu les institutions si sages du laborieux Egyptien, les richesses & les forces si vantées de l'Assyrien, du Perse & du Mede, les conquêtes du Macédonien, le commerce étendu du Tyrien & du Carthaginois? Enfin que reste-t-il de ce Peuple vainqueur de tous les autres Peuples qui finit par engloutir tous les Empires du monde, & dont les Citoyens commandoient à tant de Rois ? Hélas ! leurs Gouvernements ont été renversés, leurs institutions abolies, leurs demeures & leurs dépouilles partagées par des barbares : de toute leur grandeur, il ne reste que des monuments informes dont les ruines imposantes nous impriment encore une vénération stérile pour une Puissance qui n'est plus.

Les Loix & les noms mêmes des *Solon*, des *Lycurgue*, des *Numa* ne sont plus connus des barbares qui occupent aujourd'hui l'ancienne Patrie de la liberté & de la gloire ! Les institutions les plus sages n'ont pu garantir les Peuples de leurs propres folies, & de la fureur des factions, des guerres, du fanatisme des conquêtes, du poison du luxe plus destructeur encore que tous les autres fléaux. Que le passé soit pour nous un miroir fidele de l'avenir ; il nous apprendra que les Nations les plus puissantes & les plus belliqueuses, que les Gouvernements les plus sages, que les établissements qui sembloient devoir braver le tems & l'inconstance des hommes, ont été tôt ou tard forcés de suivre la Loi d'une Nature qui veut que tout finisse.

§. III. *Objection levée.*

Mais, dira-t-on peut-être, si toutes les Nations sont forcées de subir leur destinée, si victimes des loix du sort & des révolutions du globe, elles sont toujours entraînées par une pente fatale vers la ruine, qu'est-il besoin de s'occuper de maux qui doivent avoir leur cours ? A quoi bon disputer sur la préférence que mérite un Gouvernement ſur un autre ? Que peuvent produire ces loix ſi ſages, ces établiſſements ſi vantés, cette politique ſi prudente, ces vertus mêmes que l'on regarde comme les ſoutiens des Empires ? Ne ſongeons point triſtement à nos peines ; laiſſons nous entraîner le plus doucement qu'il eſt poſſible par la force irréſiſtible de la néceſſité, & n'allons pas par des réflexions affligeantes aggraver des malheurs auxquels nous ne voyons point de remedes : contents de jouir du préſent tel qu'il eſt, ne portons plus nos regards ſur un avenir qui n'eſt propre qu'à troubler.

C'est ainſi que parlent des hommes corrompus & frivoles, en qui le vice éteint l'amour de la Patrie, toute tendreſſe pour leur poſtérité. C'eſt ainſi que s'expriment des eſclaves indolents en qui le deſpotiſme a totalement étouffé juſqu'au deſir de voir changer leur ſort. Mais les maux des Nations ſont-ils donc ſans remede ? De ce que l'homme doit périr un jour, en conclura-t-on qu'il faut l'abandonner à ſon ſort, lorſqu'il eſt accablé par quelque maladie ? Les loix, la liberté, la douceur du Gouvernement en ſont-ils moins des biens, parce que leur durée ne peut être éternelle ? La ſanté eſt-elle un bien à dédaigner, parce que tôt ou tard elle eſt ſuivie d'infirmités & de douleurs ? La raiſon, la prudence, la vertu, la liberté ſont-elles des choſes mépriſables, parce que ſouvent elles oppoſent des barrieres impuiſſantes à la force, au délire, au crime, à la tyrannie ? Gardons-nous de le croire. Si les Nations ne ſont point deſtinées à jouir d'une félicité inaltérable, le bonheur n'eſt pas moins fait pour être l'objet conſtant de leurs deſirs ; leur bien-être, même paſſager, doit occuper le légiſlateur, le politique, le citoyen qui penſe, l'homme de bien qui s'intéreſſe à ſa Patrie.

Cela poſé, examinons quelles peuvent être dans les différents Gouvernements les cauſes ſenſibles de leur diſſolution : remontons, s'il ſe peut, juſqu'à la ſource de la corruption des Etats ; de ce que juſqu'ici l'inexpérience des hommes les a preſque toujours empêché d'oppoſer aux maux qui les aſſiegent, des remparts aſſez forts, n'allons pas en conclure que l'eſprit humain, retenu trop longtems dans une enfance perpétuelle, ne pourra jamais s'évertuer. Ne déſeſperons point de ſon activité ; attendons un ſort plus doux du progrès des lumieres ; s'il ne nous eſt pas permis de changer nos propres deſtinées, ſemons pour la Poſtérité ; montrons-lui les écueils où ſes peres ont échoué ; expoſons-lui les ſuites de leurs Gouvernements imprudents, de leurs légiſlations vicieuſes, de leurs préjugés dangereux, de leurs uſages inſenſés, de leurs vices deſtructeurs ; traçons-lui le tableau des folies qui les ont conduits à la ruine : faiſons des expériences pour cette poſtérité dont tout homme de bien doit tendrement s'occuper, & flattons-nous de l'eſpoir conſolant que nos deſcendans, aidés des circonſtances & de nos réflexions, feront un jour plus ſages & plus heureux que nous.

§. IV. *Cauſes de diſſolution des Monarchies abſolues.*

La Monarchie paſſe dans l'eſprit de bien des gens pour avoir des avantages marqués ſur les autres formes de Gouvernement. Moins une Monarchie eſt compliquée, plus ſon jeu ſemble avoir d'aiſance. Il eſt vrai que dans la Monarchie, la puiſſance de la Nation, remiſe entre les mains d'un Chef qui gouverne ſans partage, ſe porte avec facilité par-tout où le beſoin l'exige; mais d'un autre côté, une force trop grande confiée à un ſeul homme, devient propre à ſubjuguer une Société, qui ne préſente jamais à ſon Souverain que des forces diviſées & des volontés peu d'accord. Ainſi la Monarchie dégénere preſque toujours en deſpotiſme & en tyrannie. D'après l'exemple de tous les âges, on a pu voir les ſuites des affreux abus d'un Pouvoir par lequel toutes les forces de l'Etat ſont ſacrifiées aux fantaiſies d'un Deſpote.

Lors même que la Monarchie ne dégénere point dans ces honteux excès, l'inégalité & la diverſité qui ſe trouvent néceſſairement entre les talents, les caracteres & les paſſions des Monarques qui ſe ſuccedent, doivent produire des variations continuelles dans ce Gouvernement. La volonté du Chef étant la ſeule regle de la Nation, doit produire à tout moment des révolutions dans les loix, dans les établiſſements, dans les principes de l'adminiſtration, dans les idées. Il ne peut y avoir rien de fixe par-tout où le caprice peut tout changer d'un jour à l'autre; ſi le même homme n'eſt pas toujours d'accord avec lui-même dans les différents intervalles de ſa durée, que ſera-ce lorſque l'Etat paſſera ſucceſſivement entre les mains de Princes ou de Miniſtres, qui n'auront rien de commun avec leurs prédéceſſeurs?

D'ou l'on voit que par ſon eſſence même un Etat Monarchique doit être dans une oſcillation continuelle, & que le maître de tout peut aiſément par son imprudence, conduire sa Nation à sa perte. Presque toujours les rênes de l'Empire sont placées en des mains peu capables de les soutenir. Ainsi le sort de tous dépend presque uniquement des qualités d'un seul homme; s'il possede par hasard le génie, la capacité & les vertus nécessaires au gouvernement, le plus souvent il est remplacé par un successeur dont l'indolence, l'incapacité, la folie ou la méchanceté détruisent en un moment, tout le bien que les soins de tous ses prédécesseurs auront fait à son Peuple. Si la Monarchie n'est point limitée par les Loix; si la Nation n'est point représentée par quelque corps qui tempere le pouvoir suprême, le poids de l'administration roule, pour ainsi dire, sur un seul pivot qui venant à manquer, met l'Etat en danger. L'injustice, l'ineptie, l'imprudence d'un seul sont plus communes que celles d'un grand nombre; une Nation ressent sur le champ les effets des mauvaises dispositions de son Chef; lorsqu'il est corrompu, ses vices, fidélement copiés par les Grands qui l'environnent, se propagnent avec célérité dans les ordres inférieurs: une cour dissolue ne tarde point à rendre une Nation vicieuse; un Gouvernement peu fixe ne donne point de fixité à l'esprit de ses Sujets. Des maîtres fastueux & vains répandront le goût du faste & de la frivolité dans tout un Peuple.

Le Prince est-il indifférent, dissipé, incapable de gouverner par lui-même? la Puissance Souveraine tombe entre les mains de quelques favoris, de quelques femmes; d'un petit nombre d'hommes élevés par la cabale & l'intrigue qui, continuellement aux prises entr'eux, sont bien plus occupés du soin de se maintenir en place & en faveur, & de détruire leurs rivaux, que des travaux pénibles de l'adminiſtration. Comment ſous des Princes de cette trempe, l'Autorité diviſée pour de vils intérêts, dépourvue de ſyſtême; occupée du moment, mettroit-elle de la ſuite dans ſes opérations & pourroit-elle veiller au bien public?

Le Monarque eſt-il remuant? c'eſt vers la guerre que tous les regards ſe tournent; le ſang des Peuples coule pour charmer ſes ennuis; il ſe fait un jeu cruel du malheur de ſes Etats; il s'applaudit de la déſolation qu'il porte chez ſes foibles voiſins. Ainſi la vie & les biens des Sujets ſont follement prodigués; & ſouvent il ne leur reſte de leurs victoires, qu'un long épuiſement. Les malheurs des Peuples cauſés par les délires des Rois ſont écrits dans les Annales du monde, & les caracteres de ſang qui nous le montrent, ſe renouvellent à tout moment. Les Monarques, pour la plupart, ne ſe croient puiſſants, qu'en raiſon du pouvoir qu'ils ont de faire du mal aux habitans de la terre.

Faute d'avoir des idées vraies de la grandeur & de la gloire, les Rois croient qu'elles conſiſtent dans la pompe & le faſte qui ſont identifiés avec la Monarchie. Rien de plus rare qu'un prince économe & ami de la ſimplicité. On ne parle ſans ceſſe à un Roi que de la ſplendeur du trône. Sous un Prince faſtueux, la ſubſtance de ſes Peuples eſt ſans ceſſe conſumée en fêtes diſpendieuſes, en amuſements frivoles, en dépenſes inutiles, en édifices ſomptueux qui retracent aux yeux de la Nation l'orgueil d'un Maître qu'elle eſt forcée d'entretenir. Elle a la douleur de voir élever des monuments qui l'appauvriſſent ; plongée dans l'indigence, elle a ſous les yeux le faſte d'une cour inſolente qui nage dans l'opulence dont elle jouit à ſes dépens. Les tréſors conſumés pour repaître la vanité de quelques Monarques ſuffiroient très-ſouvent pour rendre heureux un peuple entier.

Du rang trop élevé où le Monarque eſt placé, il ne peut voir d'aſſez près les beſoins de ſes Peuples : tout ce qui l'approche vit dans la diſſipation & l'abondance ; ceux qui le conſeillent, complices des malheurs publics, ſont toujours intéreſſés à les lui diſſimuler & à les faire durer. De lâches complaiſants lui exagerent la félicité dont on jouit ſous ſes loix ; des Flatteurs, des Courtiſans, des Miniſtres voudroient-ils attriſter ſon ame par le ſpectacle de la miſere ? Non. L'intérêt veut qu'on lui cache des maux que l'incapacité ou la corruption ont fait naître. Exiger que l'homme de cour ſoit véridique, c'eſt exiger qu'il ſe dénonce lui-même. Un Monarque ne peut jamais connoître la vérité, il peut tout au plus la deviner : mais bientôt étourdi par le tumulte de ſa cour, elle s'efface à ſes yeux.

GOUVERNER un Etat eſt une occupation ſérieuſe & pénible, dont communément les Rois ignorent l'importance ou dont les détails leur paroiſſent effrayants. Engourdis dans la pareſſe, nourris dans les plaiſirs, bercés par la flatterie, les Princes ne ſont pour l'ordinaire que des enfans robuſtes, étrangers aux affaires, peu ſuſceptibles d'une attention ſuivie, à qui le travail & la réflexion paroiſſent odieux. Il faut des hommes, il faut de l'expérience, de la force & du génie pour régler un Etat, & trop ſouvent ce ſont les plus foibles des mortels qui gouvernent les Empires! Ainſi peu-à-peu, & à l'inſû du Monarque, les maux d'une Nation jettent de profondes racines, & il n'eſt averti de ſes malheurs, que par ſa propre chûte.

L'INTERVALLE preſqu'immenſe que le trône met entre le Souverain & ſon Peuple, lui dérobe toujours le mérite humble & les vertus modeſtes qui ſe tiennent dans l'obſcurité. Sous un Prince forcé de voir par les yeux des autres, les talents ſont écartés par des Courtiſans jaloux; l'incapacité, toujours effrontée uſurpe les faveurs & les récompenſes: le découragement s'empare de la Nation; perſonne ne ſe donne le ſoin d'acquérir des connoiſſances qui ſeroient inutiles dans un Etat où les emplois ne ſont le prix que de la ruſe, de la baſſeſſe, de l'audace. Une injuſte préférence accordée continuellement à la naiſſance, aux richeſſes, à la faveur, à l'intrigue, empêche les talents de ſe faire jour au travers d'une foule de Courtiſans qui croient toujours que les bienfaits du Monarque leur appartiennent à l'excluſion de tous les autres.

COMME dans la Monarchie, plus que dans tout autre Gouvernement, la vanité accompagne l'autorité; comme elle ne s'annonce que par un faſte inutile qui, d'abord imité par les Courtiſans, eſt ſuivi par les différents ordres de la Nation, tout le monde veut reſſembler au Souverain ou à ceux qui l'approchent; il s'établit une rivalité de faſte & de dépenſes; il s'allume dans tous les cœurs une paſſion excluſive pour les richeſſes, connue ſous le nom de *Luxe* qui, comme nous le verrons bientôt, eſt un ver rongeur qui dévore l'Etat. Le luxe eſt, pour ainſi dire, un mal inhérent à la Monarchie, où la faveur, la naiſſance, les richeſſes mettent une diſproportion trop grande entre les Citoyens. Chacun veut ſe donner l'air de la grandeur, parce que le pouvoir ſuit la grandeur. Sous un Roi, la vanité eſt plus contagieuſe, que ſous un Gouvernement Républicain, où l'égalité établie par la liberté & les loix rend l'appareil de la Puiſſance beaucoup moins néceſſaire.

§. V. *Cauſes de la diſſolution des Monarchies limitées.*

Meme dans une Monarchie limitée, le Monarque conſerve toujours un aſcendant très-marqué ſur les Corps qui concourent au Gouvernement, quand, dépoſitaire unique de la Puiſſance exécutrice, qui demande plus particuliérement l'unité, il tient dans ſes mains les forces militaires ; quand il reſte le maître & de la diſtribution des graces & de l'emploi des deniers publics ; ces deux reſſorts, dirigés par une volonté fixe contre des volontés diſcordantes & diviſées, doivent parvenir tôt ou tard à les dompter. La force intimide, les récompenſes ſéduiſent, & le Souverain finit par ſubjuguer tous ceux dont il peut acheter les ſuffrages. Un Monarque prend un aſcendant néceſſaire ſur une Nation vénale qui conſent à lui vendre ſa liberté ; il en devient indubitablement le maître abſolu, quand la ſoif de l'argent l'a corrompue ; l'amour des richeſſes, devenue la paſſion dominante d'une Nation, applanit toujours la route au Deſpotiſme. Les

Citoyens qui veulent être chargés de représenter la Nation ; ne regardent plus leurs places que comme des moyens d'acquérir des richesses, des titres, des emplois lucratifs ; ils acheteront alors d'un Peuple avide & corrompu lui-même, le droit de le revendre au Souverain, qui peut les enrichir, les décorer, les appeller aux grandes places. La liberté sera toujours précaire dans les pays où le Monarque sera le possesseur exclusif de tout ce qui peut exciter la vanité & la cupidité des hommes ; elle ne peut être assurée qu'en ôtant au Souverain les moyens de subjuguer & de séduire, & en rendant tout homme, responsable de sa conduite à la Nation. Rien de plus illusoire qu'une liberté que ses défenseurs peuvent attaquer ou aliéner sans craindre d'être punis par leurs Constituants : rien de moins durable qu'une liberté que ces Constituants confient sans examen à des Citoyens qui les ont achetés eux-mêmes à prix d'argent.

Sous une Monarchie mixte, le Peuple & ses Représentants, en possession de faire connoître leurs desirs, font souvent la loi au Souverain & à ses Ministres ; mais le Peuple susceptible d'ivresse, de fanatisme, de passion, & communément dépourvu de prévoyance, entraîne souvent le Gouvernement dans des démarches ruineuses & précipitées. L'Autorité Souveraine ne peut toujours opposer une digne assez forte à la déraison du Peuple & de ceux qui le représentent ; sa prudence est obligée de céder quelquefois au torrent d'une multitude imprudente. Si la Nation est commerçante, son avidité portera uniquement ses vues du côté du commerce : elle négligera ou dédaignera l'agriculture, elle n'emploiera ses forces qu'à satisfaire son avarice & sa passion pour des richesses, dont tôt ou tard le poids ne peut manquer de l'accabler, sur-tout lorsque le luxe aura achevé d'anéantir le patriotisme & les vertus nécessaires au soutien d'un Etat.

Le Gouvernement mixte, quand il n'a pas ôté au Peuple la faculté d'exercer la licence, éprouve très-fréquemment les inconvénients du Gouvernement Populaire. Des enthousiastes, des imposteurs, des charlatans politiques auront, comme dans la Democratie, le pouvoir d'allarmer le vulgaire, d'exciter sa fureur, de lui rendre suspectes les démarches & les entreprises les plus justes, les plus utiles, les plus sensées, en un mot, l'animeront contre ses intérêts les plus vrais, lorsque leurs propres passions n'y trouveront point leur compte. Ainsi la Nation se déchirera en partis, en factions, en cabales dont les suites sont les mêmes, que celles qui amenent la ruine d'un Gouvernement Populaire. Il est dans les Monarchies Mixtes des Orateurs, des Démagogues, des fourbes qui par la faveur du Peuple s'élevent jusqu'aux conseils des Rois qu'ils tyrannisent au nom de la Nation, & qui, revêtus de l'autorité de ce même Monarque & distributeurs malgré lui de ses graces, s'en servent pour abattre la Nation, pour l'acheter, pour la diviser, pour établir leur propre pouvoir. Un Monarque plus habile & plus avisé, éludant adroitement les loix qu'il ne peut violer ouvertement, ou même faisant usage de ses prérogatives trop grandes, profitera des dissensions publiques, & parviendra peu-à-peu à trouver des complices de ses entreprises & à mettre sa Nation aux fers.

L'esprit de parti & les factions, dans les

Monarchies tempérées, en divisant les Sujets, fournissent au Monarque, des occasions fréquentes de ruiner la liberté. Les factions ont rarement le bien de l'Etat pour objet véritable; il ne s'agit communément que de l'ambition de quelques mauvais Citoyens qui ne cherchent qu'à se disputer le pouvoir, à se décrier, à faire échouer leurs entreprises réciproques. La Nation se partage entre des champions dont le zele imposteur, n'a pour objet que de se détruire réciproquement; les esprits ne s'occupent que de leurs combats inutiles au bien public, l'on ne songe aucunement à la Patrie, à réformer les abus, à perfectionner les Loix. Les Chefs des factions s'attirent tous les regards; leurs combats deviennent pour les Citoyens, des spectacles qui les empêchent de penser à leurs propres intérets ou au bien de l'Etat. Faute de connoître les vrais principes du Gouvernement, de remonter aux droits naturels de la Société, les hommes ne connoissent d'autres droits que ceux de leurs peres, de l'exemple, de l'autorité; ils sont perpétuellement les dupes de ceux qui font sonner dans leurs oreilles, les mots emphatiques de loix, d'usages, de patrie, de liberté, auxquels très-peu de gens savent attacher des idées.

POUR défendre la liberté, il faut des lumieres, de la droiture, de la vertu, & sur tout des ames nobles & désintéressées. Des hommes sans talents, remplis de vanité, entêtés de privileges futiles & souvent injustes, infectés d'avarice, seront perpétuellement divisés d'intérêts & ne s'occuperont que foiblement du bien public. Presque toutes les assemblées nationales se passent en vains débats entre des hommes vains qui s'obſervent ou qui cherchent à ſe détruire ou ſe combattre ſans profit pour leur pays. A la faveur de ce conflict entre des champions imprudents, le Deſpotiſme ſurvient pour les mettre d'accord. C'eſt ainſi que ſe diſſolvent les Gouvernements qui paſſent pour les plus ſages, & qui, faute de vertus, ſont perpétuellement agités. Le Monarque fait continuellement des efforts pour étendre des prérogatives dont les limites le gênent ; la Nobleſſe eſt quelquefois trop orgueilleuſe, pour vouloir confondre ſes intérêts avec ceux du vulgaire qu'elle mépriſe ; le Clergé croit voir ſon intérêt à ſeconder le Prince dans le projet de ruiner la liberté publique : les Miniſtres veulent établir leur propre pouvoir aux dépens du Roi & de la Nation ; ceux qui guident le Peuple ou qui le repréſentent, ſe partagent en factions &, ſous prétexte de ſervir leurs pays, ne ſervent que les paſſions des ambitieux qui veulent obtenir des richeſſes, des titres & du pouvoir. Le mot de bien public, dans la bouche des factieux, n'eſt qu'un moyen de s'aider de la faveur du Peuple, pour arracher du Souverain les objets que l'on deſire.

§. VI. *Principes de deſtruction dans la Démocratie.*

CHACUN ſent aiſément les inconvénients attachés au Gouvernement Populaire, qui, par la déraiſon du Peuple, ſemble devoir être regardé comme le pire de tous. Pour peu que l'on parcoure l'hiſtoire des Démocraties tant anciennes que modernes, on voit que le délire & la fougue préſident communément aux conſeils du Peuple. La partie la moins raiſonnable & la moins éclairée d'une Nation, fait la loi à celle que ſon expérience & ſes lumieres mettroient en droit de commander, & celle-ci ſouvent par ſes hauteurs & ſon Deſpotiſme, ſe rend juſtement ſuſpecte au Peuple. L'homme déraiſonnable eſt toujours envieux. Une multitude jalouſe & ombrageuſe croit avoir à ſe venger de tous les Citoyens que le mérite, les talents ou les richeſſes lui rendent odieux ; l'envie, & non pas la vertu, eſt le puiſſant mobile des Républiques : les ſervices les plus ſignalés ſont punis & méconnus par une troupe d'ingrats que le nombre & l'impunité empêchent de rougir de ſes crimes. Un Peuple, comme un particulier, devient inſolent & méchant quand, ſans lumieres & ſans vertus, il jouit de la Puiſſance ; il s'enivre de vanité à la vue de ſes forces qu'il ne ſait jamais exercer avec prudence ou juſtice : il méconnoît alors ſes vrais amis, pour ſe livrer à des perfides qui flattent ſes paſſions. Ces Athéniens ſi vantés ne nous montrent dans leur hiſtoire, qu'un tiſſu de folies, d'injuſtices, d'ingratitudes & d'oppreſſions : on y voit les défenſeurs les plus généreux de cette indigne République, obligés de ſe juſtifier de l'avoir fidélement ſervie, ou contraints à ſe bannir, pour éviter la fureur d'une populace dont ils avoient affermi la licence plutôt que la liberté.

Ainsi, ſous la Démocratie, la vertu même devient ſouvent un crime. Un Peuple aveugle devient à tout moment la dupe des flatteurs, qui font ſervir ſes fureurs à leurs projets : la chaleur de ſon imagination le livre à des factieux qui le ſoulevent contre ce qui fait obſtacle à leurs propres paſſions : ſon délire le rend la proie des ambitieux qui l'égorgent de ſes propres mains, &

qui, pour terminer ses malheurs, l'obligent à la fin à se réfugier sous les aîles de la tyrannie : celle-ci acheve de détruire ce que l'anarchie & la licence avoient pu épargner.

En un mot, par-tout où le Peuple est en possession du pouvoir, l'État porte en lui le principe de sa destruction. La liberté y dégénere en licence, & est suivie de l'anarchie. Furieuse dans l'adversité ; insolente dans la prospérité, une multitude fiere de son pouvoir, entourée de flatteurs, ne connoît point la modération ; elle est prête à recevoir les impressions de tous ceux qui veulent se donner la peine de la tromper ; peu retenue par les liens de la décence, elle se porte sans réflexions & sans remords aux crimes les plus honteux, aux excès les plus criants. Si plusieurs Citoyens opposés d'intérêts se disputent l'Empire, le Peuple alors se partage en factions ; la guerre civile allume ses flambeaux ; les uns suivent un *Marius* & d'autres un *Sylla* : un fanatisme contagieux s'empare de tous les cœurs, &, sous prétexte du bien public, la Patrie est déchirée par des furieux qui prétendent la sauver. C'est ainsi que naissent ces guerres civiles, les plus atroces de celles qui désolent la terre. L'on y voit le pere combattre contre le fils, le frere contre le frere, le Citoyen devient pour le Citoyen un ennemi personnel : rien ne manque à leurs fureurs, lorsqu'aux inimitiés politiques la superstition donne encore la sanction du ciel ; alors le Peuple se livre sans remords aux plus affreux excès, & croit se rendre plus agréable à ses Dieux, à mesure qu'il montre plus de déraison & de cruauté.

§. VII.

§. VII. *Dans l'Aristocratie.*

Sous l'Aristocratie, un petit nombre de Citoyens puissants ne tarde point à faire sentir son autorité à un Peuple qu'il méprise, & dont peu-à-peu il devient le tyran. Dans un Etat Aristocratique, chaque membre du Gouvernement se croit un Roi. Dans quelques Aristocraties nous voyons la même politique, les mêmes soupçons, les mêmes loix sanguinaires, aussi peu de liberté que sous les Tyrans les plus ombrageux. La Tyrannie Aristocratique n'est pas moins douloureuse, elle est même plus permanente, que la tyrannie d'un Monarque. Un Corps ne change guere de maximes; un Despote peut en changer lui-même, ou du moins être remplacé par un successeur modéré. Sous une Aristocratie illimitée, le Peuple est tyrannisé pendant des siecles par des Maîtres qui ne s'écartent jamais de leur plan. Si quelques Chefs plus rusés ou plus entreprenants que leurs égaux, se disputent le pouvoir, la multitude se partage en factions & paie de son sang, l'ambition de ses oppresseurs.

§. VIII. *Autres causes de dissolution.*

Non-seulement la forme du Gouvernement ne garantit point les Nations de la destruction; les choses mêmes qui dans l'origine étoient les plus salutaires, finissent par se tourner en poisons; semblables aux aliments les plus sains, l'excès en devient nuisible. C'est ainsi que la liberté, cet unique gage de la félicité publique, dégénere en une licence funeste, lorsqu'elle n'est point retenue par des Loix qui en préviennent l'abus. D'un autre côté, un respect excessif pour les loix & les institutions de ses peres, peut devenir très-dangereux, lorsque les changements survenus à l'Etat les ont rendus inutiles ou contraires à ses intérêts actuels. Dans d'autres circonstances, le mépris de ces Loix conduit à l'esclavage ou à la licence, amene tantôt l'Anarchie & tantôt la Tyrannie. Dans une République, une loi changée produit souvent une révolution; sous le Despotisme, il n'en existe point d'autre que l'intérêt actuel du Monarque ou de ceux qui veulent pour lui. Une longue tranquillité endort une Nation dans l'aisance & la mollesse, & la prive des moyens d'opposer des forces aux entreprises de ses ennemis. Un Peuple trop belliqueux dévore sa propre substance & finit par expirer lui-même des coups qu'il porte aux autres. Une Nation pauvre gémit de son sort & seche de jalousie à la vue de l'opulence qui regne chez ses voisins : une Nation trop enrichie ne peut qu'abuser de ses richesses, & périt au sein de l'abondance par le luxe dans lequel elle est bientôt plongée.

§. IX. *Du Luxe.*

Nous voici naturellement conduits à parler du Luxe, cet objet de la déclamation de la plupart des Moralistes & des Politiques, & des apologies de quelques autres. Un commerce étendu amene le luxe tôt ou tard, si une sage politique ne le contient dans de justes bornes. Examinons maintenant les effets de l'abus des richesses, suite ordinaire de l'opulence des Etats comme de celle des particuliers.

Le Luxe est la situation d'une Société dont la

richesse est devenue la passion principale. Dès que l'argent est l'objet exclusif des vœux du plus grand nombre des membres d'une Société, il ne peut y avoir de mobile plus puissant que le desir d'en acquérir. Il n'est plus d'enthousiasme que celui de l'opulence; il n'est d'émulation que pour se procurer par les voies les plus promptes, les signes qui, de l'aveu de tous, représentent le pouvoir, les plaisirs, la félicité.

Une Nation enivrée de ces préjugés, peu contente d'avoir satisfait ses besoins réels par un commerce étendu, s'occupe à en inventer de fictifs & de surnaturels : la satiété l'endort; le changement lui devient nécessaire; la langueur & l'ennui, bourreaux assidus de l'opulence, suivent les besoins satisfaits : pour tirer les riches de cette léthargie, l'industrie est forcée d'imaginer à tout moment de nouvelles façons de sentir : les plaisirs se multiplient; la nouveauté, la rareté, la bizarrerie ont seules le pouvoir de réveiller des êtres pour qui les plaisirs simples sont devenus insipides. Tout se change en fiction; le luxe comme la féerie ne fait naître que des phantômes : des imaginations malades ne se soulagent, que par des remedes imaginaires. L'avidité, le desir d'acquérir des richesses, afin de les étaler & de les dissiper, sont les passions épidémiques : personne n'est content de ce qu'il a, chacun est envieux de ce que possedent les autres; personne ne peut être heureux, à force de vouloir le paroître. Les biens les plus solides sont sacrifiés à l'apparence; le soin de s'amuser devient la plus importante des occupations.

Dela tant de dépenses frivoles, de plaisirs

coûteux, de goûts fantasques, de modes passageres que l'on voit à tout moment paroître & disparoître dans les pays où le luxe a fixé son domicile. Tout est forcé de changer sans cesse, de se dénaturer, de se dépraver pour plaire à des hommes, ou plutôt à des enfants, qui demandent à tout moment de nouveaux jouets, ou qui se croient malheureux dès qu'ils sont privés de ceux qu'ils voient entre les mains des autres. La parure, les ameublements, des curiosités, dont la rareté fait tout le prix, des mêts défigurés & arrachés à une Nature trop lente au gré des desirs, sont l'objet le plus sérieux de l'occupation d'un tas d'hommes efféminés que l'ennui contraint à chercher au-dehors, des ressources qu'ils ne trouvent point en eux-mêmes. Tout se remplit d'édifices dont l'étendue ne sert qu'à faire sentir au possesseur sa petitesse, son néant, & à exciter dans les autres, soit une envie cruelle, soit une émulation ruineuse. Des parcs immenses, des jardins pompeux entourent ces monuments inutiles; le champ du laboureur, enfermé dans des murs, est perdu pour l'Etat; par-tout la Nature qu'on dédaigne, est forcée de céder à l'art qui se plaît à la vaincre : les montagnes sont applanies; les plaines sont changées en montagnes; l'eau, bannie de sa place, est forcée de remonter dans les airs pour récréer les regards de ces hommes blasés, qui, peu sensibles aux beautés naturelles, ne trouvent rien d'aimable s'il n'est dénaturé.

Pour satisfaire des fantaisies renaissantes, il faut sans doute des richesses : quelle qu'en soit la somme dans une Nation, elle est toujours infiniment au-dessous de ce qu'il faut pour contenter tous ceux qui les desirent. Ainsi le Gouvernement devient avide pour contenter ſes avides Sujets, dont il ne peut remuer les paſſions que par l'appas du gain, & jamais les tréſors de l'Etat ne ſuffiſent à tant d'affamés qu'il faut mettre en mouvement. Le Souverain ne peut plus les récompenſer, parce que tous ſont devenus inſatiables ; il eſt forcé d'acheter les hommes, tout eſt vénal, le devoir, la vertu, le courage. Mais comment rempliront leurs devoirs des hommes frivoles qui n'en ont aucune idée, qui n'ont l'eſprit occupé que d'amuſements & de bagatelles, qui ſe rendroient ridicules s'ils prenoient à cœur des fonctions ſérieuſes? Quelles vertus publiques rencontrer dans des êtres qui n'ont aucun intérêt à ſervir la Patrie, pour qui, hors le plaiſir, tout eſt indifférent; pour leſquels tout ce qui en détourne paroît une gêne inſupportable? Comment inſpirer de la nobleſſe, de la grandeur d'ame, de l'intrépidité à des hommes amollis, énervés eux-mêmes & dont les travaux ne ſeroient jamais à leur gré ſuffiſamment payés? Dans les pays où le luxe domine, la guerre devient un trafic honteux. L'or étant la meſure de la conſidération & du bonheur, l'honneur n'eſt plus qu'un phantôme & l'illuſion diſparoît. Le luxe, bien mieux que la raiſon, détrompe l'homme des préjugés. Rien de ſolide ſinon l'argent; rien de réel que l'opulence; rien de déſirable que le plaiſir. Le Citoyen aveuglé calcule & peſe tout; dans ſa balance, être riche eſt le ſeul bien réel; l'eſtime, la réputation, la gloire, la probité ne ſont que des chimeres. D'ailleurs les plus riches ne tardent point à faire la loi aux autres & ſont bientôt les plus conſidérés. Alors chacun ſe dit „ qu'importe ce que l'Etat devienne, pourvu que je

„ ſois fortuné? Que fait l'opinion des hommes, „ pourvu que mes jours coulent dans les plaiſirs? „ Pourquoi m'embarraſſer du ſort de mes enfants? „ L'homme eſt-il donc fait pour plonger ſes re„ gards dans l'avenir? *Il faut vivre pour ſoi*; „ n'empoiſonnons point notre vie par des cha„ grins éloignés ". Ainſi le luxe, après avoir fait perdre toute honte aux hommes, les rend inſenſibles, cruels, & briſe pour eux juſqu'aux liens ſacrés deſquels dépend leur félicité domeſtique.

§. X. *Le Luxe nuit à la population.*

LE Luxe diminue la population; il ravit aux campagnes une foule de cultivateurs qui préferent la vie molle des villes opulentes, aux travaux pénibles des champs. Les villes où regne le luxe, abſorbent l'élite des Sujets; le beſoin des plaiſirs y fait accourir de toutes parts des hommes oiſifs que l'ennui tourmente. Dégoûté d'une vie champêtre & uniforme, d'une ſolitude qui lui déplaît, d'une langueur accablante, le propriétaire opulent fuit l'héritage de ſes peres, & va chercher dans des ſociétés plus actives, un mouvement devenu néceſſaire à ſon ame engourdie. Ses richeſſes le ſuivent : au lieu de réagir ſur ceux qui les procurent, au lieu de circuler librement parmi les cultivateurs, elles vont enrichir des paraſites, des complaiſants, des faux amis, des femmes perdues, & font naître une foule de vices & de déſordres. Des beſoins imaginaires & toujours renouvellés empêchent ſouvent l'homme riche de ſe multiplier. Il ſait qu'une femme peu réglée augmenteroit ſa dépenſe; une famille nombreuſe nuiroit à ſes fantaiſies; le nom de pere lui fait peur. L'argent tout puissant lui procure sans conséquence, les plaisirs que la Nature attache à la propagation; il se voue au célibat, & ne veut point donner le jour à des êtres qui pourroient par la suite diminuer son aisance.

La navigation & le commerce perpétuellement occupés à chercher dans des pays éloignés, les marchandises que les besoins fictifs ont rendu très-nécessaires, font périr un grand nombre de Citoyens arrachés aux campagnes, pour être sacrifiés à l'intempérie des climats lointains. Ainsi des hommes sans nombre sont indignement immolés aux fantaisies du riche sottement dégoûté des productions de son pays.

L'agriculture, abandonnée aux soins de laboureurs indigents & sur lesquels encore la main d'un Gouvernement affamé s'appesantit chaque jour, ne peut être portée à la perfection dont elle est susceptible; le cultivateur est découragé par les impôts; ceux qui par leur opulence pourroient ranimer le zele du villageois, qui devroient par des avances, le porter à des entreprises utiles, qui par leurs bienfaits releveroient son courage abattu & l'aideroient à supporter les taxes qui l'accablent, ignorent le doux plaisir de soulager l'indigence laborieuse : occupés dans des villes bruyantes à des amusements frivoles, ces hommes légers ignorent la misere des campagnes, ils ne songent qu'à consumer leur héritage dans une splendide oisiveté, & ne laissent à leur postérité que des terres incultes & hypothéquées.

Le commerce lui-même, dont l'abus & l'excès font naître le luxe, se ressent des caprices de l'enfant dénaturé dont il repaît l'avidité. Des hommes dédaignent l'induſtrie de leur Patrie & de leurs propres manufactures, n'eſtiment les choſes qu'autant qu'elles ſont rares & difficiles à ſe procurer. L'argent, cette idole des Nations livrées au luxe, eſt lui-même ſacrifié au caprice, à l'inconſtance, à la fantaiſie; pour les ſatisfaire; on le prodigue ſans retour à des Peuples lointains. Le commerce eſt encore plus ſûrement étouffé, lorſqu'un Gouvernement inſatiable le ſacrifie à des reſſources plus promptes & plus propres à ſatisfaire ſon ardeur impatiente. La paſſion des richeſſes redouble les impôts ſur les denrées, les manufactures, & ſur les objets dont le Négoce s'occupe; il ne jouit plus de la liberté qui eſt ſi néceſſaire; il reçoit des entraves continuelles & ſouvent eſt forcé de fuir aux approches de la finance, bien plus faite pour remplir les vœux d'un Gouvernement prodigue, dont les beſoins ſe multiplient de jour en jour.

Les manufactures multipliées par l'avidité au-delà des bornes, nuiſent à l'agriculture. Les productions de l'Art font alors négliger celles de la Nature. Un travail moins pénible engage le cultivateur à laiſſer-là ſon champ; & lorſque l'inconſtance naturelle des Peuples livrés au luxe, rend quelques manufactures inutiles, ou lorſque la rigueur du Gouvernement leur impoſe des gênes, l'ouvrier va porter à d'autres Nations ſes bras & ſes talents; jamais il ne conſent à travailler à la terre, dès qu'une fois il l'a quittée.

§. XI *Il nuit à l'Esprit Militaire.*

DEMANDERA-T-ON des vertus guerrieres à un Peuple énervé par l'abondance, engourdi par le luxe, dont l'argent est l'unique passion? Le soldat, il est vrai, enlevé à une vie laborieuse pourra combattre avec valeur; réduit à une subsistance modique, le luxe n'est point fait pour lui, il voit tout au plus avec chagrin celui des hommes qui le commandent. Mais à quoi peuvent mener la force & la valeur du soldat, sans la capacité de ceux qui le dirigent? Le courage devient nuisible, si la prudence ne le retient, si l'expérience ne le guide. Des Chefs efféminés dès leur enfance, épris des vains amusements des villes, énervés par une débauche précoce, porteront-ils dans les camps & sous la toile cette force, cette vigueur que demandent les travaux de la guerre? Est-ce dans le commerce des femmes qu'ils auront appris un métier pénible & qui suppose une longue expérience? Une mollesse, une foiblesse innée résisteront-elles aux fatigues? Ont-ils acquis cette force d'ame qui contemple le danger avec sérénité? ces ressources, ce coup d'œil prompt qui remédient aux événements imprévus? Il n'est qu'un mobile pour ceux qui se destinent à la guerre, c'est l'amour de la Patrie, le desir d'être estimé, la crainte de la honte; en un mot, c'est l'honneur. Dans un pays où regne le luxe, la vanité l'emporte sur la gloire; alors tout l'honneur consiste à posséder des richesses : elles effacent la honte, elles donnent sans travail, l'estime, la considération, les plaisirs & tous les avantages, que dans une Société bien constituée, procurent le mérite, les talents & l'utilité. L'honneur détermine les hommes à facrifier leur vie; mais l'opulence les attache à cette vie & veut qu'ils en jouiffent. Le luxe a mille liens par lefquels il rend l'homme pufillanime. Un Etat eft perdu, lorfque la richeffe eft l'objet le plus eftimé, & lorfque l'argent feul eft le mobile qui faffe remplir fes devoirs.

§. XII. *Il énerve & amollit les corps & les efprits.*

DANS tout pays où le luxe s'introduit, les hommes pour s'amufer, ont befoin les uns des autres; les femmes deviennent plus néceffaires à la Société; pour plaire à un fexe enchanteur dans lequel l'homme eft fait pour trouver des plaifirs & des agréments, il eft forcé de renoncer à l'énergie du fien, de s'accommoder à fes foibleffes, d'adopter fes fantaifies, fes plaifirs, fes idées. Peu-à-peu l'homme d'Etat, le favant, le guerrier même perdent l'habitude de penfer ou d'agir avec vigueur; les paffions les plus fortes fe contraignent & s'amoliffent, elles prennent le ton de ces dangereufes fyrenes. L'amour perd fes emportements, il fe change en galanterie, la jaloufie s'affoiblit; tout devient décence, politeffe, déférence; la crainte d'effaroucher des êtres délicats, donne une teinte de molleffe à tout ce qui les approche. A mefure que le luxe augmente, les femmes prennent plus d'empire, elles reglent enfin tous les goûts; confondues avec les hommes, leurs mœurs fe corrompent; leur propre foibleffe les expofe au défordre. Ainfi peu-à-peu la Nation fe remplit de femmes galantes qui donnent le ton, & d'hommes aimables & légers qui s'efforcent de leur plaire.

§. XIII. *Le luxe peut-il être utile ?*

QUELQUES Politiques nous diront peut-être qu'un Gouvernement éclairé peut tirer parti du luxe même, & le faire tourner au profit de la Nation. Mais comment rendre utile à l'Etat, une maladie invétérée qui mine tous ses membres ? Quels fruits tirer d'une léthargie qui les engourdit totalement, d'une langueur qui les prive de toute énergie ? Quelle passion pourroit-on faire servir de contre-poids à celle de la richesse devenue l'unique représentation de l'honneur, des plaisirs, de la félicité ? En vain opposeroit-on des loix somptuaires à des hommes pour qui le faste, le desir de se surpasser les uns les autres, les plaisirs recherchés & couteux, les marchandises étrangeres sont devenus des objets indispensables : ces Loix éludées ou violées par l'opulence, par le crédit, par la grandeur, ne seroient point exécutées ; elles rendroient inutiles, des bras que le luxe ne sait jamais employer. D'ailleurs sous le regne du luxe, l'Autorité ne peut avoir de vigueur ; des Souverains, des Ministres, des Courtisans énervés eux-mêmes, seroient les premiers transgresseurs des loix qu'ils auroient imposées : des hommes accoutumés à une vie molle & dissipée, incapables d'application sérieuse, dont l'amusement est l'unique objet, dont le faste & la vanité sont toute la grandeur, appliqueront-ils des remedes à une maladie dont ils sont eux-mêmes plus atteints que les autres ? En vain nous en flatterions-nous ; dans un pays infecté par le luxe depuis le Monarque jusqu'au plus vil de ses Sujets, tout est plus ou moins malade : tous les Citoyens sont tourmentés de la soif des richesſes, & les Grands endormis dans la ſatieté, ne pourront être réveillés de leur ſommeil, que par des amuſements diverſifiés, par des dépenſes multipliées, par des plaiſirs dont la cherté fait ſouvent tout le prix.

Des Loix ſomptuaires deviendroient donc inutiles; elles ne remedieroient nullement au délire épidémique qui s'eſt emparé des eſprits; d'ailleurs ces loix ſeroient ou génerales ou particulieres. Si elles étoient génerales ou obſervées à la rigueur par tous les Citoyens, le manufacturier rendu bientôt inutile à ſon pays, iroit porter ſon induſtrie aux Nations étrangeres; ainſi l'Etat perdroit & l'homme & les richeſſes que ſon induſtrie attireroit du dehors. Si ces Loix ſont particulieres ou ne ſont faites que pour réprimer le luxe de quelques ordres de Citoyens, elles établiſſent entr'eux une diſtinction d'autant plus douloureuſe, que la vanité eſt de l'eſſence d'un pays où le luxe s'eſt introduit. D'un autre côté, un Gouvernement frappé lui-même de la contagion, n'a point l'énergie néceſſaire pour vouloir fortement & pour ſe faire obéir; il devient le complice des infracteurs de la Loi. Les monarchies, encore plus que les Républiques, ſont ſujettes à ces inconvénients; l'inégalité des rangs, la naiſſance, le crédit, la faveur & ſur-tout la ſéduction des femmes rendent inutiles les efforts que le Gouvernement pourroit faire, & déſarment ſa rigueur. Avec le luxe aucune loi ne peut être ſérieuſe.

Veut-on mettre des impôts ſur le luxe? Ils nuiront également aux manufactures qu'ils découragent : d'ailleurs perſonne ne convient que ſes dépenses soient superflues; chacun prétend que les objets les plus inutiles, que le faste le plus outré sont essentiels à son état : le Grand trouve que trente valets lui sont indispensablement nécessaires, & qu'il ne peut décemment avoir moins d'équipages & de chevaux qu'il n'en a. L'homme du Peuple en dit autant de sa parure & de ses fantaisies; il se plaint des impôts dont on charge ce qu'il appelle ses besoins, parce qu'il s'est accoutumé à regarder ses frivolités comme nécessaires à son bonheur.

Ainsi, ceux qui gouvernent l'Etat, ou sont complices des maux que le luxe lui fait, ou sont incapables d'y appliquer des remedes. C'est pourtant à ces médecins que l'on renvoie les Nations pour guérir une maladie que leur exemple a fait naître & a répandue. Veut-on que des Ministres vains, qui ne connoissent que l'apparence de la grandeur, aillent méditer sur le bien-être de l'Etat & consultent la raison? Prétend-on que des hommes légers & dissipés qui ne sont liés qu'avec des femmes frivoles, avec des flatteurs, des parasites, des sycophantes, aillent péniblement déterrer les moyens de remédier à des maux qu'ils chérissent eux-mêmes?

§. XIV. *Il anéantit les mœurs.*

En vain chercheroit-on des mœurs & des vertus dans une Nation infectée par le luxe; envain attendroit-on de l'équité, de la bienfaisance, de la pitié d'une foule d'hommes avides de richesses & qui n'en ont jamais assez pour eux-mêmes : chacun éprouve des besoins si nombreux, que sans un sacrifice douloureux de lui-même, il ne pourroit ſecourir ſon parent, ſon ami dans l'infortune. Ainſi le luxe ſépare l'homme de ſes ſemblables, nuit à la bienveillance qu'il leur doit, intercepte le commerce des bienfaits & des ſecours mutuels ſi néceſſaires à la vie ſociale. La ſenſibilité n'eſt point faite pour l'opulence endurcie. Le cri de l'infortune n'eſt point entendu au ſein de l'abondance & dans le tumulte des plaiſirs. L'homme le plus opulent trouve à peine dans ſes tréſors de quoi faire diverſion à ſes ennuis. Tout ce qu'il donne aux autres, lui paroît pris ſur ſes amuſements. Un pere prodigue & diſſipé négligera l'éducation de ſes enfans ; s'il s'en occupe, dès l'âge le plus tendre il leur apprendra l'art de plaire à des femmes & d'uſer promptement à ſon exemple tous les plaiſirs. Incapables de renoncer par la ſuite à des penchants devenus habituels, la mort de ce pere inſenſé les plongera ſouvent dans une indigence qu'ils n'ont point appris à ſupporter. Des mariages, des alliances dont l'intérêt formera ſeul les nœuds, uniſſent des Epoux également fantaſques & déraiſonnables : pour ſoulager les regrets d'un hymen mal aſſorti, tous deux ſeront forcés de doubler leurs dépenſes & de chercher ailleurs des plaiſirs qu'ils ne trouvent point chez eux. C'eſt ainſi que la Société ſe remplit de déſordres ; on y voit la licence, la proſtitution, l'adultere marcher le front levé, & ne plus redouter, ni la cenſure publique, ni les loix. Des grands, plus corrompus que les autres, mettroient-ils donc un frein à la corruption générale? Ils l'autoriſeront par leur exemple, ils l'encourageront, ils la récompenſeront. Les loix ne peuvent rien dans une Société dont les Chefs ſont d'ordinaire les véritables corrupteurs : ils en feront disparoître la décence, la pudeur, la bonne foi, l'équité ; ils récompenseront le vice qui leur plait, & rendront les bonnes mœurs ridicules & méprisables.

AVEC de tels exemples, que deviendront les mœurs des Citoyens ? Des parents vicieux auront-ils des enfants vertueux ? Il n'est plus de liens du sang, il n'est plus d'amitié, il n'est plus d'humanité pour des hommes que l'intérêt du plaisir isole, & à qui la crainte de l'ennui & les besoins factices ne laissent jamais de superflu. Dans une Nation en proie au luxe, toutes les vertus paroissent étrangeres, & déplacées ; la probité n'est qu'une dupperie ; l'enthousiasme de la gloire est une folie ; la modération est une foiblesse ; l'amour de la liberté est une chimere ; l'exactitude & la fidélité à remplir ses devoirs sont des signes de stupidité. Le luxe pardonne tout en faveur de l'opulence & de la légéreté, le vice lui paroît aimable, dès qu'il est amusant ; en faveur du plaisir, il fait grace au crime même.

LE luxe fondé sur une passion désordonnée des richesses, s'étend toujours de proche en proche, & finit par corrompre tous les ordres de l'Etat. Par-tout il éteint le respect pour la bonne foi ; par-tout il fait naître la fraude & la supercherie ; par-tout il éleve l'argent sur les autels de l'honneur. Avoir des dettes, devient un signe de grandeur, frauder ses créanciers, escroquer le bien d'autrui, emprunter pour ne point rendre, réduire des Citoyens laborieux à l'indigence pour briller à leurs dépens, telles sont les infamies que l'usage autorise, & qui ne déshonorent aucunement dans des Nations d'où le luxe a banni toute pudeur. N'en soyons point surpris; ces crimes sont ennoblis par l'exemple des Princes qui souvent ne rougissent pas de violer leurs engagements les plus solemnels. Les Citoyens d'un Etat sont quelquefois punis par la ruine de la confiance qu'ils ont eue dans la parole sacrée de leurs Souverains, à qui le luxe & des prodigalités criminelles font tant de fois jouer le rôle d'un escroc.

Tout se corrompt sous des maîtres injustes & avides. Dans une cour vénale, l'argent dispose de la faveur; dans une armée, il décide des grades; dans l'Eglise, il tient lieu de science & de mœurs. La bonne foi est bannie du commerce; la bonté & la solidité disparoissent des manufactures; la valeur réelle fait place à des apparences trompeuses. Chacun veut s'enrichir promptement & sans peine; tout le monde veut des richesses pour satisfaire des besoins, que la vanité multiplie & que l'imagination exagere. L'artisan & l'ouvrier font payer chérement à l'opulence ignorante ses fantaisies continuelles; enfin le valet lui-même ne s'occupe que des moyens de piller ou de surprendre un maître qu'il sert avec négligence.

§. XV. *Ses effets sur les talents de l'esprit & les arts.*

Les sciences, les lettres, les arts partagent, comme tout le reste, les influences contagieuses que le luxe fait éprouver à tout ce qu'il approche. L'homme de lettres ne connoît plus cet enthousiasme désintéressé qui caractérise le génie: il apprend à calculer, il cherche à s'enrichir & néglige des études pénibles; content des apparences

rences de la ſcience, il quitte ſon cabinet pour fréquenter des cercles frivoles plus capables d'amortir ſon génie, que de lui donner de la vigueur.

Les Apologiſtes du luxe ſemblent ſur-tout avoir été touchés des progrès, qu'il fait faire aux arts. En effet, on ne peut nier qu'il n'excite une émulation très-marquée entre les différents artiſtes que l'appas du gain engage à ſe ſurpaſſer les uns les autres. Mais une Nation peut poſſéder une foule de Peintres, de Sculpteurs, de Manufacturiers célebres ſans en être plus heureuſe. La vanité d'un Deſpote peut donner aux arts une impulſion très-forte ſans qu'il en réſulte aucun bien pour ſon Peuple : au contraire, ce Peuple ſouvent épuiſé, eſt obligé de ſe ruiner de plus en plus pour mettre ſon Tyran à portée de contenter ſes goûts. Sous un mauvais Gouvernement, les chefs-d'œuvre de l'art ne ſervent qu'à décorer le ſarcophage de la Nation.

D'un autre côté le luxe anéantit le goût de la belle Nature; ainſi pour lui complaire, les arts & les talents renoncent à la vérité, à la ſimplicité, à l'énergie; ils craindroient d'effrayer des ames puſillanimes; ils ſe prêtent à ſes caprices bizarres; ils s'amolliſſent pour ſe mettre au ton de la Société. Le deſir de s'enrichir & de plaire fait que l'homme de génie dépouille ſes ouvrages des beautés mâles; il ſacrifie honteuſement au mauvais goût, à la foibleſſe qui dominent; les connoiſſances utiles & ſérieuſes cedent par-tout aux talents agréables : ceux-ci ſont faits pour obtenir la préférence dans des pays frivoles où l'on ne veut que s'amuſer.

§. XVI. *Est un mal difficile à déraciner.*

D'où l'on voit que le luxe, sous quelque face qu'on l'envisage, est un état funeste pour une Nation. Il est l'avant-coureur de sa ruine. Il n'est guere de remedes pour un mal entretenu par ceux mêmes qui devroient le guérir. Que sera-ce si une administration insensée ou tyrannique se joint encore à ces maux ? Nulle puissance humaine ne peut alors rétablir le ressort d'une Nation. Le luxe est une maladie si étendue, si compliquée, si enracinée, si opiniâtre, qu'elle exige des soins dont un Gouvernement négligent ou pervers est totalement incapable. Lorsque cette contagion s'introduit dans un Corps Politique déjà affoibli par une administration imprudente, ses progrès sont rapides & bravent tous les remedes. Le luxe endort les Souverains bien plus encore que leurs Sujets; alors ils se reposent de tout sur la richesse, & se flattent vainement que l'argent rétablira leurs Etats. L'argent ne fournit que l'instrument de la puissance; il est vrai qu'il procure des bras, des armées, des vaisseaux, mais il ne donne point l'esprit patriotique, le génie, les talents, la vertu qui seuls soutiennent ou relevent les Empires.

En vain voudroit-on pallier les maux que le luxe a fait naître; en vain la Politique tenteroit-elle de susciter des passions rivales à l'amour de l'argent, il n'en est point qui puisse le contrebalancer. Le plaisir & l'inertie retiennent pour toujours ceux qu'ils ont une fois asservis; pour en détruire le goût, il faudroit qu'une génération entiere consentît à souffrir & fût ensuite remplacée par des hommes nouveaux que la contagion de leurs peres n'eût pas encore infectés. Ne nous y trompons pas, lorsque le luxe s'est introduit dans un Etat, il rend tous les Sujets insensés & malheureux par le déréglement qu'il met dans leurs desirs. Veut-on le bannir? la privation des plaisirs paroît insupportable; mille voix élevent des cris perçans contre la réforme qu'on redoute. Personne ne consent à renoncer à des chimeres que l'habitude, l'opinion & l'exemple ont rendus nécessaires. Des événements malheureux peuvent accabler un Etat & le conduire sur le bord de l'abîme : une oppression passagere peut priver pour quelque tems une Nation magnanime de sa liberté; s'il leur reste du courage & des vertus, les Peuples pourront se relever; mais une Nation asservie par le luxe devient une masse inerte à laquelle rien ne peut rendre l'activité.

Il est bien plus aisé de créer une Nation, que de la réformer. Le législateur qui donne des loix à un Peuple sauvage & sans expérience, a de grands avantages sur celui qui veut en donner à un Peuple corrompu. Le premier trouve une table rase, le second trouve des impressions déja faites: le premier commande soit par la force, soit par la persuasion, à des hommes non prévenus & disposés à recevoir les regles qu'il veut prescrire; le second est obligé de combattre une multitude d'opinions, de loix, d'usages, de préjugés, d'habitudes, de caprices auxquels les hommes se sont de longue main accoutumés; quelle que soit la force de son génie, il est bien difficile que le Législateur lui-même ose attaquer tous les abus; d'ailleurs n'est-il pas souvent la premiere dupe des erreurs qu'il seroit fait pour combattre?

Platon refusa de donner des loix aux Cyrénéens, parce qu'il les voyoit trop attachés aux richesses, & qu'il ne croyoit pas qu'un Peuple si riche pût être soumis à des loix. Nulle passion ne peut remplacer celle de l'argent qui seul les satisfait toutes. C'est donc en vain que les défenseurs du luxe prétendent que la prudence du Gouvernement pourroit le tourner au profit de l'Etat. Ils s'appuient, sans doute, sur l'exemple de quelques pays libres, dans lesquels une administration plus sensée empêche que la contagion ne fasse des ravages aussi sensibles & prompts, que dans les Etats soumis au pouvoir absolu. Il est certain qu'un Gouvernement attentif & éclairé peut garantir pendant quelque tems une Nation des malheureuses influences du luxe; mais quand le Gouvernement lui-même fait éclore & nourrit le luxe, ou le croit nécessaire à ses vues, comment y porter du remede? Le luxe se fait sentir d'une façon moins cruelle dans une République ou dans un pays libre; parce que les fortunes des Citoyens y sont, par un effet de la liberté, plus également réparties; chacun travaille & s'occupe moins des besoins imaginaires de la vanité, qui se changent en des besoins réels sous un Gouvernement Monarchique, ou sous le Depotisme qui, toujours vain & fastueux lui-même, fait contracter ses vices à ses Sujets stupides ou frivoles.

§. XVII. *Le Luxe inhérent à la Monarchie.*

En effet, si l'on remonte à la source des choses, on sentira que le Despotisme est le vrai générateur & le fauteur du luxe, & qu'il est le complice de tous les maux qu'il fait à la Société. Le Despote est toujours vain; il ne connoît de grandeur que dans une pompe puérile, un faste éblouissant, une représentation imposante; il infecte sa cour des mêmes vices dont il est la dupe. La passion de briller, de se montrer avec éclat fut & sera toujours la maladie de ceux qui eurent le droit d'approcher les Divinités de la terre. Faute de talents, de bienfaits, de vertus, les Princes, & les Grands voulurent, par une grandeur factice, suppléer à la grandeur réelle. Les Citoyens tâcherent de s'assimiler, autant qu'il leur fut possible, aux hommes favorisés desquels dépendoient leurs destinées. La vanité est la passion des Cours & des Nations soumises au Gouvernement d'un seul homme. Le luxe est plus rare dans une République, ou dans un pays libre, que dans un pays asservi; mais lorsqu'il y est une fois établi, il ne tarde point à l'asservir, & à le soumettre au joug de quiconque est en état de satisfaire les desirs multipliés qu'il entraîne.

§. XVIII. *Moyens de le modérer.*

RIEN de plus ridicule que les moyens communément employés par les Chefs des Nations livrées au luxe; rien de plus contradictoire que les efforts qu'ils font pour se tirer de l'indigence qui les accable au sein même de l'abondance. L'économie leur paroît toujours le remede le plus impraticable. Elle n'est point compatible avec une administration qui ne connoît plus d'autre mobile que l'argent; son avidité subsiste; ses dépenses s'accumulent, trop de gens sont intéressés à les perpétuer. Songera-t-elle à faire renaître l'agriculture? La rigueur des impôts, l'oppreſſion, la négligence ont déja découragé le Cultivateur, les campagnes ſont déſertes. Veut-on ranimer le commerce? il ne peut être libre avec les chaînes dont il eſt accablé par la rapacité des publicains. Le Luxe & le Deſpotiſme également avides & déraiſonnables, deviennent cruels, parce que la fantaiſie eſt la ſeule meſure de leurs beſoins; tous deux veulent la fin ſans adopter les moyens; ils veulent recueillir ſans jamais avoir ſemé; ils veulent tirer des richeſſes du ſein même de la pauvreté; ils exigent de nouveaux impôts de ceux qui en ſont déja accablés; ils demandent du courage à un peuple qu'ils ont énervé; ils veulent guérir des maux ſans en détruire la cauſe; jamais ils ne conſentent à régler leurs caprices & leurs dépenſes, parce que leurs beſoins imaginaires augmentent de jour en jour & finiſſent par n'avoir plus de bornes; de ce qu'ils ont été ſatiſfaits autrefois, ils concluent qu'ils pourront les ſatisfaire toujours.

§. XIX. *Le luxe a cauſé la ruine de tous les anciens Etats.*

Pour réformer les mœurs d'une Nation, il faudroit commencer par réformer les volontés & les idées de ceux qui la gouvernent; pour en bannir le luxe, il faudroit d'abord le bannir de la cour qui donne toujours le ton au reſte des Citoyens. Pour remédier aux maux produits par le luxe, il faudroit une ſage économie. C'eſt du concours très-rare de toutes ces circonſtances, que pourroit réſulter la régénération d'un Corps Politique, ſa réforme dans ſon chef & ſes membres. Rien de moins ordinaire, que des Souverains équitables, éclairés, sensibles aux miseres publiques, amis des bonnes mœurs & de la simplicité. Des Cours frivoles & vaines s'opposent toujours au bien public; des Citoyens vicieux ne veulent point se réformer, & communément les Princes se croiroient dégradés, s'ils retranchoient quelque chose de leur faste & de leurs profusions. Il n'y a que la voix puissante de la nécessité qui les réveille de leur assoupissement; souvent la destruction totale avertit les Rois & les Peuples de leur danger, trop tard pour pouvoir l'écarter.

NE soyons donc plus étonnés, quand nous voyons, dans l'histoire, les Nations les plus florissantes périr successivement par le luxe. Il n'est gueres de ressources pour des malades qui chérissent leurs maux : il n'y a que des charlatans qui puissent par de vains palliatifs entreprendre de guérir des ulceres invétérés que le fer & le feu pourroient seuls faire disparoître. Les opérations les plus douces allarment & font déjà frémir des hommes dont la délicatesse est révoltée de la moindre douleur. Ils périssent donc, & leur chûte ne sert point à détromper les Nations; l'enthousiasme des richesses les saisit successivement, le vice, la corruption, la frivolité étouffent communément en elles jusqu'au sentiment de leurs maux. Sparte, la fiere Sparte elle-même, après avoir résisté si long-tems aux armes de la Perse, succombe sous son or; *Agis* trouva la mort lorsqu'il voulut la réformer. Le luxe avoit desséché les vertus semées par l'austere Lycurgue. Rome, maîtresse des Nations, s'affaisse sous le poids de ses richesses, & ne perdit son luxe qu'avec l'Empire du monde.

Ainsi, par l'ignorance opiniâtre des Peuples & de ceux qui les gouvernent, ils marchent à la ruine. Des Nations pauvres travaillent à s'enrichir; elles y parviennent par la conquête ou le commerce : elles occupent quelque tems dans la grande Société du monde, un rang envié des autres; elles répandent un éclat passager qui éblouit quelques instants; elles jouissent d'un pouvoir imposant; mais enfin leur richesse, leur grandeur même amenent leur abaissement & leurs miseres; leur opulence les enivre; le vice les corrompt, le luxe les endort; & ce sommeil est suivi d'une léthargie profonde qui les conduit à la mort. Une Nation est morte, lorsqu'elle n'a plus l'activité qui lui convient, lorsque ses mouvemens sont obstrués par le défaut de liberté, lorsqu'asservie au Despotisme, elle languit sans énergie, lorsque dépravée dans son intérieur par des vices, elle n'a plus de vertus pour la soutenir. (*)

La Politique véritable doit avoir la vraie morale pour base, & ne peut jamais s'en séparer. Les Souverains vertueux & sages formeront seuls des Nations grandes & florissantes dont le bonheur subsistera; des Princes dépourvus de vertus & de lumieres, ne régneront que sur des Peuples légers, abrutis, corrompus; leur pouvoir peu sûr & leur grandeur éphémere ne pourront longtems durer. En un mot, par une loi constante de la Nature, il n'est point de vice sur la terre qui ne se punisse lui-même.

(*) *Ubi non est pudor*
Nec cura juris, sanctitas, pietas, fides
Instabile regnum est.

Senec. in Thyeste.

§. XX. *De la Réforme des Etats.*

RIEN ne seroit plus inutile & plus désolant pour les hommes, que d'exposer à leurs yeux le tableau fâcheux de leurs miseres sans leur en montrer les remedes. Mais quels remedes opposer à des maux dont la source primitive est sous le trône ? Comment arrêter les influences d'une contagion toujours répandue par des cours empestées dont le soufle infecte les Nations ? Quelle puissance assez forte pour soumettre à la raison la puissance irrésistible qui subjugue la Société ? Pour opérer ce miracle, la vérité suffit : elle seule est assez forte pour triompher des obstacles que l'imposture, la tyrannie, l'opinion opposent partout à la félicité publique. Tant de Princes ne gouvernent souvent d'une façon si violente, que parce qu'ils ignorent la vérité ; ils haïssent la vérité, parce qu'ils n'en connoissent pas les avantages inestimables. Ils persécutent la vérité, parce qu'ils la croient contraire à leurs intérêts.

MAIS quels sont les vrais intérêts des Souverains ? N'est-ce pas d'être chéris, respectés, soutenus pas des Peuples fideles, sincerement attachés à leurs maîtres, prêts à tout sacrifier pour eux ? Eh ! qu'est-ce qui, mieux que la vertu, peut exciter ces sentimens dans les cœurs des citoyens ? Un bon Roi, défendu par l'amour de tout son Peuple, n'est-il pas plus sûr au milieu de ce Peuple, que le Tyran ombrageux, entouré de satellites turbulents qui doivent à chaque instant lui retracer ses craintes ? Est-il donc quelque félicité pure pour un Despote qui s'est fait le captif d'une troupe mercenaire, destinée à le garantir des refſentiments d'un Peuple dont il s'eſt fait l'ennemi?

Cette grandeur fatigante & vaine d'où tant de Souverains ne ſe permettent jamais de deſcendre, ne finit-elle pas toujours par leur cauſer des ennuis? Trouvent-ils longtems des charmes dans une étiquette arrogante qui, les mettant au rang des Dieux, les prive à jamais des douceurs de la Société? Quels plaiſirs leur procurent à la longue ces amuſements uniformes, ces dépenſes inutiles, cette ſplendeur & ce faſte qui, ſans pouvoir les réjouir, ne ſervent qu'à réduire des Peuples à la mendicité?

§. XXI. *Effets de l'Education des Princes.*

Qu'une éducation plus véridique enſeigne donc à ceux que la voix des Nations appelle au trône en quoi conſiſte la vraie grandeur, la vraie gloire, la vraie ſûreté des Rois: qu'à ce futile appareil de la vanité, l'inſtruction ſubſtitue un cœur droit, un eſprit d'ordre, le goût de la ſimplicité, la connoiſſance des devoirs, un attachement inviolable pour l'équité, un reſpect profond pour les loix, la liberté, les droits du Citoyen, une paſſion forte pour le bien public, une tendre ſollicitude pour le bien-être du Peuple, la noble ambition de lui plaire, & la crainte de mériter ſa haine, un grand amour pour la paix, une exactitude ſévere dans les engagements. Nourri dans ces principes, un Prince pourra bientôt ſe promettre la réforme de l'Etat. Un bon Prince peut tout ſur l'eſprit de ſes Sujets.

Les hommes ſont toujours dociles aux volontés de ceux dont ils attendent leur bien-être; ils ne sont rebelles & vicieux que par la négligence, l'injustice & la méchanceté de leurs Gouvernemens. Un Souverain vertueux & détrompé lui-même des chimeres de la vanité, ne verra bientôt autour de lui, que des ministres empressés à séconder ses vues honnêtes. Si la vertu conduisoit à la faveur, aux dignités, la vertu ne seroit pas si rare dans les cours. Les Rois tiennent dans leurs mains les cœurs de leurs Sujets; il dépend d'eux de les rendre vicieux ou raisonnables, fastueux ou simples, avides ou libéraux, amis ou ennemis du bien public, abjects ou vraiment nobles. Les châtimens & les récompenses, la disgrace ou la faveur, le mépris ou la considération du Prince peuvent en un instant changer la face de sa cour: les idées fausses des grands une fois rectifiées, ne tarderont pas à influer sur des Citoyens, empressés d'imiter les vertus, comme les défauts, de ceux que le destin à placés sur leurs têtes.

§. XXII. *De l'Instruction des Citoyens.*

Si la bonne éducation du Souverain est capable de produire une réforme si favorable dans sa cour, quels effets heureux n'auroit pas une éducation bien dirigée sur tous les Citoyens! Les hommes ne sont si méchants ou si peu sociables, que parce que ceux qui les gouvernent, ou négligent leur éducation, ou les empêchent de s'instruire, ou cherchent à les diviser & à les pervertir. L'éducation du Citoyen est par-tout livrée à des hommes dont les intérêts sont parfaitement détachés de ceux de la Société, à des hommes sans patrie, à des Despotes occupés du soin d'étoufser la raison sous le joug de leur propre autorité, aux ministres tyranniques de la Divinité pour laquelle ils inspirent une crainte lâche & servile. Sous de tels instituteurs, les Peuples ne contractent qu'un esprit de servitude, que l'habitude de se laisser guider sans raisonner, qu'une apathie funeste pour les objets les plus intéressants de ce monde. Les leçons de ces maîtres ne parlent aux hommes ni de liberté, ni d'amour du bien public, ni de l'ambition de mériter l'estime de ses associés, ni de l'activité nécessaire à la vie sociale ; elles n'entretiennent les hommes que de leur bassesse & de leurs infirmités, dont jamais elles n'indiquent ni les causes naturelles, ni les remedes véritables ; elles ne font que décourager l'homme, le rendre insociable, le priver d'énergie ; si elles déploient l'activité de son ame, c'est en l'enivrant d'un zéle fanatique très-pernicieux à la Société, & souvent très-funeste à ces mêmes Souverains qui se croient intéressés à l'aveuglement des Peuples.

La vraie Politique ne connoît point les maximes & les intérêts des Tyrans : elle regne par la raison, par des loix, par l'intérêt évident de la Société. Elle n'a pas besoin que l'on trompe les hommes pour les dompter, elle veut qu'on leur fasse sentir leur intérêt réel, elle veut qu'on leur inspire l'amour de la patrie qui ne peut subsister sans liberté ; elle veut qu'on leur montre l'utilité de l'association ; elle veut qu'on les rende courageux, industrieux, laborieux, sociables. Elle veut qu'on leur enseigne des vertus véritables sans lesquelles la vie sociale leur seroit inutile & fâcheuse ; elle veut qu'on leur apprenne à regarder comme sacrés, les nœuds qui les attachent comme sujets, comme époux, comme peres, comme associés, comme amis ; elle veut qu'on les éclaire, qu'on leur donne de l'élevation, le desir de l'estime publique, la passion de la mériter. Enfin elle ne veut pas commander à des esclaves avilis, dont elle sçait que jamais on ne peut faire des Citoyens. *Il n'est point*, dit un Ancien, *de cité pour des esclaves*.

RAPPROCHER les hommes les uns des autres, les rendre vraiment sociables, les rendre heureux par la vertu, voilà l'objet de la morale, à laquelle la politique doit prêter tous les secours. Faute de connoître un principe si clair, les homme vivent dans la Société comme dans un cachot que, dans leur humeur chagrine, ils se rendent insupportable. La vraie morale se trouve dans une contradiction perpétuelle, soit avec leurs opinions religieuses, soit avec les principes & les intérêts mal-entendus de ceux qui les gouvernent, soit avec les usages, les préjugés, les idées vaines que l'on trouve établis & maintenus par l'Autorité.

EN VAIN diroit-on aux hommes d'être justes, bienfaisants, modérés, pacifiques, quand leurs Gouvernements leur montreront des exemples journaliers de vexations, de cruautés, d'usurpations, de fourberies, de conquêtes. En vain déclamera-t'on contre le vice, le luxe & la vanité, quand tout un Peuple verra la débauche, le faste, l'avidité, la dissipation identifiés avec ses maîtres, avec les grands qui les entourent, avec les riches qui donnent le ton au Public, avec ces Prêtres mêmes qui prétendent régler les mœurs. En vain par des loix souvent cruelles & barbares voudra-t-on déraciner des crimes que des Gouvernements criminels font pulluler plus promtement qu'ils ne peuvent les détruire. N'eſt-ce pas la négligence ou la rigueur des Souverains qui produit la mendicité, la pareſſe, la perverſité de tant de miſérables dont le vol & le meurtre ſont devenus les ſeules reſſources? Enfin que peut la Religion & ſes menaces ſur des cœurs qu'ici bas tout ſollicite au mal?

§ XXIII. *Elle doit être appuyée par l'Autorité Publique.*

L'EDUCATION & les mœurs ne peuvent être bonnes, que ſous un bon Gouvernement ; la vraie morale eſt inutile chez un Peuple ſoumis à la Tyrannie ; elle ne peut être efficace, que lorſqu'elle ſe trouve favoriſée, ſoutenue par l'Autorité, fortifiée par la loi, confirmée par l'exemple, encouragée par les récompenſes & la conſidération. Toute morale véritable deviendroit une ſatire, un outrage pour un Gouvernement injuſte & deſpotique, dont l'effet néceſſaire eſt d'anéantir toute vertu.

IL faut un Gouvernement juſte pour rendre les hommes juſtes, modérés, ſociables. Mais comment établir un tel Gouvernement? C'eſt en mettant un frein aux paſſions imprudentes de tous ceux que leur aveuglement pourroit inviter à commettre le mal. Tout homme eſt foible ; rarement celui qui commande aux autres a-t-il aſſez de force pour ſe commander à lui-même ; d'ailleurs le Prince le plus juſte eſt ſouvent remplacé par le Tyran le plus injuſte & le plus incapable, qui peut en un inſtant détruire & les mœurs & la félicité d'un Peuple.

Ainsi ne fondons pas le bonheur des Nations sur les dispositions d'un être aussi changeant que l'homme. Fondons ce bonheur sur la justice, qui n'est pas sujette à changer ; sur la nature de la Société, sur ses droits que rien ne peut affoiblir, sur sa volonté permanente, sur sa force toujours redoutable quand elle est réunie. Que cette force subsistante dans des Citoyens animés du même intérêt présente une barriere insurmontable à quiconque oseroit attenter contre la volonté générale. Que toutes les classes de Citoyens, au lieu de se diviser pour des prérogatives illusoires & méprisables, s'opposent aux entreprises d'un pouvoir injuste, & le fassent rentrer dans ses limites naturelles. Que tout Membre ou Chef de la Société dépende de la Société & ne s'arroge pas le droit de la soumettre à son caprice ; lorsqu'il commande ce qui est juste, qu'il trouve dans tous les ordres de l'Etat des Sujets obéissants ; quand il veut ce qui est contraire à l'équité, qu'il trouve dans les volontés de tous les Citoyens, des obstacles invincibles. Ainsi sans révolution, sans passion, sans troubles, la volonté générale, dirigée par la raison, suffiroit pour contenir tout pouvoir qui tenteroit de nuire à l'intérêt public.

Pour opérer cette heureuse réunion des volontés est-il besoin d'autre chose que de la raison ? Ne fait-elle pas sentir à tous les Citoyens qu'ils ont les mêmes intérêts, que tous ont besoin d'être libres, d'être protégés par les loix, de vivre avec sécurité, de ne jamais dépendre des passions & des fantaisies ? La jouissance durable de la liberté pour sa personne & ses biens, garantie par toute la Société réunie, n'est-elle donc pas préférable à la jouissance de ces privileges précaires, de ces titres frivoles, de ces décorations puériles, de ce faste ruineux, & de toutes les vanités dont le Despotisme se servit de tout tems pour séduire les Citoyens imprudents, pour les détacher les uns des autres, pour les subjuguer les uns par les autres? La réflexion la plus légere ne devroit-elle pas convaincre les Grands, si jaloux de leurs vaines distinctions & de leurs prérogatives, qu'il n'est point de grandeur pour des esclaves ; que la liberté seule ennoblit l'homme ; que la protection des loix est plus stable que celle d'un maître inconstant ; qu'une sécurité inébranlable ne doit pas être sacrifiée aux jouets, aux futilités, aux distinctions imaginaires dont la tyrannie se sert pour diviser ses sujets.

O NOBLES ! vous ne serez vraiment grands que lorsque, justes & bienfaisants vous-mêmes, vous ne connoîtrez point d'autres maîtres que les loix de l'équité. Guerriers ! vous n'aurez un honneur véritable, que lorsque par votre courage à défendre la félicité publique, vous vous rendrez dignes de l'estime de vos Concitoyens. Citoyens opulents ! vous ne serez sûrs de vos possessions, que lorsqu'elles vous seront assûrées par des loix que le Despotisme ne puisse enfreindre. Enfin, ô Souverains vous-mêmes ! vous ne serez solidement établis sur le trône, que lorsque votre autorité sera fondée sur la vertu, sur la justice, sur des loix équitables, sur l'amour de vos Sujets réunis pour vous obéir & vous défendre. La Nature & la raison vous crient que vos intérêts ne peuvent, sans danger pour vous, se séparer de ceux de vos Peuples. Tout vous démontre que vous êtes intéressés à vous éclairer vous-mêmes, à faire instruire vos Sujets, à bannir le

luxe

luxe & les désordres qu'il entraîne, à régner sur des Citoyens raisonnables, à donner l'exemple des vertus sans lesquelles un Empire ne peut longtems subsister.

C'est à des vérités si simples & si démontrées que se réduit toute la science politique. C'est pour les avoir ignorées que les Souverains & les Peuples ont été presque par-tout corrompus, inquiets, agités, malheureux. C'est en appliquant ces vérités si claires, que sans tumulte, sans guerres, sans effusion de sang les Etats réformés montreront à la postérité le spectacle de la félicité publique établie sur une base assurée.

Que l'on cesse donc de regarder comme une chimere l'amélioration du sort des hommes; que l'on ne regarde plus la réforme des abus comme une chose impraticable. Si tant de Gouvernements jusqu'ici n'ont pu atteindre le degré de perfection dont ils sont susceptibles, attribuons leurs défauts à l'ignorance, à l'inexpérience, à la raison non encore développée dans les esprits des Souverains & des Nations. La raison n'est que la connoissance acquise par l'expérience, de ce qui est utile ou nuisible au bonheur, aux intérêts des hommes. Si les hommes sont des êtres raisonnables, ils sont faits pour connoître leurs intérêts; si leur nature les pousse incessamment à chercher le bonheur, ils doivent enfin le rencontrer, si ce bonheur n'est pas fait pour subsister éternellement, ils en jouiront au moins pendant longtems quand il sera solidement établi.

§. XXIV. *Le Souverain eſt le vrai réformateur de l'Etat.*

Loin du bon Citoyen cette indolence qui l'empecheroit de chercher la fin de ſes peines. Qu'il ne déſeſpere point de rencontrer un ſort plus doux ; qu'il cherche la vérité, qu'il la découvre aux autres; quoique ſes effets ſoient lents, elle réveillera tôt ou tard les Princes & les Peuples de la fatale léthargie où ils paroiſſent engourdis. Alors les Souverains rougiront d'une Politique deſtructive, qui ne leur procure qu'une puiſſance inquiete ſur des eſclaves prêts à briſer leurs chaînes. Un Souverain ne concilieroit-il pas la plus grande gloire poſſible avec ſon plus grand intérêt, s'il renonçoit de plein gré à l'exercice d'un Deſpotiſme qui nuit également à la ſûreté du Maître & des Eſclaves ? Sacrifier le pouvoir abſolu, le droit abſurde de mal faire, n'eſt-ce pas ſacrifier à ſa propre ſûreté ? Renoncer pour le ſoulagement de tout un Peuple à un luxe funeſte, à un faſte ruineux, à une vanité ſtérile, n'eſt-ce pas ſe couvrir d'une gloire ſolide & véritable ? Le vain étalage de la grandeur, les plaiſirs inſipides & couteux d'une cour, des amuſements qui ne ſont qu'un ennui diverſifié, ſont-ils capables de procurer au Monarque un contentement auſſi pur, auſſi durable, que les bénédictions continuelles d'un peuple fidele & ſincere ? Enfin un Prince eſt-il mieux gardé par des légions mercenaires, par des Grands intéreſſés, que par la tendreſſe d'un Peuple reconnoiſſant ?

Que l'homme eſpere donc que le progrès des lumieres, éclairant un jour les yeux des Souverains, leur fera diſtinguer le pouvoir véritable, la grandeur réelle, l'autorité désirable, de ce qui n'en est que l'apparence. La main puissante du sort conduit les Rois & les Peuples & les forcera de recourir à l'équité, à la raison, sans lesquelles il n'est rien de solide en ce monde. Avec quelle promptitude & quels succès un Monarque éclairé sur ses intérêts deviendroit le restaurateur de son Etat, les délices de son Peuple, le modele des Souverains, le Héros véritable, l'admiration de la Postérité ! Est-il une Politique comparable à celle d'un Prince qui travailleroit sans relâche à son propre bonheur en travaillant chaque jour à celui de tous ses Sujets ?

La combinaison heureuse de l'interêt des Souverains & des Sujets est évidemment la base de la saine politique : tout dans cet ouvrage a dû faire sentir cette importante vérité. Récapitulons donc les principes qui viennent d'être établis, afin de les rassembler sous un même point de vue.

§. XXV. *Récapitulation générale.*

I. L'Homme, né dans l'état de Société, y est retenu par ses besoins & par l'habitude qui la lui rendent nécessaire. Si la Société lui est utile, il doit de son côté se rendre utile à la Société, afin qu'elle contribue à son bien-être; l'intérêt particulier, pour le bien de chaque individu, doit se combiner avec l'intérêt général. Les devoirs de l'homme sont les moyens qu'il doit prendre pour se rendre heureux dans la Vie Sociale. Les bonnes loix sont celles qui sont conformes à la Nature de l'homme social & qui l'obligent à remplir ses devoirs envers ses associés : la Morale est la connoissance de ces mêmes devoirs : la

Vertu ne consiste que dans l'utilité générale : la Société doit le bien-être à ceux qui lui sont utiles ; les avantages & les secours qu'elle procure, sont les fondements de l'autorité qu'elle exerce sur ses membres ; nulle autorité n'est juste, si elle ne fait du bien.

II°. Gouverner les hommes, c'est exercer sur eux l'autorité de la Société, afin de les faire vivre conformément à son but. Le Gouvernement agit au nom de la Société de laquelle il tient son pouvoir, ou la force d'obliger tous les membres à remplir les devoirs sociaux & à se conformer aux loix, qui ne sont que les volontés générales. D'où il suit que le Gouvernement est la force de la Société destinée à réprimer les passions des individus, lorsqu'elles sont contraires à la félicité publique, & à faire remplir les engagements réciproques, contractés par le Pacte Social. En un mot, le Gouvernement est fait pour obliger les hommes en Société à pratiquer les devoirs de la Morale. Toutes les formes de Gouvernement ont des avantages & des inconvénients. Tout Gouvernement est bon, lorsque fidele à remplir envers les membres, les engagements de la Société, il les oblige tous à se conformer à ses intentions.

III°. Les Souverains sont les dépositaires de l'autorité de la Société, choisis & approuvés par elle pour exercer son pouvoir sur ses membres : obéir au Souverain qui gouverne conformément à ses vues & au but de l'association, c'est obéir à la Société de laquelle la Souveraineté est émanée. Ainsi les droits du Souverain sont les droits que la Nation a voulu lui conférer ; son autorité eſt fondée ſur celle de ſa Nation ; l'obéiſſance qui lui eſt dûe a pour motif & pour meſure, le bien que cette autorité procure à la Nation, qui ne peut jamais conſentir à ce qui trouble ſon bien-être. L'équité eſt la vertu fondamentale du Souverain ; il ne peut s'en écarter ſans danger pour lui-même.

IV°. Le Souverain eſt ſoumis à la loi qui eſt la volonté générale de la Société, & tous les Citoyens ſont ſoumis au Souverain, en tant que ſes ordres ſont conformes à l'intérêt général. Toutes les claſſes des Citoyens ne peuvent avoir d'intérêts ſéparés de ceux de la Société qui, procurant des avantages à tous, a droit de ſoumettre tous ſes membres à l'autorité publique. Chaque claſſe doit concourir à ſa maniere au bien général. La diviſion des intérêts eſt la vraie ſource de la foibleſſe des Nations & des abus dont elles ſouffrent.

V°. Le Deſpotiſme eſt l'intérêt particulier de ceux qui gouvernent, oppoſé à l'intérêt général. C'eſt la fantaiſie d'un ſeul homme ou d'un ſeul corps impoſée comme loi à toute la Société. Le Pouvoir abſolu dégénere bientôt en Tyrannie qui eſt un état de guerre entre le Souverain & tout ſon peuple, état violent, également funeſte pour tous deux, & que pour ſon intérêt perſonnel nul Citoyen ne peut appuyer ou tolérer. Rien de plus contraire au but de la Société, que le Deſpotiſme ou la licence du Souverain ; il anéantit tous les liens ; il étouffe l'amour de la patrie, l'activité, l'induſtrie, la vertu ; il ſacrifie le bonheur de tous au caprice d'un ſeul ou d'un petit nombre. Le pouvoir absolu ne peut jamais procurer aux Nations un bien-être réel & permanent.

VI°. La liberté est un droit inaliénable de toute Nation ou Société, vû qu'elle est indispensablement nécessaire à sa conservation & à sa prospérité. Etre libre, c'est n'obéir qu'à des loix tendantes au bonheur de la Société & par elle approuvées. La licence est aussi contraire au bien public, que le Despotisme ou la Tyrannie. La liberté ne peut subsister sans vertu ; il ne peut y avoir de patriotisme, de grandeur d'ame, d'honneur réel, d'amour du bien public que dans les Nations jouissantes de la vraie liberté.

VII°. La Politique doit veiller également sur tous les objets qui intéressent le bien-être & la conservation de la Société. La législation doit suivre les besoins de l'Etat ; elle doit exciter le Citoyen au travail, régler ses mœurs, semer en lui la vertu, lui rendre la Patrie chere, favoriser la population, l'agriculture, le commerce vraiment utile, réprimer le vice & récompenser les actions louables & les talents nécessaires à la Société.

VIII°. Le genre humain doit être regardé comme une vaste Société à qui la Nature impose les mêmes Loix, qu'une Société particuliere bien organisée doit imposer à tous ses membres. Les Peuples sont les individus plus ou moins sages & puissants de la Société universelle ; ils sont liés à d'autres Peuples par les mêmes devoirs qui dans une cité unissent des Concitoyens. Le droit des gens ne devroit être que la morale appliquée à toutes les Nations de la terre. Les guerres doivent être regardées du même œil que les violences & les assassinats ; les conquêtes ne sont que des vols. Les alliances & les traités exigent la même bonne foi que les contracts, les pactes, les liaisons entre des particuliers. Faute de sentir ces vérités, faute d'une force nécessaire pour faire observer aux Nations les regles de la morale universelle, ou commune à tous les hommes, les Peuples connoissent rarement les devoirs qui les lient réciproquement, & leurs chefs aveuglés par leurs passions insensées se conduisent comme des voleurs & des brigands qui foulent aux pieds toutes les Loix de l'équité. Les folies de ces hommes sans loix conduisent les Nations à la ruine.

IX°. Une politique injuste ou négligente fait chaque jour des plaies cruelles aux Nations. Les délires & les violences des Souverains, ainsi que leur indolence coupable, font languir & périr les Sociétés : le luxe fut & sera toujours une cause prochaine de destruction pour un Etat : il énerve les ames, il affoiblit tous les ressorts du Gouvernement. Il chasse le patriotisme, il fait mépriser l'honneur, il mine peu-à-peu les fondements de la Société. Pour réformer une Nation infectée de la contagion du luxe, il faudroit une sagesse, une vigueur, un courage opiniâtre dont peu de Souverains sont susceptibles, parce qu'ils vivent communément dans une ignorance complette de leurs vrais intérêts. La restauration d'un Etat une fois corrompu, est un prodige que l'on ne doit pas attendre de la passion, de la démence, des révolutions subites, des attentats, remedes violents qui ne font qu'augmenter la foibleſſe d'un Etat dont le tempérament eſt ruiné ; il faut plutôt attendre cette réforme du progrès des lumieres, qui en éclairant les Peuples ſur leurs droits, & les Souverains ſur leurs devoirs & leurs intérêts évidents, leur feront ſentir que nul Chef ne peut être heureux dans une Société malheureuſe ; qu'il ne peut y avoir ni bonheur, ni ſolidité, ni puiſſance dans une Nation ſans mœurs ; que nul Gouvernement ne peut ſubſiſter ſans juſtice & ſans liberté. Telles ſont les vérités ſur leſquelles tout ſyſtème politique devroit être fondé : elles ont été ſuffiſamment démontrées dans toutes les parties de cet ouvrage, uniquement entrepris pour le plus grand bien des hommes & de ceux qui leur donnent des Loix.

FIN.

www.ingramcontent.com/pod-product-compliance
Lightning Source LLC
LaVergne TN
LVHW020552230826
846091LV00002B/468

* 9 7 8 2 3 2 9 3 0 6 2 5 4 *